达古今之宜

清代宫廷设计潮流

故宫博物院
嘉德艺术中心 编

ELEGANCE ACROSS TIME

Design Aesthetics in the Qing Dynasty Court

Compiled by the Palace Museum
and Guardian Art Center

故宫出版社
THE PALACE MUSEUM PRESS

图书在版编目（CIP）数据

达古今之宜：清代宫廷设计潮流 / 故宫博物院，嘉德艺术中心编. -- 北京：故宫出版社，2025. 7.
ISBN 978-7-5134-1694-8
Ⅰ. K871.492
中国国家版本馆CIP数据核字第2025MU5721号

达古今之宜

清代宫廷设计潮流

故宫博物院　嘉德艺术中心　编

出 版 人：果美侠
责任编辑：方　妍　张志辉　李园明
装帧设计：耕莘文化/郑子杰
责任印制：常晓辉　顾从辉
出版发行：故宫出版社
地址：北京市东城区景山前街4号　邮编：100009
电话：010-85007800　010-85007817
邮箱：ggcb@culturefc.cn
印　　刷：北京雅昌艺术印刷有限公司
开　　本：635毫米×965毫米　1/8
印　　张：48.5
版　　次：2025年7月第1版
2025年7月第1次印刷
印　　数：1-2500册
书　　号：ISBN 978-7-5134-1694-8
定　　价：480.00元

前言

中华文明的伟大，在于她既拥有绵延相继的文化传统，又善于博采众长、融会贯通，能够与时俱进、持续发展。艺术史反复证明，一切优秀的作品都深植传统精神，吸纳外来营养，饱含时代特质。弘扬传统并非泥古不化、恪守范本，亦非生硬挪移、勉强拼凑，而是调动种种艺术、技术手段，传承中华文化基因，充分展现当世风采。

本展览依托故宫博物院的丰厚典藏，以清代宫廷艺术为背景，探究“古”何以成为典范，后世如何从中汲取营养、消化改造，最终选择并创造了根植于“古”的“新古”，进而古为今用，再造新的典范，使之与当世文化相融相通。展览通过追踪“一件仿古艺术品的诞生”拉开序幕，带领观众走进宏大叙事，依创作阶段划分三个单元：

为何仿？源于对古代典范的向往，尊古、崇古进而鉴藏、著述，为仿古实践积累大量的理论知识和优秀样本。

如何仿？聚集材美工巧，借助新的材料和技术，仿古延伸到各个艺术领域，作品呈现出忠于典范、采择英华、但取古意等不同层次。

怎样用？让古物与仿古制作走入日常生活，用于厅堂、书斋、箱盒，在不同场域感受古今相接、东西贯通。

艺术的永恒性蕴藏了人类心理的共同结构，古典作品中凝结着民族审美趣味与艺术风格。借鉴古人承继传统、兼收并蓄、不守窠臼的精神，助力中华优秀传统文化成为当代艺术创新的重要源泉，在创造性转化和创新性发展中赓续中华文脉，正是举办本展览的意义。

Foreword

The greatness of Chinese civilization lies in its unbroken cultural continuity, its capacity to absorb and integrate the strengths of others, and its ability to keep abreast with the times and maintain ongoing development. The art history in China repeatedly demonstrates that all outstanding creations are deeply rooted in traditional spirit, enriched by external influences, and imbued with the characteristics of their era. To promote tradition is not to rigidly adhere to ancient forms or slavishly follow models, nor is it to transplant or piece together elements without coherence. Rather, it requires the full use of artistic and technical means to inherit the cultural genes of China and showcase the charm of the contemporary world.

This exhibition, grounded in the rich collections of the Palace Museum and set against the backdrop of Qing court art, explores how the "ancient" became a model, how later generations absorbed, transformed, and eventually reimagined it – creating a "new antiquity" rooted in tradition but shaped by contemporary sensibilities. In this way, the ancient serves the present, and tradition merges with modern culture. The exhibition opens with "The Birth of an Antique-inspired Artwork", ushering visitors into a grand narrative, structured into three sections based on the stages of artistic creation:

Why imitate antiquity? Out of reverence for ancient models. The admiration for and veneration of the past led to connoisseurship, collection, and scholarly writing, laying a rich theoretical and practical foundation for archaistic practices.

How to imitate? By gathering fine materials and exquisite craftsmanship, and applying new techniques and media, archaistic design expanded across various art forms. Works range from strict imitations of classical forms to creative reinterpretations that retain only the essence of antiquity.

How to use? Archaistic objects are incorporated into the daily life, specifically, in reception halls, studios, and caskets, which deliver experiences where the ancient and modern, East and West, intertwine.

The timelessness of art embodies the shared structure of human psyche while classical works crystallize the aesthetic sensibilities and artistic styles of a nation. Drawing inspiration from the ancients' ethos of inheriting tradition, embracing diverse influences, and breaking free from conventions, this exhibition seeks to transform China's outstanding traditional culture into a vital wellspring of contemporary artistic innovation. By fostering creative reinterpretation and innovative development, we aim to perpetuate the continuum of Chinese cultural heritage, which is the very significance of this exhibition.

周伯啟卣

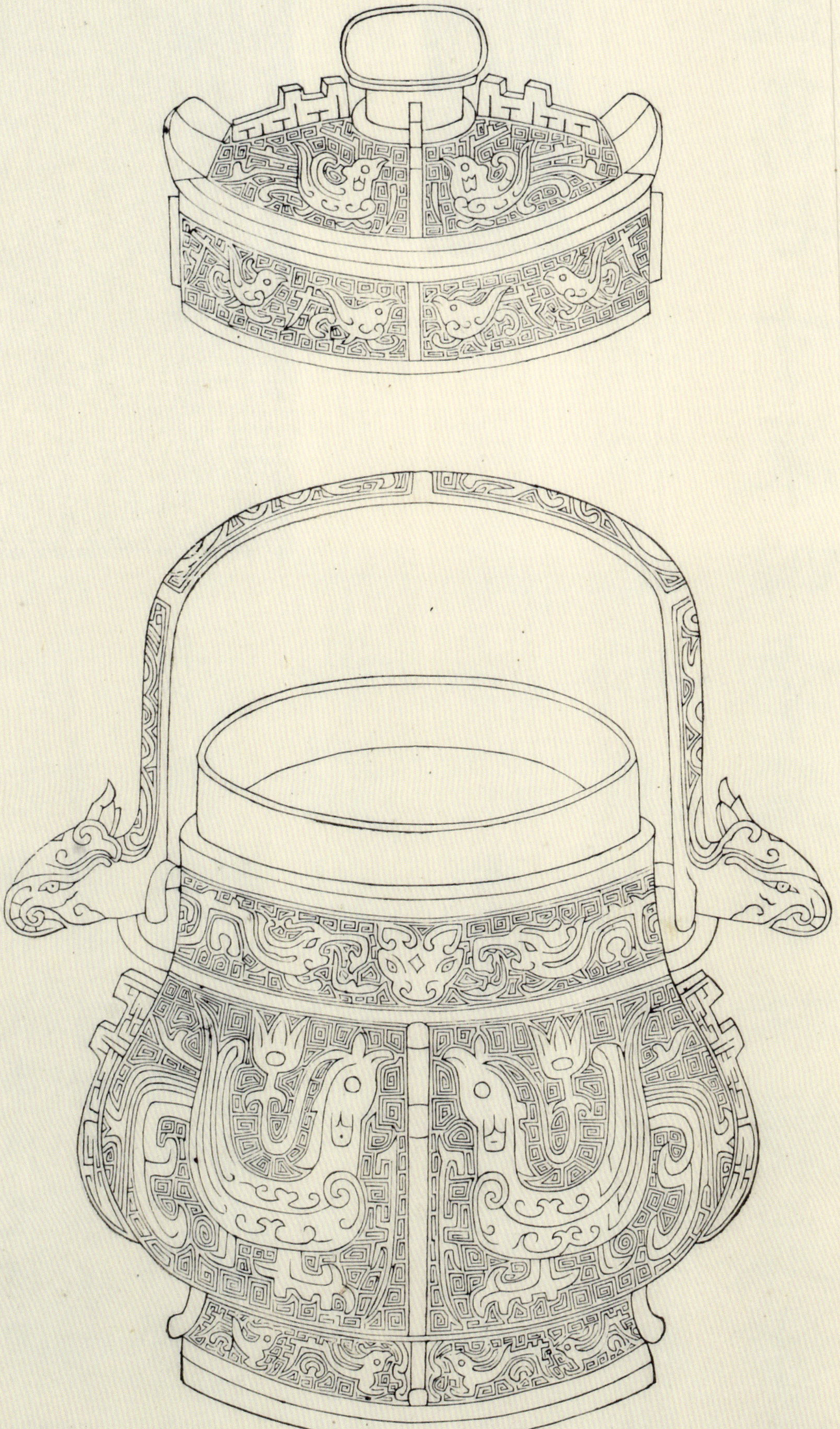

目录

Contents

图版目录

序章　一件仿古艺术品的诞生

第一单元　敏以求

法古制器

鉴古稽珍

博古明悟

第二单元　见青山

百工集巧

第三单元　多所欣

List of Plates

Fusion of Eastern and Western Techniques

Replicating the Forms and Capturing the Spirit

Unit 3 Bridging Eras, Enriching Life

Timeless Elegance of the Hall

Harmony Between the Past and the Present in the Study

A Box of Boundless Wonders

图版
Plates

序章

一件仿古艺术品的诞生

　　序章选取的这件錾胎珐琅云气纹牺尊，是清代仿古艺术的代表作，通过追溯其造型、纹饰、工艺的渊源，梳理其设计、制作、使用的线索，从而引出“仿古”这一宏大叙事。

The metal-bodied ox-shaped enamel *Zun* vessel with cloud design in the introductory hall stands as a remarkable example of antique-inspired artistry from the Qing dynasty. By delving into the origins of its design, ornamentation, and craftsmanship, the exhibition unfolds the story of its creation and situates it within a grand cultural narrative.

Introduction

The Birth of an Antique-inspired Artwork

乾隆仿古

尊做牺牛直立侧首状。牺牛凸眼，闭口，耳支棱，形体健硕，背上并排置长方筒一、圆筒二。主体以錾胎珐琅工艺制成，其间辅以掐丝技法，以模仿错金银效果。器身满施墨绿色珐琅，以闪耀的鎏金饰回旋涌动的云气纹，部分云纹加饰红色，使装饰更具层次感。背上长方筒正面做出方框，在宝蓝色珐琅地上鎏金“乾隆仿古”四字双行楷书款。

牺尊是商周时期重要的青铜礼器，用于盛酒，并被后世不断模仿。乾隆帝博雅好古，时常下令以内府典藏铜器图谱《西清古鉴》中的青铜器为样本仿制器物。此尊与《西清古鉴》卷三十八著录“唐牺形表座”在形态、花纹、尺寸等方面完全一致。台北故宫博物院藏一件清宫旧藏铜错金银云气纹牺尊，其木座底部刻“唐牺形表座”五字，并贴黄签，上墨书“养心殿”，或为此珐琅尊模仿的原形。此器形制与安徽出土诸多汉代兽形双孔器座相近。兽多为狮形双翼，双孔为一长方一圆形。其中，寿县游客中心汉墓出土器座，双孔内插象牙棍。有学者研究，双孔器座或为汉代射礼用器“中”，以承装算筹。

此器清宫旧藏一对，千字文号为“出字五七〇”，对照《故宫物品点查报告》，其原藏地为寿康宫。寿康宫位于紫禁城内廷外西路，为清代皇太后居所，太妃、太嫔随居于此，乾隆帝生母崇庆皇太后、嘉庆朝颖贵太妃、咸丰朝康慈皇太后都曾在此颐养天年。清室善后委员会于1925年6月17日至7月16日点查寿康宫，此珐琅牺尊在7月10日被登记为“珐琅大铜牛”。

此尊形体威武，气势豪迈，色彩凝重，花纹流畅，鎏金厚实，光华灿烂，代表了乾隆朝的珐琅工艺水平，这种寓古于新的风格也是乾隆朝工艺品的一大特色。（张丽、吴倩）

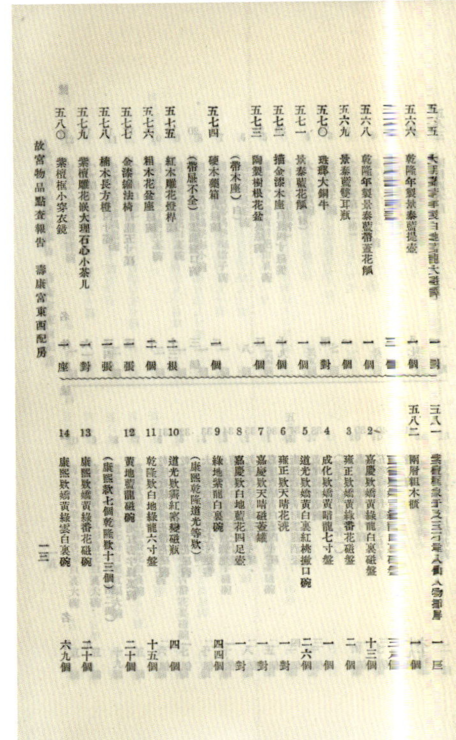

五六六 乾隆年製景泰藍提壺 一個
五六八 乾隆年製景泰藍帶蓋花瓶 一個
五六九 景泰藍雙耳瓶 一個
五七〇 琺瑯大銅牛 一對
五七一 景泰藍花瓶 一個
五七二 描金漆木座 一個
五七三 陶製樹根花盆 （帶木座） 一個
五七四 硬木藥箱 （帶屜不全） 一個
五七五 紅木雕花燈桿 二根
五七六 粗木花盆座 二個
五七七 金漆編法椅 一張
五七八 楠木長方櫈 一張
五七九 紫檀雕花嵌大理石心小茶几 一對
五八〇 紫檀框小穿衣鏡 一座

五八二 兩層粗木櫃 一個
2 嘉慶款嬌黃綠龍白裏磁盤 十三個
3 雍正款嬌黃綠番花磁盤 二個
4 成化款嬌黃暗龍七寸盤 一個
5 道光款嬌黃白裏紅桃撇口碗 二六個
6 雍正款天晴花洗 一對
7 嘉慶款天晴磁蓋罐 一對
8 嘉慶款白地藍花四足壺 一對
9 綠地紫龍白裏碗 （康熙乾隆道光等款） 四四個
10 道光款霽紅窰變磁瓶 四個
11 乾隆款白地綠龍六寸盤 十五個
12 黃地藍龍磁碗 （康熙款七個乾隆款十三個） 二十個
13 康熙款嬌黃綠番花磁碗 二十個
14 康熙款嬌黃綠雲白裏碗 六九個

故宮物品點查報告　壽康宮東西配房
一三

《故宫物品点查报告》第五编，第一册

Inventory Checklist of Items in the Forbidden Cit~ *(Ga gong wupin diancha baogao)*, Part V, Book 1

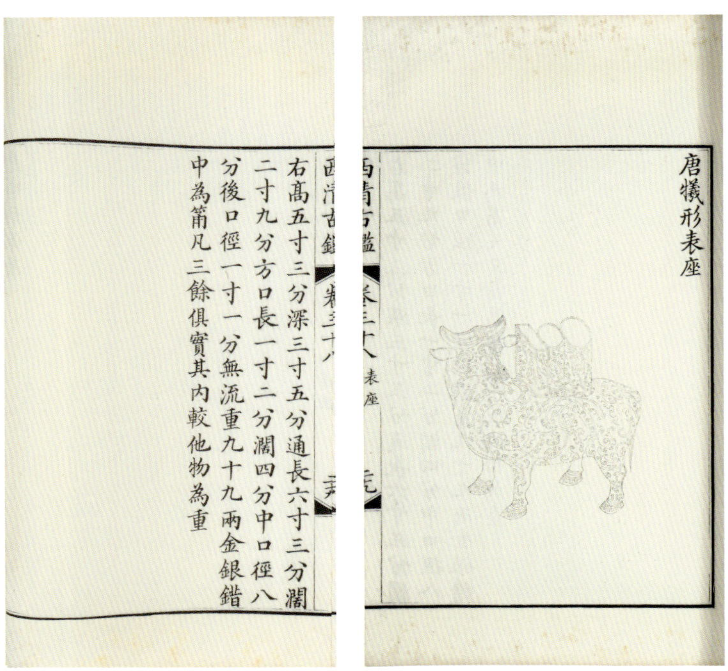

唐犧形表座

西清古鑑　卷三十八　表座

右高五寸三分深三寸五分通長六寸三分闊二寸九分方口長一寸二分闊四分中口徑八分後口徑一寸一分無流重九十九兩金銀錯中為甬凡三餘俱實其內較他物為重

《西清古鉴》卷三十八“唐牺形表座”

“Ox-shaped Stand of Tang” in *Xiqing Illustrated Catalog of Ancient Bronzes (Xiqing gujian)*, Vol. 38

乾隆倣古

乾隆倣古

敏以求

第一单元

中国先民既有创造灿烂文化的非凡才华，又有继承、弘扬优秀传统的高度自觉。后世尊崇古典、敬仰楷范，又落实于鉴藏考释、模仿再造等具体实践。“器以藏礼”，从崇古礼到用古器，追摹夏商周三代气象成为中国古代艺术的重要潮流。在北宋，“法古制器”得到出土物与金石学的大力支持和推动，开创风气，演为时尚。南宋至明，因文人燕闲清赏，古物的价值承载和文化意涵日益丰富。清代则集古今之大成，对古代典范的向往表现在国家礼制、内府典藏、几暇怡情等不同维度。

Unit 1

A Passionate Pursuit

The ancient Chinese displayed remarkable talent in creating a vibrant culture and showed strong commitment to preserving and advancing cherished traditions. Successive generations honored classical ideals and role models, translating their admiration into actions such as collecting, studying, imitating, and recreating historical artifacts. For the ancient Chinese, artifacts served as vessels for preserving the principles and practices of rituals or etiquette. The use of ancient artifacts and the reverence for classical rituals gave rise to a significant trend in Chinese art, aiming to emulate the majesty and cultural essence of the Xia, Shang, and Zhou dynasties. During the Northern Song dynasty, the practice of "creating ritual vessels in the ancient style" was strongly supported and promoted by archaeological discoveries and advancements in epigraphic studies, setting a trend that evolved into a widespread fashion. From the Southern Song dynasty to the Ming dynasty, the cultivated connoisseurship of the literati enriched the cultural and symbolic significance of ancient artifacts. During the Qing dynasty, the admiration for classical models reached its pinnacle and was expressed in diverse areas, including state rituals, imperial collections, and personal aesthetic pursuits.

法古制器

Creating Ritual Vessels in the Ancient Style

“礼序乾坤，乐和天地”，礼乐文化是中华文明的独特基因。从夏商到西周，礼乐制度日益成熟完备，且逐渐外化于品类丰富、面貌严整的礼器。北宋以来，为效法三代，遍寻古物，颁布新仪，以“循古之意”“适今之宜”为指导，铸成大批形纹肖似的仿古铜器。明清时期，倡导、总结历代礼学研究，纂修礼器图册，力主制器法古。清宫制礼作乐，不仅有各式仿古礼器，还引入了西洋仪器，折中酌用，共襄典章之盛。

“Ritual establishes order in the cosmos; music creates harmony between heaven and earth.” The culture of ritual and music is a defining feature of Chinese civilization. During the Xia, Shang and Western Zhou dynasties, the systems of ritual and music grew increasingly sophisticated and well-established, taking tangible forms in meticulously crafted ceremonial vessels with diverse designs and structured appearances. From the Northern Song dynasty on, a strong desire to follow the traditions of the Three Dynasties (Xia, Shang, Zhou) prompted extensive efforts to collect ancient artifacts and to issue new ceremonial standards. Guided by the principles of “preserving the ethos of antiquity” and “adapting to contemporary needs,” craftsmen produced many bronze vessels modeled after ancient pieces in forms and design. The Ming and Qing dynasties placed great emphasis on archaeological studies to uphold the authenticity of ritual and music traditions, summarizing and consolidating centuries of research on ritual culture, compiling illustrated catalogues of ceremonial vessels, and promoting the creation of ritual objects modeled after ancient pieces. The Qing palace’s ritual and music system not only featured various ancient-style ritual vessels but also incorporated Western instruments, which were used in a eclectic way to jointly contribute to the prosperity of the imperial system.

2

《钦定三礼义疏》

Imperially Authorized Commentaries on Zhou Guan, Yi Li, and Li Ji (Qinding sanli yishu)

清乾隆十九年（1754 年）武英殿刻本
（清）鄂尔泰等
开本：纵 29.8 厘米　横 20.1 厘米
版框：纵 22.5 厘米　横 16 厘米

1754 (19th year of the Qianlong era of Qing dynasty)
Block-printed edition of the Hall of Martial Valor
E'ertai et al.
Book size: 29.8 × 20.1 cm
Page frame: 22.5 × 16 cm

《周官》(《周礼》)《仪礼》《礼记》合称“三礼”，是儒家礼学经典。自汉代以来，“三礼”深受历代统治者和学者的重视，为其作注、作传阐释的书籍汗牛充栋。入清后，康熙帝先后敕命儒臣编纂《日讲易经解义》《日讲书经解义》《钦定诗经传说汇纂》《日讲春秋解义》等书，唯“三礼”阙如，故乾隆帝于乾隆二年（1737年）命鄂尔泰等儒臣编撰此书，“宜纂辑三礼以藏五经之全”，乾隆十三年（1748年）完成。该书对《周官》《仪礼》《礼记》皆逐篇、逐节进行义疏，采掇汉至明诸多学者的解释，疏通、阐述经书本义和思想内涵，对旧注、旧说加以辨正、扬弃。对“三礼”的阐释力求去伪存真、去粗取精。“三礼”中均有“礼器图”部分，对礼器仿古具有重要的指导作用。（张小李）

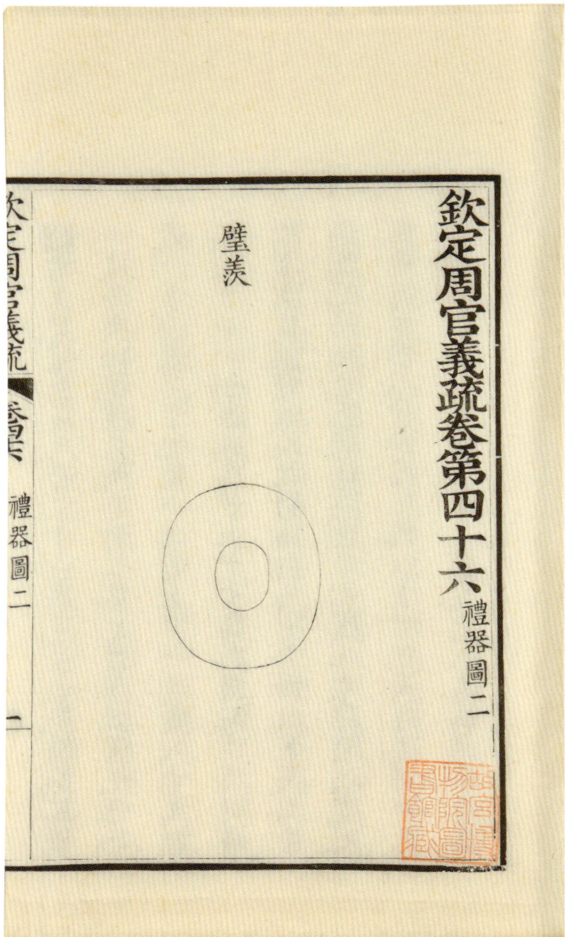
欽定周官義疏卷第四十六
禮器圖二
璧羡

欽定周官義疏
禮器圖二
卷四十六

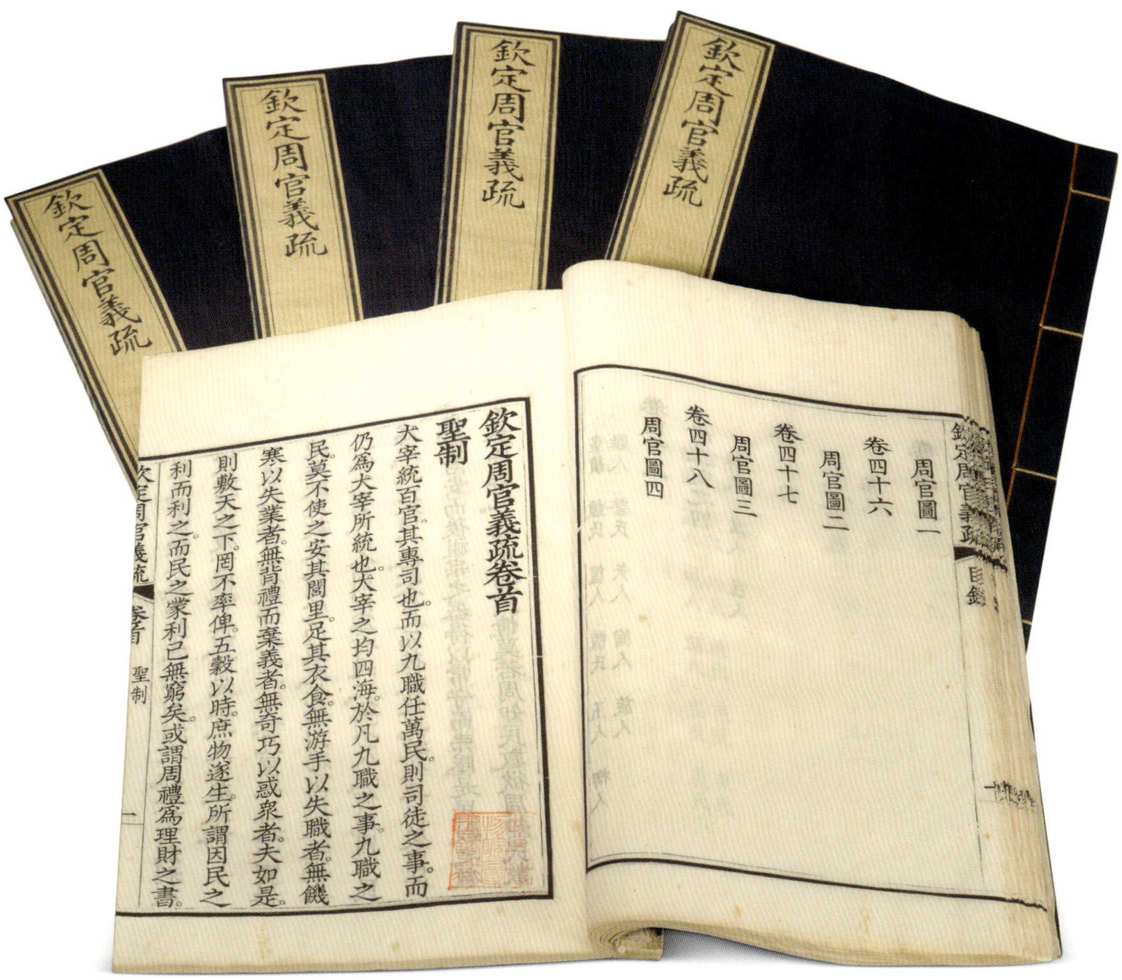
欽定周官義疏
欽定周官義疏卷首
聖制
大宰統百官其專司也而以九職任萬民則司徒之事而仍為大宰所統也大宰之均四海於凡九職之事九職之民莫不使之安其閭里足其衣食無游手以失職者無饑寒以失業者無背禮而棄義者無奇巧以惑衆者夫如是則敷天之下罔不率俾五穀以時庶物遂生所謂因民之利而利之而民之蒙利已無窮矣或謂周禮為理財之書
周官圖一
卷四十六
周官圖二
卷四十七
周官圖三
卷四十八
周官圖四

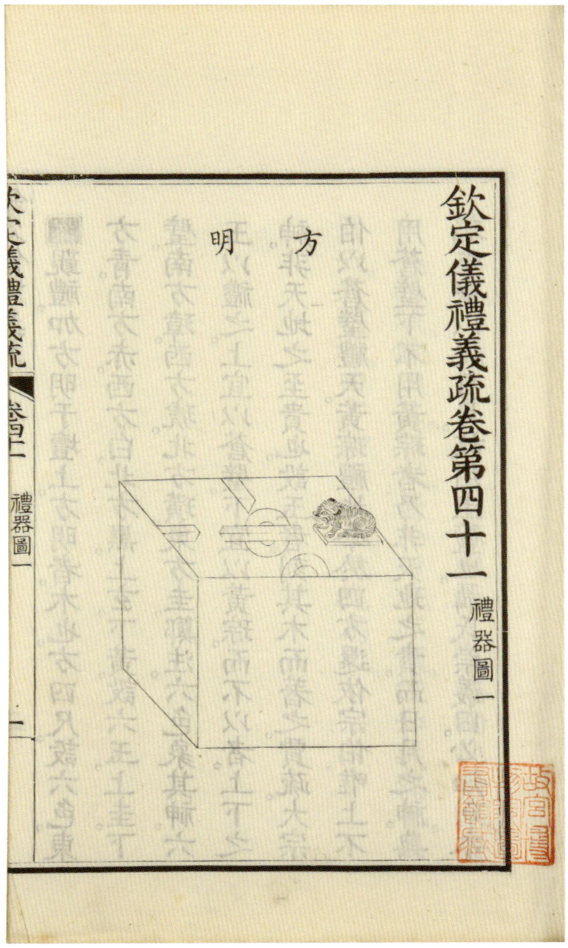
欽定儀禮義疏卷第四十一
禮器圖一
方明

欽定儀禮義疏
禮器圖一
卷四十一

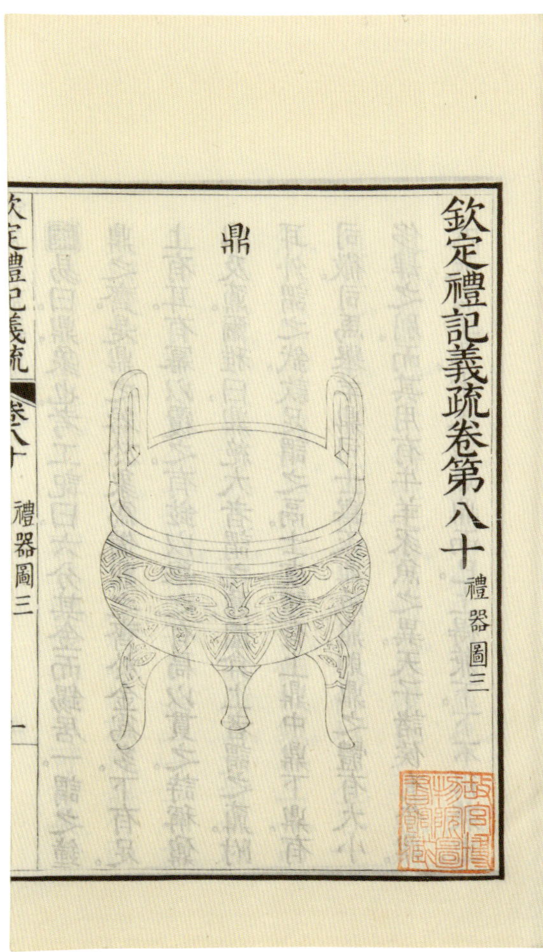
欽定禮記義疏卷第八十
禮器圖三
鼎

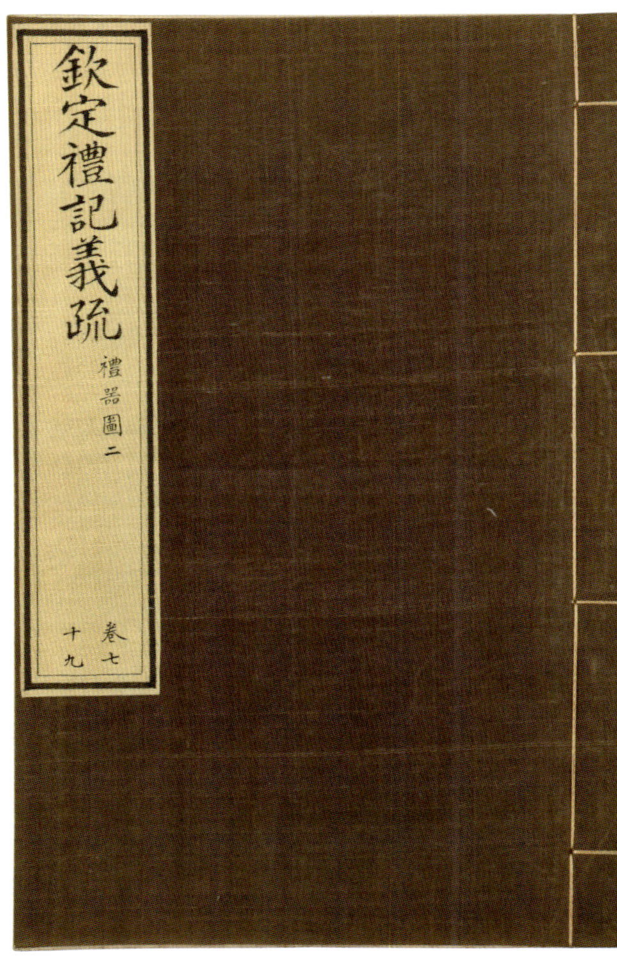
欽定禮記義疏
禮器圖二
卷七十九

3

亚醜父丁鼎

Bronze *Ding* Vessel Named "Ya Chou Fu Ding"

商

高 22.8 厘米　长 18.5 厘米　宽 14.7 厘米

Shang dynasty (1600–1046 BCE)
Height: 22.8 cm
Length: 18.5 cm
Width: 14.7 cm

鼎呈长方体。口沿外折，方唇，沿上饰双立耳。深腹，腹壁斜直，平底，下接四柱足。口沿下饰一周四瓣目纹，间饰圆涡纹。腹四角有出戟，腹部中间部分光素无纹，三行乳丁纹呈凹形排列周围。四足根部饰兽面纹，上、下各饰弦纹。

内壁铸有阴刻铭文"亚醜父丁"。"亚醜"是族徽，此器为祭祀族人父丁所作。亚醜器出土及传世数量较多，考古资料表明其出土地点多为山东青州苏埠屯商代墓地。亚醜族为殷末周初居于山东青州一带的薄姑氏，是商代晚期殷王国在东方的主要盟国之一。周灭商后，薄姑氏与四国共作乱，为成王所灭。

鼎是新石器时代便已出现的普通炊具，商周时期人们对神和祖先崇拜的信仰达到顶点，将祭祀时盛放牲肉的鼎赋予了神圣的意义，以至将重鼎当做国家政权的象征物，并将用鼎制度作为区分贵族阶级的重要标志，这一理念对于后世的礼制影响深远。清代国家坛庙祭祀的礼器设置，承宋明仿古之风，尊经与重器并立，融合宋代《三礼图集注》《重修宣和博古图录》两种礼器模式，鼎之形制采纳聂氏著作中的铏鼎。取法商周用鼎制度，并有创新，礼器种类、数量之别仍是国家礼法秩序的具象表现。（哈少川、吴倩）

4

青铜兽面纹方座簋

Bronze *Gui* Vessel with Animal-mask Design and Square Stand

西周

高 21.6 厘米　宽 27 厘米　口径 18.5 厘米

Western Zhou dynasty (1046–771 BCE)
Height: 21.6 cm
Width: 27 cm
Diameter of mouth: 18.5 cm

簋身呈圆体。侈口方唇，束颈，鼓腹，圜底，圈足外侈。两侧铸有一对半环形耳，上施兽首，两外扩尖耳高出器口，下饰方垂珥连接外腹，整体呈立兽状。圈足下外接方座，方座较高。颈部饰凸弦纹一周，腹饰与方座四壁纹饰一致，均为下卷角兽面纹，圈足饰夔纹一周。

青铜簋最早出现于商代中期，方座簋是商末周初时以陕西宝鸡为发源地的中国西部文化的产物。在圈足下连铸方座是为了在席地而坐的情况下增加器高的一种设计。西周早期或在圈足下加三足，或将珥延长到地，从而起到类似高足的稳定作用，也具有相同目的。后因外形稳重庄严，方座簋成为流行样式，沿用至战国。在仿古铜器中，方座簋也被视为典型器类之一。

簋是青铜礼器中重要的一类盛食器，常与鼎搭配使用。西周时期从用鼎用簋礼变革为列鼎列簋礼，列簋的出现早于列鼎，早期用鼎虽不成列，但鼎簋相配之数有一定礼数要求。鼎簋组合使用所遵循的鼎簋制度是一个动态概念，随着时代的演进而不断变化，二者作为礼器中的核心器用搭配，也是后世礼制改革与秩序重建时所依循的典范。（哈少川）

5

郏叔之伯钟

Bronze Bell Named "Zhu Shu Zhi Bo"

西周

高 35.5 厘米　铣间距 23 厘米　鼓间距 19 厘米

Western Zhou dynasty (1046–771 BCE)
Height: 35.5 cm
Span across the two pointed ends (*Xian*): 23 cm
Span across the lower part (*Gu*): 19 cm

钮钟。钟体呈合瓦式，桥口，舞面正中铸一桥形立钮。篆带、舞面及鼓部皆饰螭纹，篆间饰36枚，枚呈半球形，顶端有圆形凹陷。

钟体两栾、钲间和鼓部两侧共有阴铸铭文43字（含重文2字）："唯王六[月]初吉壬午，郏叔之伯□友择厥吉金，用铸其龢钟，以作其皇祖、皇考，用祈眉寿无疆，子子孙孙，永保用享。"

青铜钟是一种打击乐器，主要用于祭祀或宴飨仪式奏乐，有甬钟和钮钟两种形制。钮钟通常以挂钩穿过钟钮部，竖直悬挂于簨木之下，乐师使用木槌敲击其鼓正部和鼓右部，可以发出两种不同音频的声音。青铜编钟反映了产生于西周时期的"礼乐制度"，音乐的内容和形式须符合礼仪规范与要求。在历史的演进过程中，礼乐制度也在不断调整改造，以适应不断变化的社会需求和政治环境。

此件为清宫旧藏器，原存颐和园。（哈少川）

6

大晟钟之“黄钟清”

Bronze Bell Named “Huang Zhong Qing” from the Dasheng Serial Bells

北宋

高 28 厘米　铣距 18.4 厘米

Northern Song dynasty (960–1127)

Height: 28 cm

Span across the two pointed ends (*Xian*): 18.4 cm

钟腔体呈合瓦形，平口。钮部双龙对立，舞部、篆部饰散螭纹，螺形枚，鼓部饰蟠螭纹，下部两角托尾。钲部正中正面铸篆文“大晟”，背面铸律名“黄钟清”。清宫旧藏，原存古董房。

大晟钟原为北宋徽宗朝所行大晟新乐中的编钟。崇宁三年（1104年）在应天府（今河南省商丘市）出土了6件宋公戌钟，因该钟出土于春秋时期的宋地，正与大宋国号相合，徽宗认为是祥瑞之兆，遂设立大晟府，推动乐制改革。大晟新乐于政和三年（1113年）始成，新铸大晟钟发送全国各州府，作为标准音律定音。

大晟钟不仅在形制上仿制春秋时期镈，在音律上亦追求先秦古音雅乐。大晟乐自“黄钟”至“夹钟清”，采用“十二律四清声”制。按宋代乐制，大晟钟共有十二编，每编28件，包括正声钟12件、中声钟12件、清声钟4件。其中，“黄钟清”为清声组第一音。大晟钟是宋代乐制考古维新的重要标志。（吴倩）

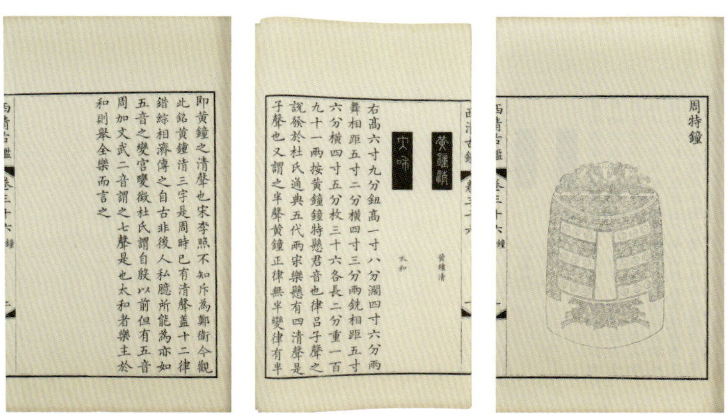
周特鐘

西清古鑑　卷三十六

黄鐘清　太和

右高六寸九分鈕高一寸八分闊四寸六分兩舞相距五寸二分横四寸三分兩銑相距五寸六分横四寸五分枚三十六各長二分重一百九十一兩按黄鐘鐘特懸君音也律吕子聲之說發於杜氏通典五代兩宋樂懸有四清聲是子聲也又謂之半聲黄鐘正律無半變律有半

即黄鐘之清聲也宋李照不知斥為鄭衛今觀此銘黄鐘清三字是周時已有清聲蓋十二律錯綜相濟傳之自古非後人私臆所能為亦如五音之變宫變徵杜氏謂自殷以前但有五音周加文武二音謂之七聲是也太和者樂主於和則舉全樂而言之

《西清古鉴》卷三十六“周特钟”

“Special Bell of Zhou” in *Xiqing Illustrated Catalog of Ancient Bronzes (Xiqing gujian)*, Vol. 36

7

铜窃曲瓦楞纹盨

Bronze *Xu* Vessel with Curve Design

元至大元年（1308 年）
高 13.8 厘米　宽 35 厘米

1308 (1st year of the Zhida era of Yuan dynasty)
Height: 13.8 cm
Width: 35 cm

圆角方体，失盖。器做子口，微敛，深腹微鼓，平底，下接相连四足，呈侈口圈足状。器身短边两侧口沿下饰一双兽首耳，兽角耸起高过器口，下连器腹。口沿下饰一周窃曲纹，其下腹部通饰瓦楞纹，圈足亦饰窃曲纹。

器底阴铸铭文4行28字，铭文漫漶不清，可以辨识其纪年为“至大戊申”，至大是元武宗海山的年号，至大戊申年即至大元年（1308年）。

元代宫廷仿古礼器衰落，但地方州县祭器数量较多，祭祀孔子的地方州学、书院、文庙祭器，在元代仿古铜器中占比较大。儒学祭器对佛教、道教祭祀都产生了较大的影响。以铜盨作为仿古器类，是元代仿古器的创新之处。（哈少川）

8

铜兽面纹潞国鼎

Bronze *Ding* Vessel Made by Prince of Lu

明崇祯八年（1635 年）

高 21.9 厘米　宽 18.7 厘米　腹径 14.7 厘米

1635 (8th year of the Chongzhen era of Ming dynasty)
Height: 21.9 cm
Width: 18.7 cm
Diameter of belly: 14.7 cm

鼎的形制与《西清续鉴乙编》卷三著录“汉饕餮鼎”相仿。圆鼓腹微垂，立耳，四扁形兽足。器身以云雷纹为地，口沿下一周卧蝉纹，主体纹饰为四组兽面纹，四足为夔形尾上卷。器底铸有篆书铭文。方款“敬一主人”，环以“大明崇祯捌年潞国制拾玖器”。此鼎融合三代礼器的造型、纹饰于一体，把方鼎的四足移植到圆鼎上，完成了造型上对方鼎和圆鼎的双重模仿。

依据铭文可知作器者是明末潞王朱常淓，穆宗之孙。封国立于河南卫辉府（今河南省卫辉市）。潞王工书画，好古玩。清初王士禛在《池北偶谈》谈及潞王“常仿《宣和博古图》式，造铜器数千枚”。潞王制“敬一主人”款仿古铜鼎，故宫博物院现藏三件，两件为崇祯八年（1635年）款，一件为崇祯九年（1636年）款，台北故宫博物院另藏一崇祯八年款者。潞国诸器可从一个侧面反映晚明地方造作仿古礼器的特殊面貌。（吴倩）

9

青玉交龙钮“考古正乐之宝”

Green Jade Seal Inscribed with “Kao Gu Zheng Yue Zhi Bao” (literally “to establish orthodox systems of rites and music by investigating and following ancient practice”) and Coiling-dragons Knob

清乾隆

高 10.1 厘米　钮高 5.2 厘米　印面边长 12.4 厘米

Qianlong era (1736–1795) of Qing dynasty (1644–1911)
Height: 10.1 cm
Height of knob: 5.2 cm
Seal face: 12.4 cm

青玉质，交龙钮方形玺，阳文，汉文篆书。配紫檀匣。此宝著录于乾隆《宝薮》中。清代皇帝十分重视稽考古制，定礼正乐，这也是宫廷礼制的重要方面。《清圣祖仁皇帝实录》载：“声金振玉，集厥大成。序书删诗，定礼正乐。既穷象系，亦严笔削。上绍往绪，下示来型。”乾隆朝《大清会典》中记：“圣祖仁皇帝考古法以制度，而量与权衡准焉。”乾隆帝御制诗文中也提出“以劝农讲武为立国之大经，以考古读书为服官之要务”。

考古可溯源头，正乐可以兴邦。中国之所以被称为“礼乐之邦”，与历代皇帝考古正乐、追求大一统的民族意识息息相关。（魏晨）

10

皇朝礼器图册之祭器

Sacrificial Utensils in *Illustrations of Imperial Ritual Paraphernalia (Huangchao liqi tuce)*

清乾隆
冷鉴、门应兆等
绢本设色
纵 41.3 厘米　横 40.3 厘米

Qianlong era (1736–1795) of Qing dynasty (1644–1911)
Leng Jian and Men Yingzhao et al.
Ink and color on silk
Book size: 41.3 × 40.3 cm

《皇朝礼器图册》为书籍《皇朝礼器图式》刊印前的珍贵绘本，由清代宫廷画师冷鉴、门应兆、姜润书、刘墀、苏廷楷、宣佩瑜、余鸣凤、周本、顾铨、贾全等多人合作而成。绢本设色，共计九一二本册页（一千九百七十四开），分祭器、仪器、冠服、乐器、卤簿、武备六部分。每类均以工笔描绘器物，对开题写相应的解说，包括器物尺寸、材质、色彩、形制、品级数量等。该图册运笔勾线风格精美华丽，除具有承载清代典章制度的功能外，还是艺术史上的珍品。

在清代礼书专著中，《皇朝礼器图式》是比较重要的一部，被列为礼书中“专书之最著者”之一。刊印本《皇朝礼器图式》又名《钦定皇朝礼器图式》，十八卷，乾隆二十四年（1759年）总理礼器图馆

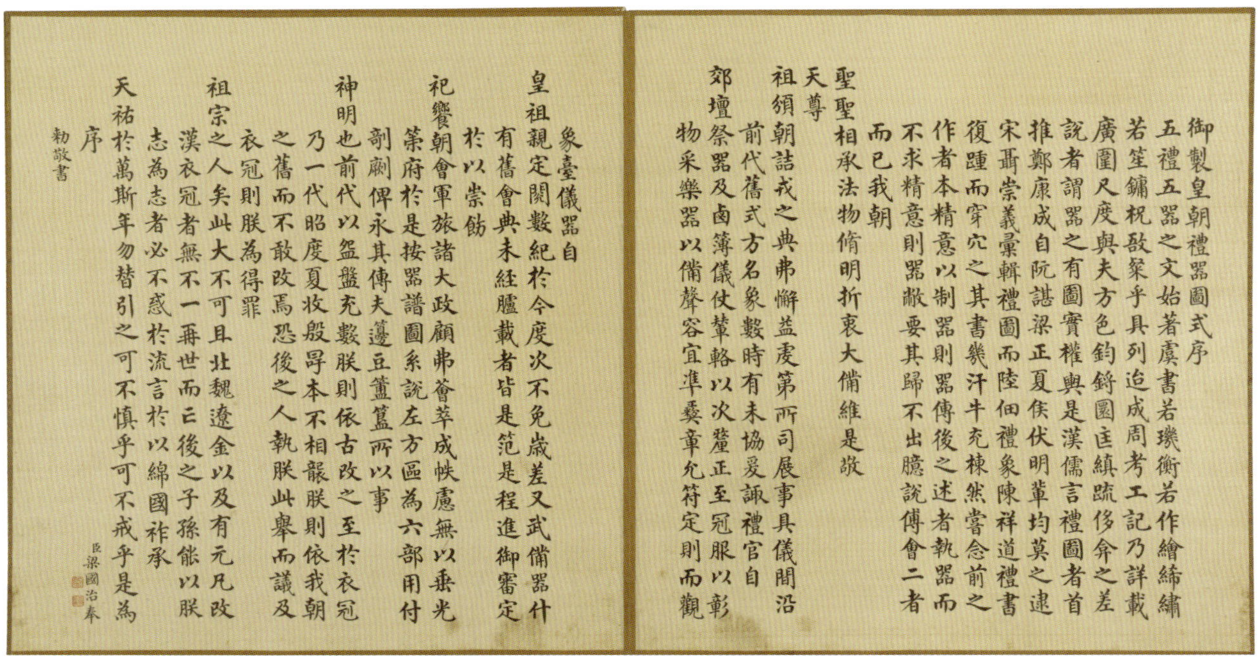
御製皇朝禮器圖式序
五禮五器之文始著虞書若璣衡若作繪絺繡
若笙鏞柷敔粲乎具列迨成周考工記乃詳載
廣圜尺度與夫方色鈞鋝圜匡縝疏侈弇之差
說者謂器之有圖實權輿是漢儒言禮圖者首
推鄭康成自阮諶梁正夏侯伏明輩均莫之逮
宋聶崇義彙輯禮圖而陸佃禮象陳祥道禮書
復踵而穿穴之其書幾汗牛充棟然嘗念前之
作者本精意以制器則器傳後之述者執器而
不求精意則器敝要其歸不出臆說傅會二者
而已我朝
聖聖相承法物脩明折衷大備維是敬
天尊
祖頒朝誥戒之典弗懈益虔第所司展事具儀間沿
前代舊式方名象數時有未協爰詔禮官自
郊壇祭器及鹵簿儀仗輦輅以次釐正至冠服以彰
物采樂器以備聲容宜準彝章允符定則而觀
象臺儀器自
皇祖親定閱數紀於今度次不免歲差又武備器什
有舊會典未經臚載者皆是範是程進御審定
於以崇飭
祀饗朝會軍旅諸大政顧弗薈萃成帙慮無以垂光
策府於是按器譜圖系說左方區為六部用付
剞劂俾永其傳夫籩豆簠簋所以事
神明也前代以盌盤充數朕則依古改之至於衣冠
乃一代昭度夏收殷冔本不相襲朕則依我朝
之舊而不敢改焉恐後之人執朕此舉而議及
衣冠則朕為得罪
祖宗之人矣此大不可且北魏遼金以及有元凡改
漢衣冠者無不一再世而亡後之子孫能以朕
志為志者必不惑於流言於以綿國祚承
天祐於萬斯年勿替引之可不慎乎可不戒乎是為
序
臣梁國治奉
勅敬書

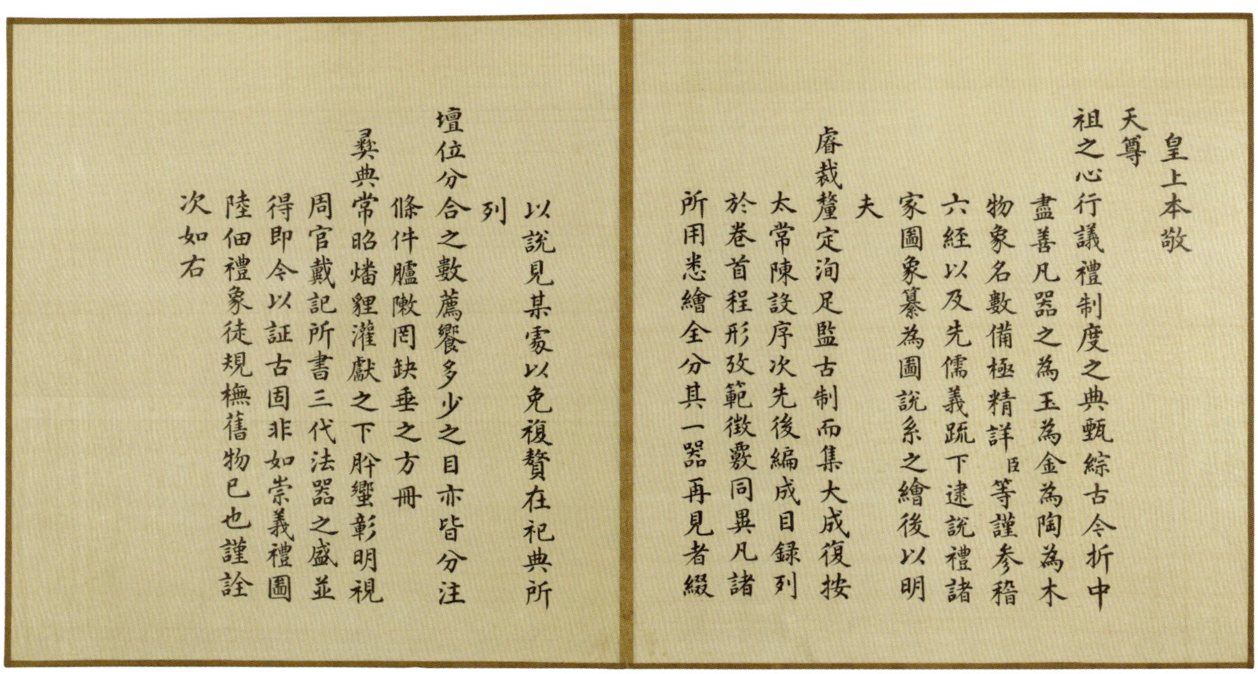
皇上本敬
天尊
祖之心行議禮制度之典甄綜古今折中
盡善凡器之為玉為金為陶為木
物象名數備極精詳臣等謹參稽
六經以及先儒義疏下逮說禮諸
家圖象纂為圖說系之繪後以明
夫
睿裁釐定洵足監古制而集大成復按
太常陳設序次先後編成目錄列
於卷首程形孜範徵覈同異凡諸
所用悉繪全分其一器再見者綴
以說見某處以免複贅在祀典所
列
壇位分合之數薦饗多少之目亦皆分注
條件臚敶罔鈌垂之方冊
彝典常昭燔瘞灌獻之下肸蠁彰明視
周官戴記所書三代法器之盛並
得即今以証古固非如崇義禮圖
陸佃禮象徒規橅舊物已也謹詮
次如右

事务和硕庄亲王允禄奉敕修撰。乾隆三十一年（1766年）皇帝又命福隆安等廷臣重加刊补，是年由武英殿修书处刻版印刷。后于乾隆三十八年（1773年）收入《四库全书》史部。先后参与撰修、绘图、校缮、供事等各项事务的人员共计65人，其中包括乾隆朝名臣蒋溥、于敏中、彭元瑞等。书前有乾隆御制序文、允禄上言表和福隆安上言表，以及参与编修人员的姓名、官职。

本次展出图册选自祭器、仪器、乐器，并以与所绘器物对照的方式展出。敬天尊祖，祭器体现了我国传统的礼仪典章制度，也反映出乾隆朝以当时对上古礼器的理解来法古制器。（李天垠）

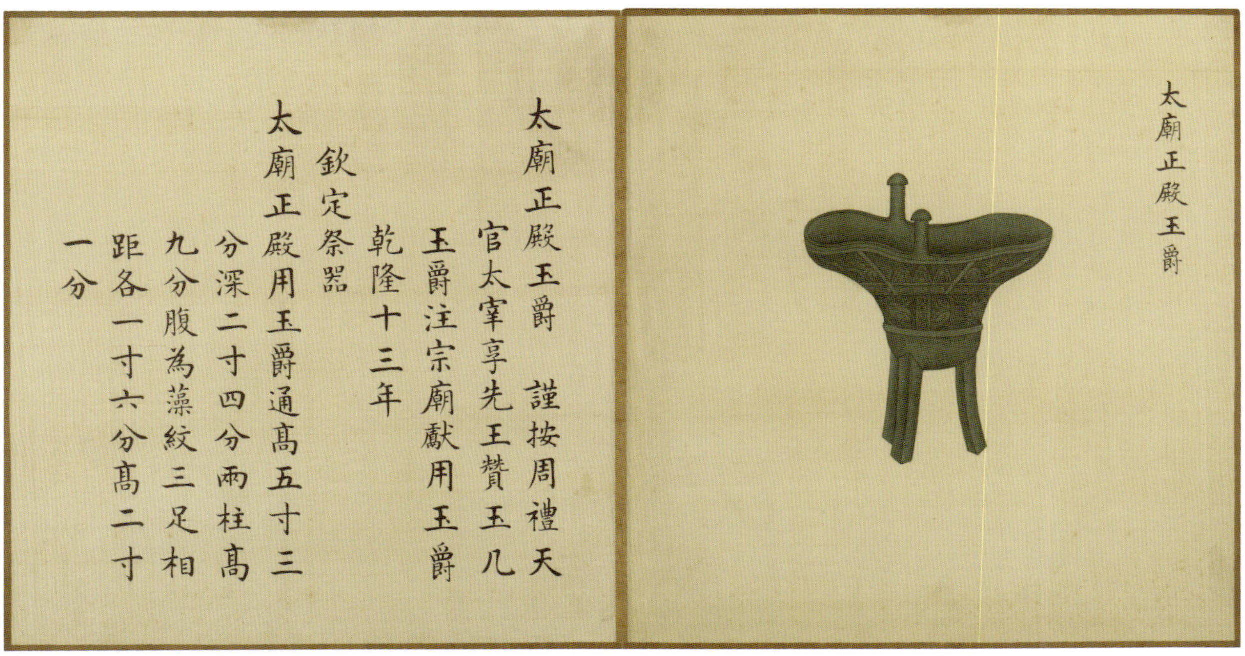

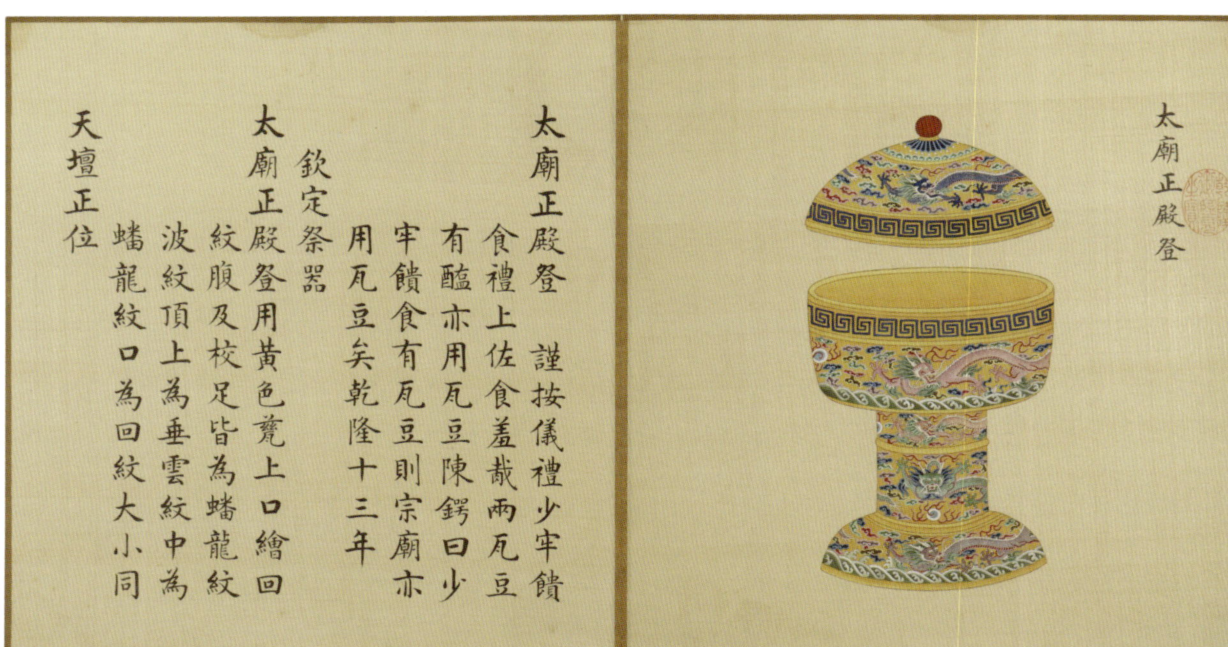

太廟正殿簠

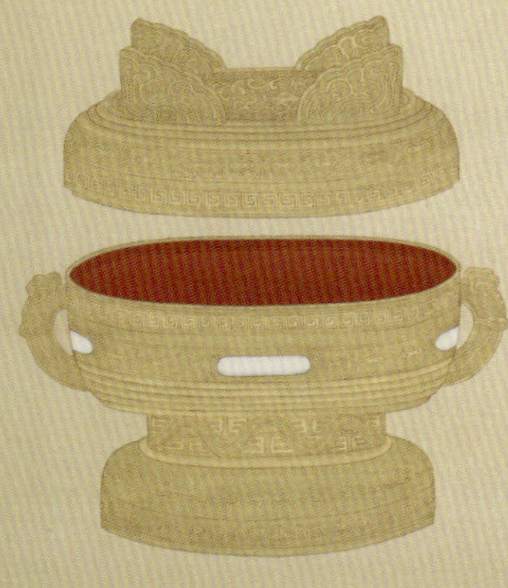

太廟正殿簠　謹按儀禮疏凡簠
皆用木而方鄭康成禮記
注天子飾以玉乾隆十三
年
欽定祭器
太廟正殿簠木質髹以漆塗金四
面飾以玉通高四寸二分
深二寸一分口徑七寸二
分底徑六寸蓋高一寸八
分徑與口徑同上有棱四
出高一寸一分花紋同
天壇正位

太廟正殿篚

太廟正殿篚　謹按乾隆
十三年
欽定祭器
太廟正殿篚編竹為之四
周髹以漆黃色高
五寸縱四寸九分
橫二尺二寸五分
足高七分蓋高一
寸一分

太廟正殿象尊

太廟正殿象尊　謹按周禮春官司
尊彝春祠夏禴其再獻用兩
象尊王肅注禮象尊全刻象
形鑿背為尊乾隆十三年
欽定祭器
太廟正殿象尊範銅為之作象形尊
加其上高四寸二分口徑三
寸三分為垂雲紋腹圍一尺
四寸四分全素底徑三寸蓋
高一寸九分徑四寸象高五
寸二分長七寸一分孟夏
時享用之

太廟正殿山尊

太廟正殿山尊　謹按周禮春官司尊彝
追享朝享其再獻用兩山尊注山
尊山罍也禮記明堂位山罍夏后
氏之尊也賈公彥云罍之於雷字
別而同聲雷起於雲雲出於山故
刻而畫之為山雲之形乾隆十三
年
欽定祭器
太廟正殿山尊範銅為之高九寸七分口
徑五寸二分項圍九寸九分腹圍
一尺六寸五分底徑三寸七分足
徑五寸三分四面有棱中為山形
旁為雷紋腹及跗皆為雲紋蓋高
二寸四分徑五寸六分亦有棱如
器之飾頂高五分歲暮
祫祭用之

太廟正殿簠　謹按陳祥道禮書
祭外神用瓦器宗廟則當
用木乾隆十三年
欽定祭器
太廟正殿簠木質髹以漆塗金四
面飾以玉通高四寸六分
深二寸六分口縱六寸四
分橫八寸底縱五寸一分
橫六寸四分蓋高一寸四
分口縱橫與器同上有棱
四周縱六寸四分橫八寸
花紋同
天壇正位

太廟正殿豆　謹按周禮春官外宗
掌宗廟之祭祀佐王后薦玉
豆眡豆籩疏凡王之豆籩皆
玉飾之禮記明堂位殷玉豆
方慤云加飾以玉於楬之上
也乾隆十三年
欽定祭器
太廟正殿豆木質髹以漆塗金三方
飾以玉通高五寸五分深二
寸口徑四寸九分校圍二寸
足徑四寸七分蓋高二寸二
分徑與口徑同頂高五分花
紋同
天壇正位

太廟正殿犧尊　謹按周禮春官司尊
彝春祠夏禴其朝踐用兩獻尊
禮記禮器犧尊在西注犧周禮
作獻明堂位犧象周尊也王肅
注禮犧尊全刻牛形鑿背為尊
乾隆十三年
欽定祭器
太廟正殿犧尊範銅為之作犧形尊加
其上高四寸八分口徑三寸三
分腹圍一尺三寸五分四面有
棱為回紋夔龍紋底徑二寸六
分蓋高一寸二分徑與口徑同
上為垂花紋下為夔龍紋犧高
五寸一分長八寸三分孟春
時享用之

太廟正殿壺尊　謹按周禮春官
司尊彝秋嘗冬烝其饋獻
用兩壺尊注以壺為尊左
傳尊以魯壺乾隆十三年
欽定祭器
太廟正殿壺尊範銅為之全素高
八寸四分深七寸九分口
徑五寸二分項圍一尺二
寸六分腹圍二尺一寸九
分底徑五寸二分足徑四
寸三分孟冬
時享用之

太廟正殿簠

太廟正殿鉶

太廟正殿鉶　謹按聶崇義三禮圖鉶天子以黃金飾乾隆十三年

欽定祭器

太廟正殿鉶範銅為之兩耳及緣飾以金高四寸一分深四寸口徑五寸一分底徑三寸三分三足高一寸三分三峯高一寸形制花紋同

天壇從位

太廟正殿豆

太廟正殿籩

太廟正殿籩　謹按乾隆十三年

欽定祭器

太廟正殿籩編竹為之以絹飾裏頂及緣皆髹以漆黃色口繪雲紋大小同

天壇正位

太廟正殿犧尊

太廟正殿俎

太廟正殿俎　說見

社稷壇正位

太廟正殿壺尊

太廟正殿著尊

太廟正殿著尊　謹按周禮春官司尊彝秋嘗冬烝其朝獻用兩著尊注著地無足禮記明堂位著殷尊也乾隆十三年

欽定祭器

太廟正殿著尊範銅為之全素高八寸五分深八寸二分口徑八寸三分底徑六寸八分孟秋

時享用之

11

太庙祭器（7件）

Sacrificial Utensils for the Imperial Ancestral Temple (7 pieces)

中国人讲究慎终追远，通过祭祀祖先，追思祖德，求福报功，弘扬孝道。

太庙是皇帝祭祀祖先的宗庙。在清代，太庙祭祀岁末有祫祭，四孟有时飨，由皇帝亲自到场主持，可谓郑重其事，既是对逝去尊长的怀念，亦是以孝治天下的表现。

太庙祭祀时，皇帝、皇后同案，各用玉爵三，登、铏各一；共用簠二、簋二、笾十二、豆十二。其中，登盛太羹（不加调味料肉汤），铏盛和羹（加调味料肉汤），以簠和簋盛稻、粱、黍、稷，以笾和豆盛干果、酱、粥等祭品。供案前设俎，上置太牢，即牛、羊、豕各一。所用祭器，清初沿袭明代旧制，笾、豆、簠、簋诸祭器“惟存其名”，以碗、盘等瓷器替代，乾隆十三年（1748年）皇帝谕旨：“坛庙祭品，既遵用古名，则祭器自应悉仿古制，一体更正，以备隆仪。”并令“稽核经图，审其名物度数、制作款式，折衷至当，详议绘图以闻”。

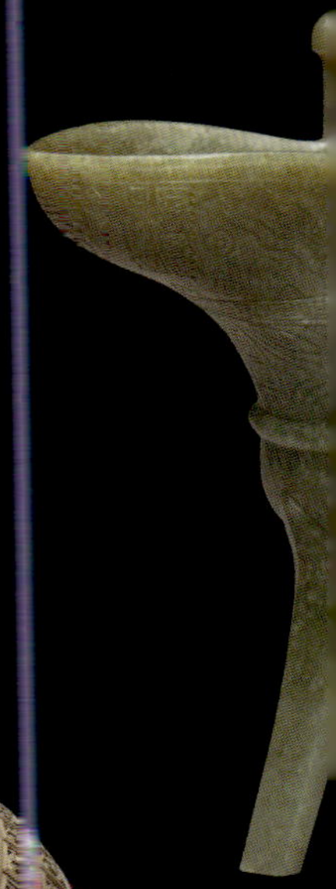

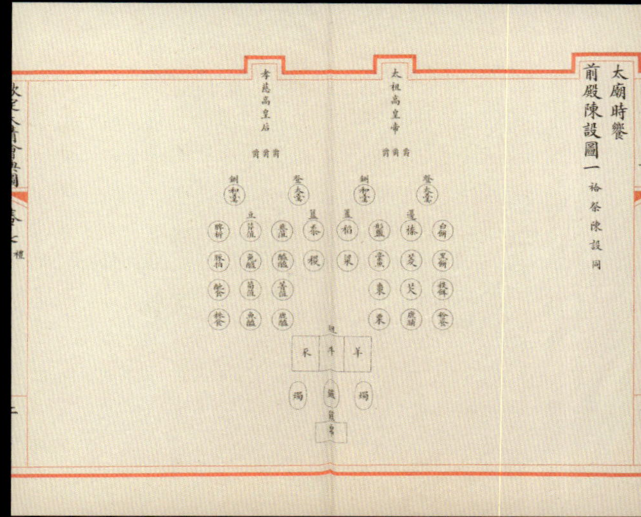

《钦定大清会典》"太庙时飨前殿陈设图一"
Illustration of Sacrificial Arrangement in the Front Hall of the Imperial Ancestral Temple from *The Imperial Qing Code* (*Qinding daqing huidian*)

乾隆帝钦定祭器描绘于《皇朝礼器图》中，更落实在具体仿古造作上。"折衷至当"的原则体现于祭器形制融合古今。改制以模仿商周青铜礼器为基础，参考历代礼书、礼图，如爵、簠、豆、登、笾的形制与先秦同类古器接近，铏则更与敦相类，簋与盨更为雷同。祭器材质因供奉对象不同各有精义，"或用金玉，以示贵重；或用陶匏，以崇质素"。太庙豆、簠、簋皆木髹漆饰金玉，铏范铜饰金，竹丝笾和黄釉登均画彩纹。各坛陶瓷祭器也区分釉色，"圜丘、祈谷、常雩青，方泽黄，日坛赤，月坛白，社稷、先农黄"。（安静、刘梦媛）

11-1

青玉爵

Green Jade *Jue* Vessel

清乾隆
高 17.2 厘米　长 16.6 厘米　宽 7 厘米

Qianlong era (1736–1795) of Qing dynasty (1644–1911)
Height: 17.2 cm
Length: 16.6 cm
Width: 7 cm

11-2

铜鎏金铏

Gilt-copper *Xing* Vessel

清乾隆
通高 26.3 厘米　口径 16.3 厘米

Qianlong era (1736–1795) of Qing dynasty (1644–1911)
Overall height: 26.3 cm
Diameter of mouth: 16.3 cm

11-3

黄地五彩云龙纹登

Famille-verte Porcelain *Deng* Vessel with Cloud-and-dragon Design on Yellow Ground

清乾隆

通高 26.8 厘米　口径 16.2 厘米

Qianlong era (1736–1795) of Qing dynasty (1644–1911)
Overall height: 26.8 cm
Diameter of mouth: 16.2 cm

11-4

金漆簋

Gold-lacquered *Gui* Vessel

清乾隆
通高 25.2 厘米　长 23.2 厘米　宽 18.7 厘米
注：盖内有被覆盖的“乾隆年制”款，后添“大清光绪年制”款

Qianlong era (1736–1795) of Qing dynasty (1644–1911)
Overall height: 25.2 cm
Length: 23.2 cm
Width: 18.7 cm
Note: An overlaid mark “Made in Qianlong Era” inside the lid, the “Made in Guangxu Era” inscription was added later

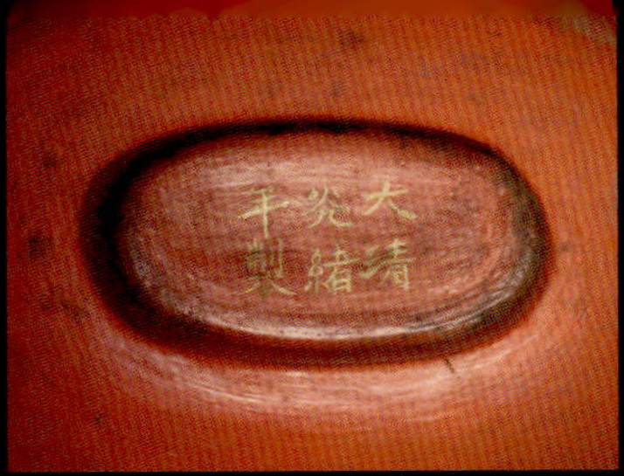

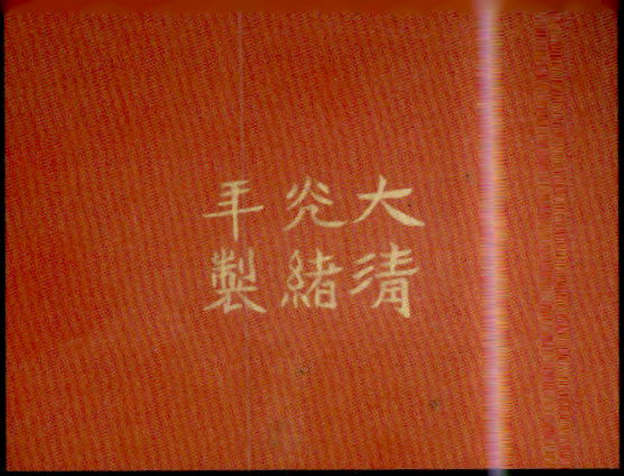

11-5

金漆簠

Gold-lacquered *Fu* Vessel

清乾隆

通高 24.2 厘米　长 25.7 厘米　宽 20.8 厘米

注：盖内有被覆盖的“乾隆年制”款，后添“大清光绪年制”款

Qianlong era (1736–1795) of Qing dynasty (1644–1911)

Overall height: 24.2 cm

Length: 25.7 cm

Width: 20.8 cm

Note: An overlaid mark “Made in Qianlong Era” inside the lid, the “Made in Guangxu Era” inscription was added later

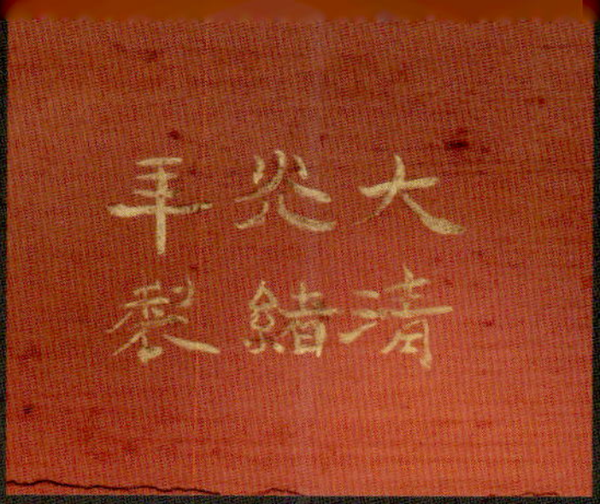

11-6

金漆豆

Gold-lacquered *Dou* Vessel

清光绪
通高 27.2 厘米　口径 16 厘米

Guangxu era (1875–1908) of Qing dynasty (1644–1911)
Overall height: 27.2 cm
Diameter of mouth: 16 cm

11-7

竹丝黄漆笾

Yellow-lacquered Bamboo *Bian* Vessel

清宣统

通高 28.6 厘米　口径 15.1 厘米

Xuantong era (1909–1911) of Qing dynasty (1644–1911)

Overall height: 28.6 cm

Diameter of mouth: 15.1 cm

12

皇朝礼器图册之乐器

Musical Instruments in *Illustrations of Imperial Ritual Paraphernalia (Huangchao liqi tuce)*

清乾隆
冷鉴、门应兆等
绢本设色
纵 41.3 厘米　横 40.3 厘米

Qianlong era (1736–1795) of Qing dynasty (1644–1911)
Leng Jian and Men Yingzhao et al.
Ink and color on silk
Book size: 41.3 × 40.3 cm

《皇朝礼器图册》为书籍《皇朝礼器图式》刊印前的珍贵绘本，此册属《皇朝礼器图册》之乐器部分。按使用与功能，清代宫廷礼乐大体可分为祭祀乐、朝会乐、宴会乐、仪仗乐。中和韶乐主要用于坛庙祭祀、殿陛朝会、宴会等皇帝出入的场合。中和韶乐乐队的位置则根据祭祀活动的地点变化而有所不同。若祭太庙，设乐队于殿外台阶上，左右分列佾舞于乐队之后。（李天垠）

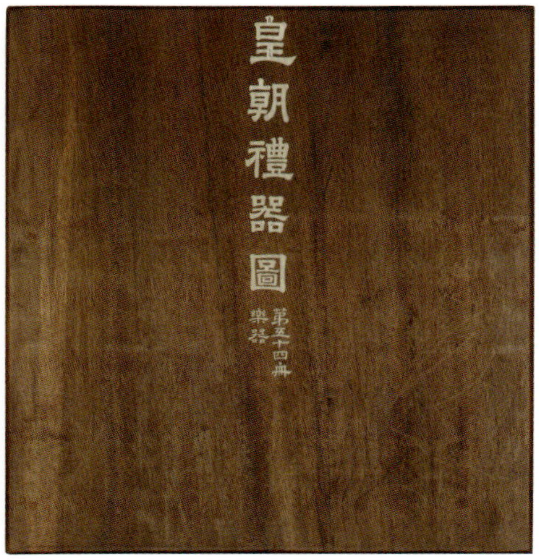

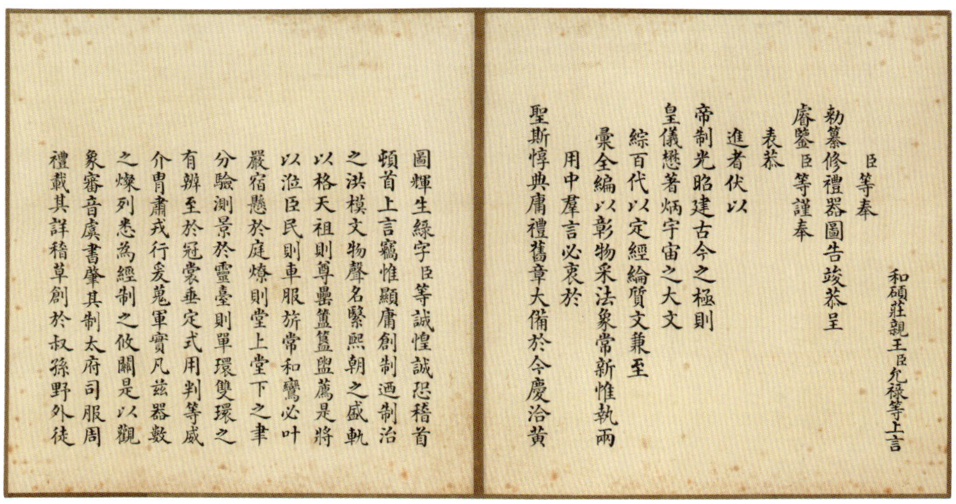
和碩莊親王臣允祿等上言
臣等奉
勅纂修禮器圖告竣恭呈
睿鑒臣等謹奉
表恭
進者伏以
帝制光昭建古今之極則
皇儀懋著烱宇宙之大文
綜百代以定經綸質文兼至
彙全編以彰物采法象常新惟執兩
用中羣言必衷於
聖斯惇典庸禮舊章大備於今慶洽黄
圖輝生綠字臣等誠惶誠恐稽首
頓首上言竊惟顯庸創制迺制治
之洪模文物聲名繄熙朝之盛軌
以格天祖則尊罍簠簋盥薦是將
以涖臣民則車服旂常和鸞必叶
嚴宿懸於庭燎則堂上堂下之聿
分驗測景於靈臺則單環雙環之
有辨至於冠裳垂定式用判等威
介冑肅戎行爰蒐軍實凡兹器數
之燦列悉為經制之攸關是以觀
象審音虞書肇其制太府司服周
禮載其詳稽草創於叔孫野外徒

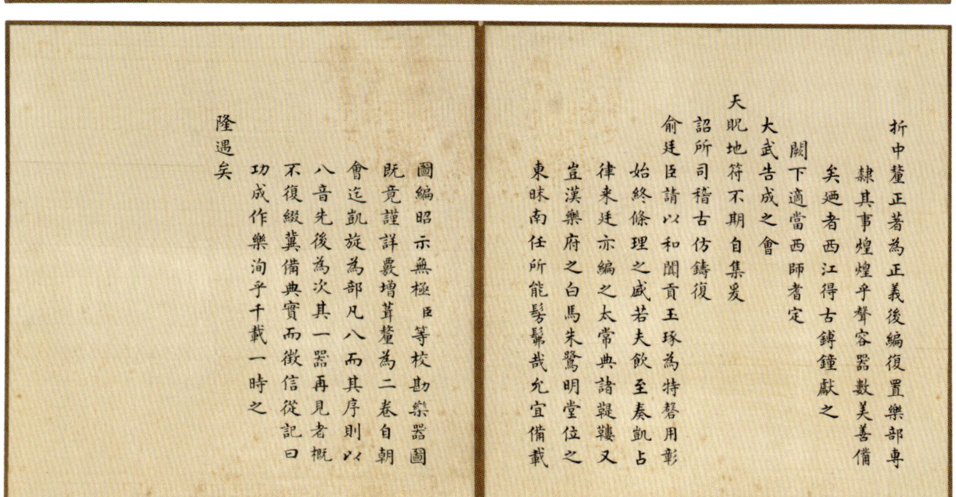
折中釐正著為正義後編復置樂部專
隸其事煌煌乎聲容器數美善備
矣廼者西江得古鎛鐘獻之
闕下適當西師耆定
大武告成之會
天貺地符不期自集爰
詔所司稽古仿鑄復
俞廷臣請以和闐貢玉琢為特磬用彰
始終條理之盛若夫飲至奏凱占
律来廷亦編之太常典諸鞮鞻又
豈漢樂府之白馬朱鷺明堂位之
東昧南任所能髣髴哉允宜備載
圖編昭示無極臣等校勘樂器圖
既竟謹詳釐增葺釐為二卷自朝
會迄凱旋為部凡八而其序則以
八音先後為次其一器再見者概
不復綴冀備典實而徵信從記曰
功成作樂洵乎千載一時之
隆遇矣

皇朝禮器圖目録

樂器

朝會中和韶樂

朝會中和韶樂鎛鐘第三太簇

朝會中和韶樂鎛鐘第三太簇　謹按

御製鎛鐘第三應太簇之律正月用之兩欒高一尺六寸二分中高一尺四寸四分于徑一尺三寸五分横一尺一分二釐兩舞相距一尺一寸五分二釐横九寸一分二釐甬長九寸六分徑三寸八分四釐衡徑二寸五分三釐旋徑四寸二分六釐闊一寸二分八釐蟲長二寸七分闊一寸六分二釐厚一寸八釐蟲孔長一寸三分五釐闊九分乳凡三十六高一寸二分八釐鐫識處高八寸一分上闊二寸七分下闊三寸六分前鐫

御製銘後鐫鎛鐘第三太簇年月俱如前

太廟

奉先殿

朝日壇

太歲壇鎛鐘皆同燕饗中和韶樂鎛鐘第三亦同

朝會中和韶樂特磬第三太簇

朝會中和韶樂特磬第三太簇　謹按

御製特磬第三應太簇之律正月用之股修一尺二寸九分六釐博九寸七分二釐鼓修一尺九寸四分四釐博六寸四分八釐厚八分九毫前鐫

御製銘後鐫特磬第三太簇年月俱如前

太廟

奉先殿

朝日壇

太歲壇特磬皆同燕饗中和韶樂特磬第三亦同

13

铜鎏金甬钮桥口镈钟"太簇"

Gilt-copper *Bo* Bell with Bar-shaped Grip and Inscription "Tai Cu"

清乾隆二十六年（1761 年）
通高 84.2 厘米　横径 8 厘米　于纵 36 厘米　于横 45.7 厘米

1761 (26th year of the Qianlong era of Qing dynasty)
Overall height: 84.2 cm
Horizontal diameter: 8 cm
Length of the bell edge (*Yu*): 36 cm
Width of the bell edge (*Yu*): 45.7 cm

镈钟，铸铜鎏金，两铣角下垂，于口上弧，舞平，呈合瓦体，为先秦以来的编甬钟形制。前面钲部正中镌乾隆帝御制钟铭，后镌律名"镈钟第三太簇"及铸造年月。镈钟每套十二枚，大小成列，钟体愈大发音愈低，以应一年十二个月依律使用之需。传统时序观念认为，"冬至则一阳生"，冬至节所在的十一月用黄钟律，十二月用大吕律，正月用太簇律，依次类推。若逢闰月，交节之前仍用上月之律，交节之后用下月之律。清宫皇帝冬至、元旦、寿辰三大节庆贺典礼专用黄钟律，皇太后和皇后三大节受贺则专用南吕律。至于各坛庙祭祀典礼，依据传统十二律三分损益、隔八相生的顺序，十二律之根本的黄钟律用于圜丘坛、祈谷坛以崇天，黄钟上生的林钟律用于方泽坛以敬地，林钟下生的太簇律用于太庙以尊祖。此太簇律镈钟，可用于太庙、奉先殿、寿皇殿祭祖典礼。

镈钟与编钟、编磬等一样，同为先秦以来历代宫廷雅乐的"宫悬""金石之音"，是清朝宫廷中和韶乐专用的礼乐重器。而中和韶乐专用于坛庙祭祀和殿陛典礼，是天地尊神和帝后皇权至尊身份的象征。中和韶乐演奏时，每一句乐章开始前，先击镈钟一声，以宣其声，一句即将结束，击特磬一声，以收一句之韵，即所谓"金声玉振"。

镈钟、特磬至元明之际失传，明代和清初宫廷均付诸阙如。乾隆二十四年（1759 年），江西临江府（今江西省樟树市）出土古钟十一枚，贡入朝廷后被乾隆帝君臣议定为镈钟。此时恰逢平定准噶尔部叛乱战争大获全胜之际，乾隆帝效仿"功成作乐，治定兴礼"之传统，于乾隆二十六年（1761 年）诏令仿古钟形制铸造镈钟，并添配特磬，以求金声玉振、礼乐完备。壮丽的镈钟，凝聚着乾隆帝崇奉儒家礼乐教化的政治观念。（孙召华）

14

青玉描金云龙纹特磬“太簇”

Green Jade Chime Stone with Gold-painted Cloud-and-dragon Design and Inscription “Tai Cu”

清乾隆二十六年（1761 年）
股长 41.4 厘米　股博长 30.5 厘米　鼓长 62 厘米
鼓博长 20.3 厘米　厚 3 厘米

1761 (26th year of the Qianlong era of Qing dynasty)
Length: 41.4/62 cm
Width: 30.5/20.3 cm
Thickness: 3 cm

特磬采用整块新疆和田青玉琢磨而成，玉质莹润光洁，两面饰以描金双龙戏珠和流云纹，线条生动流畅，颇有金碧辉煌之感。磬体规整，制如钝角矩尺形，磬之长边为鼓，短边为股，鼓股相交处有钻孔以穿系黄绒纠，悬挂于金漆簨虡之上，以备敲击发声。特磬十二枚一套，大小成列，磬体愈大发音愈低，每枚特磬独用一套簨虡，与编磬十六面共用一套簨虡不同，故称特磬。按照乐制，祭祖典礼专用太簇律，此特磬可用于太庙祭祀典礼。

特磬是清宫中和韶乐专用的重器，是天地尊神和帝后至尊皇权的身份象征。青玉特磬的制作，先是将新疆和田玉料运至京师呈乾隆帝御览，乐部画样呈览钦定，然后发往苏州织造招募玉匠琢磨成器、描金纹样，最后再运回京师各宫殿坛庙备用，诚可谓不远万里、不惜重金。（毛劼）

15

皇朝礼器图册之仪器

Instruments in *Illustrations of Imperial Ritual Paraphernalia* (*Huangchao liqi tuce*)

清乾隆
冷鉴、门应兆等
绢本设色
纵 41.3 厘米　横 40.3 厘米

Qianlong era (1736–1795) of Qing dynasty (1644–1911)
Leng Jian and Men Yingzhao et al.
Ink and color on silk
Book size: 41.3 × 40.3 cm

《皇朝礼器图册》为书籍《皇朝礼器图式》刊印前的珍贵绘本，此册属《皇朝礼器图册》之仪器部分。仪器是当时世界先进科学理论的结晶，将之纳入礼器范畴是乾隆朝的创新。图册中的宫廷仪器，表面装饰有华丽的洛可可风格图案。这种风格当时正风靡整个欧洲的宫廷，在世界艺术史上占有重要地位。这反映了从清康熙朝开始，中西之间科学、艺术、宫廷文化等方面交流再次频密，并在乾隆朝中期发展到新的高度。（李天垠）

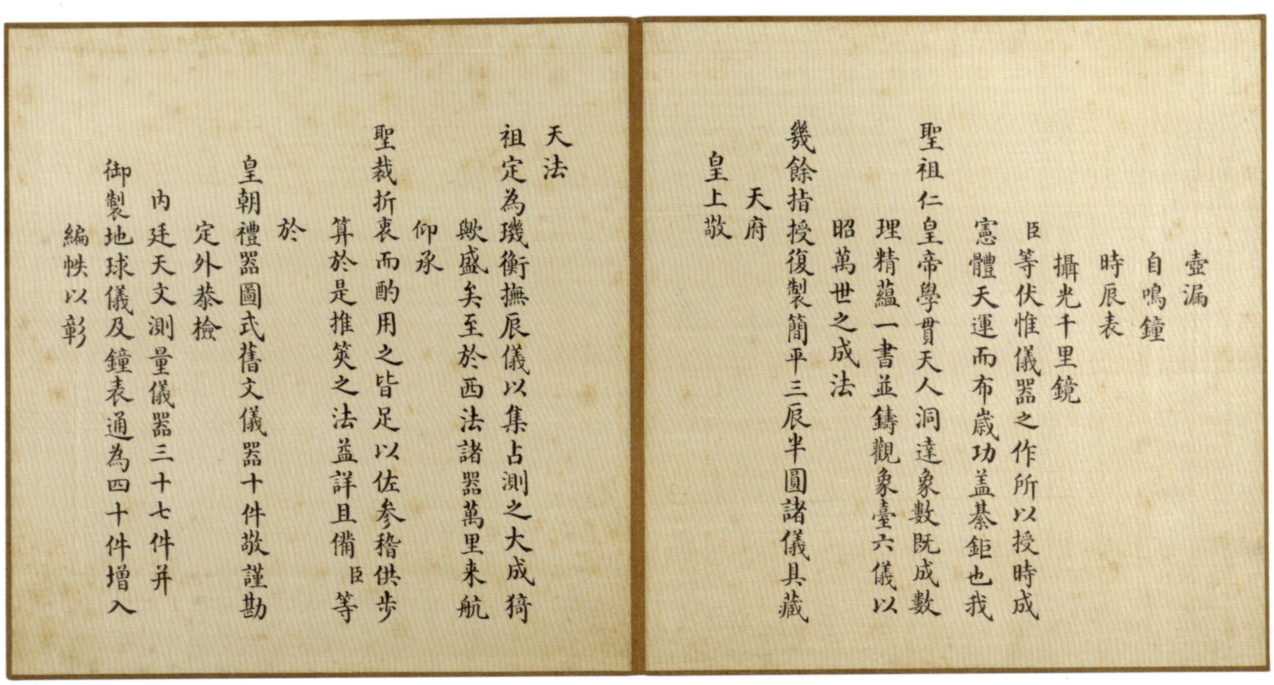
壺漏
自鳴鐘
時辰表
攝光千里鏡
臣等伏惟儀器之作所以授時成
憲體天運而布歲功蓋綦鉅也我
聖祖仁皇帝學貫天人洞達象數既成數
理精蘊一書並鑄觀象臺六儀以
昭萬世之成法
幾餘指授復製簡平三辰半圓諸儀具藏
天府
皇上敬
天法
祖定為璣衡撫辰儀以集占測之大成猗
歟盛矣至於西法諸器萬里來航
仰承
聖裁折衷而酌用之皆足以佐參稽供步
算於是推筴之法益詳且備臣等
於
皇朝禮器圖式舊文儀器十件敬謹勘
定外恭檢
內廷天文測量儀器三十七件并
御製地球儀及鐘表通為四十件增入
編帙以彰

御製地平半圓日晷儀

御製地平半圓日晷儀　謹按地平半圓日晷儀為
聖祖仁皇帝御製鑄銅為之凡二重地平盤長四寸三分濶三寸五分中施指南針外畫時刻線正北當午正正西卯正正東酉正後直立方盤上加半圓通徑中為中心兩旁各為半徑半徑上穿孔地平中心線入之視線影以知時刻半圓中心施遊表表兩端立耳穿中線對太陽驗遊表與通徑距度以準太陽高弧

圓盤日月星晷儀

圓盤日月星晷儀　謹按
本朝製圓盤日月星晷儀鑄銅為之圓盤徑四寸一分下有柄上為日晷兩立耳相距二寸四分各穿孔以透日光兩旁直線為時刻線之起止中為半圓其半為北極畫節氣線十九道當北極為二分線間二線為一中氣往来數之左畫夏至右畫冬至一線占一旬自北極上横分六十度為北極高度下分十二時右起丑未初左畫子午正中施遊表以表末對北極高度及節氣線表末施墜線穿小珠對太陽所躔宮度使兩耳孔日光正對驗珠影以知時刻背為月晷星晷外分三百六十六日内分十二宮中心第一重圓盤徑二寸二分外分十二時初正午正出直表以指太陽内分三十日自直表起朔第二重圓盤徑一寸七分周穿圓孔中出直表表所指之日數圓孔下驗晦朔弦望自第一重對太陽宮度表起午正數之至第二重指日數表所指以知時刻第三重施直表出圓盤外表心及末皆穿圓孔以表心孔窺勾陳大星以表末孔窺天樞天璇使相參直亦如月晷數法以知時刻

萬壽天常儀

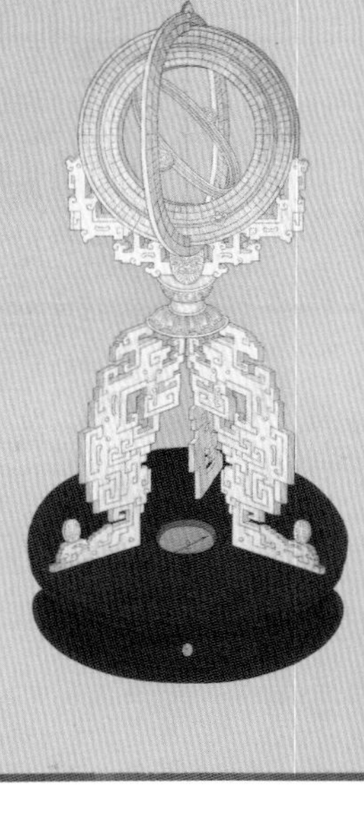

萬壽天常儀　謹按
本朝製萬壽天常儀鑄銅為之通高一尺一寸制與三辰儀同座心穿孔對天頂垂線用與三辰儀表末同中腰兩表耳一實一虛綰遊旋赤道實者穿中縫虛者留中線用與三辰儀窺衡同以遊表加遊旋赤道上視遊表末所指用與三辰儀表耳同

16

铜鎏金地平半圆日晷

Gilt-copper Semi-circle Horizontal Sundial

清康熙四十年（1701 年）
长 13.8 厘米　宽 11.2 厘米

1701 (40th year of the Kangxi era of Qing dynasty)
Length: 13.8 cm
Width: 11.2 cm

此地平日晷时刻盘上镌刻“康熙四十年夏日御制”，兼具测时和测太阳高度的功能。其晷针由一根连接边框的立柱与时刻盘小孔间的丝线构成，使用时，由指南针先定南北，再视细线在时刻盘上的日影，即是所求时刻。边框立柱的下端设一游标，表两端有可供照准的立耳。如旋转边框上的游标，使之对准太阳，此时游标上端所指半圆弧上的刻度即是太阳的高度。

该类日晷是西式科学仪器，被列入乾隆朝编纂的礼制典籍《皇朝礼器图式》中，反映出西方科学文化对宫廷的深度影响。同时，西式科学仪器将准确的天文地理测量付诸实践，使科学仪器的重要性得以体现。因此，将科学仪器礼器化，彰显了当时国家对典制建设的新思路和对历史变化的积极应对。（万秀锋）

17

铜鎏金万寿天常仪

Gilt-copper Celestial Equator Projector Engraved with Character "Shou" (longevity)

清
通高 37.5 厘米

Qing dynasty (1644–1911)
Overall height: 37.5 cm

此件万寿天常仪由三重圈构成，分别为子午圈、天常赤道圈及游旋赤道圈，能够用于观测日、月、星，从而求得时刻，为乾隆年间清宫造办处制作。由于其鎏金支架上精雕各式"寿"字，故名"万寿天常仪"。

这一仪器属中国古代天文仪器中的"浑仪"类，而特别之处在于使用西洋方法，将中国传统的"六合、三辰、四合"环圈结构简化，并在底座配以西式指南针，用于校准，能够体现清代中西文化的交流。

《皇朝礼器图式》列仪器卷，收录50件实用科学仪器作为礼器，打破以往礼制典籍的通例。其中，除圭表、日影表和壶漏为中国传统计时仪器外，其余均为西方科学系统的仪器，甚至有些就是从欧洲输入的。正如仪器卷序言所述："定为玑衡抚辰仪，以集占测之大成，猗欤盛矣！至于西法诸器，万里来航，仰承圣裁，折衷而酌用之。"（搽德永）

鉴古稽珍

The Study and Preservation of Antiquities

尊古、崇古进而鉴藏、著述。从制度疏证、古物鉴藏到金石考释，为仿古实践积累了大量理论知识和优秀样本。北宋，地下发现文物的日益丰富推动了金石学的肇兴，以吕大临、欧阳修等为代表的学者大量收集和整理古物，著录器形，考释文字，以证经补史为要旨，成绩斐然。清代，受乾嘉学派影响，金石学进入鼎盛，特别是梳理著录内府收藏书画、善本、铜器等，稽古右文，编修典籍，使优秀传统文化得以更好地保护、传承。

The reverence for antiquity evolved into practices of collecting, documenting, and studying ancient artifacts. These endeavors laid a strong theoretical foundation and provided outstanding models for the creation of objects inspired by ancient traditions. During the Northern Song dynasty, the increasing number of excavations fostered epigraphic studies. Scholars such as Lü Dalin and Ouyang Xiu took the lead in collecting and cataloging historical artifacts, carefully documenting their forms and deciphering their inscriptions. Their work, with the focus laid on verifying historical texts and enriching historical records, resulted in exceptional accomplishments. Influenced by the Qian-Jia academic tradition, epigraphic studies reached its peak during the Qing dynasty. Efforts were made to systematically organize and document paintings, rare books, bronze vessels, and other treasures in the imperial collection. These activities focused on studying historical objects and texts, as well as compiling and editing reference works, for the sake of preservation and transmission of China's rich cultural heritage.

18

《考古图》

An Illustrated Investigation of Ancient Objects (Kaogu tu)

清乾隆十八年（1753 年）黄晟亦政堂刻本
（宋）吕大临
开本：纵 34.2 厘米　横 18.7 厘米
版框：纵 24.3 厘米　横 15.5 厘米

1753 (18th year of the Qianlong era of Qing dynasty)
Block-printed edition by Huang Sheng's Yizhengtang Bookshop
Lü Dalin
Book size: 34.2 × 18.7 cm
Page frame: 24.3 × 15.5 cm

《考古图》是宋代金石学著作，吕大临撰，较为系统地著录了当时宫廷及私家收藏的古代铜器、玉器等器物，细致描绘每件器物的图形、款识，记录尺寸、容量、重量等信息，考订部分器物的出土地和收藏地，并通过器物形制、文字等进行断代和定名，是我国现存年代最早且较为系统的古器物图谱，对于金石学研究具有重要价值和意义。

此版本为清乾隆十八年（1753 年）黄晟亦政堂刻本，其古器物版画精准雕刻，恰是清代仿古风潮盛行的体现。乾隆帝雅好仿古，常下令使用铜、瓷、玉等不同材质仿作古代器物，充分利用宫中丰富的收藏，借尚古之风骋慕古情怀。黄晟，清代刻书家、藏书家，另刻有《亦政堂重修宣和博古图》《山海经传》《隶辨》等书。（张玉雪）

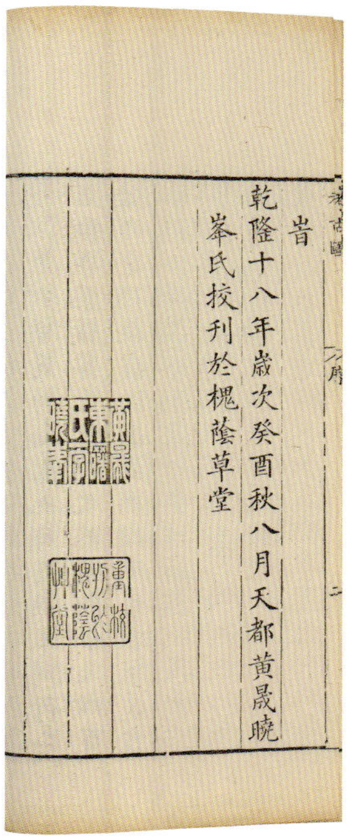

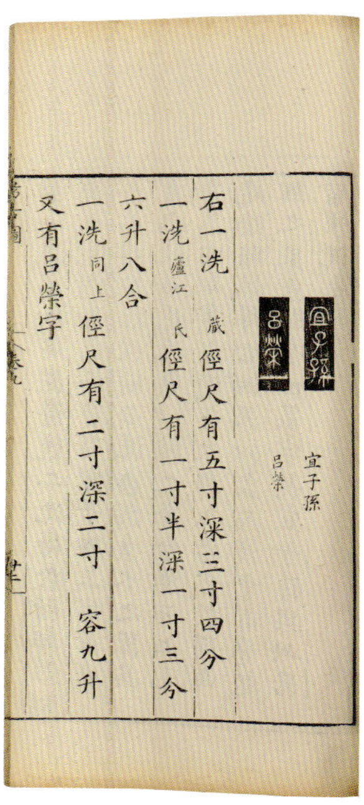

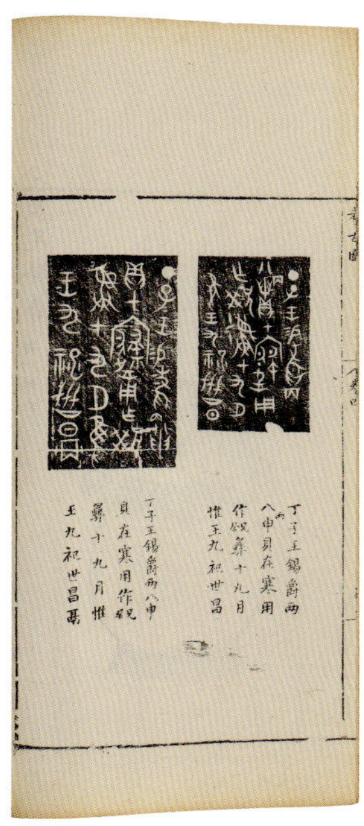

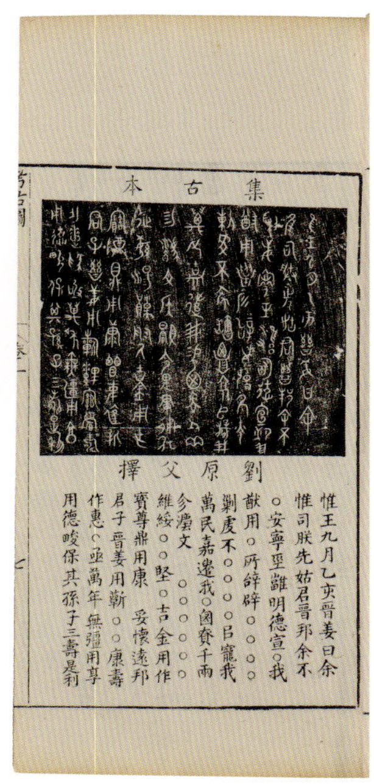

19

《博古图》

An Illustrated Catalog of Antiques (Bogu tu)

清乾隆十八年（1753 年）黄晟亦政堂刻本
（宋）王黼等
开本：纵 34.2 厘米　横 18.6 厘米
版框：纵 23.9 厘米　横 15.7 厘米

1753 (18th year of the Qianlong era of Qing dynasty)
Block-printed edition by Huang Sheng's Yizhengtang Bookshop
Wang Fu et al.
Book size: 34.2 × 18.6 cm
Page frame: 23.9 × 15.7 cm

《博古图》编纂于北宋晚期，共三十卷，著录徽宗朝内府藏青铜器839件，分为20类。每器皆图绘器形与铭文，兼记大小、容量、重量，并附以考释。书名或称《宣和博古图》，一说是因成书于宣和年间，一说是取名于藏器之所宣和殿。

金石学兴起于宋仁宗嘉祐年间，以刘敞《先秦古器记》及欧阳修《集古录》的编成为标志。根据南宋翟耆年《籀史》的记载，《博古图》编成之前，专研青铜器及铭文的著作已有僧湛注《周秦古器铭碑》、李公麟《考古图》、吕大临《考古图》等数种。其时，古器物的著录形式日趋完善，对古器物的认识、古文字的考释也越发精审。蓬勃发展的金石学与《博古图》的编纂相得益彰。

作为内府藏器著录，《博古图》汇聚宫廷珍品，体现皇室好尚，代表了北宋晚期金石学的最高水平，更成为传统青铜器著录的典范。该书宋刻本今已不存，后世历代皆有翻刻。此版本为清乾隆十八年（1753年）黄晟亦政堂刻本，是流行较广的版本。（张玉雪）

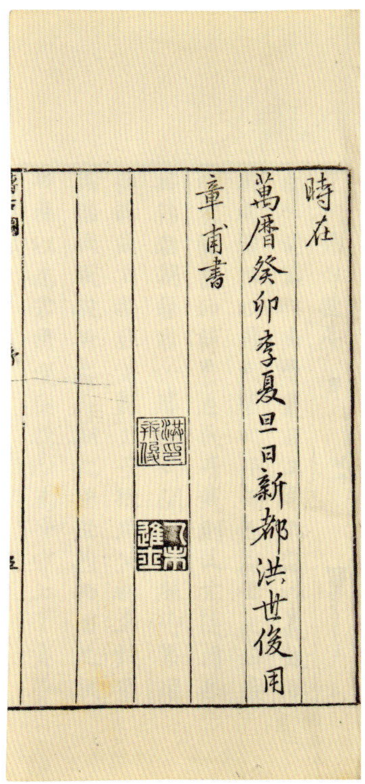

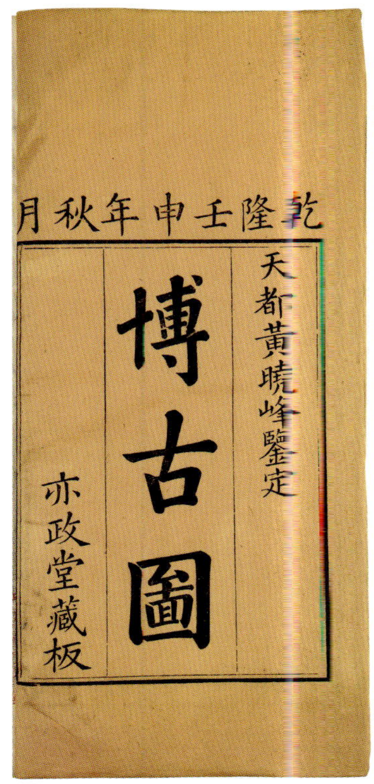

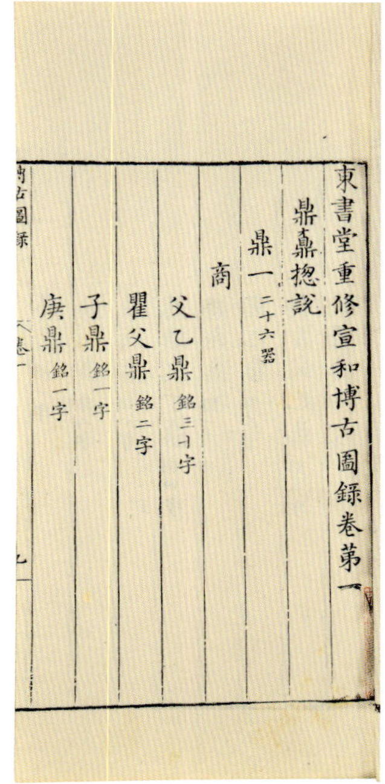

東書堂重修宣和博古圖録卷第一

鼎鼒總説

鼎一 二十六器

商

父乙鼎 銘三十字

瞿父鼎 銘二字

子鼎 銘一字

庚鼎 銘一字

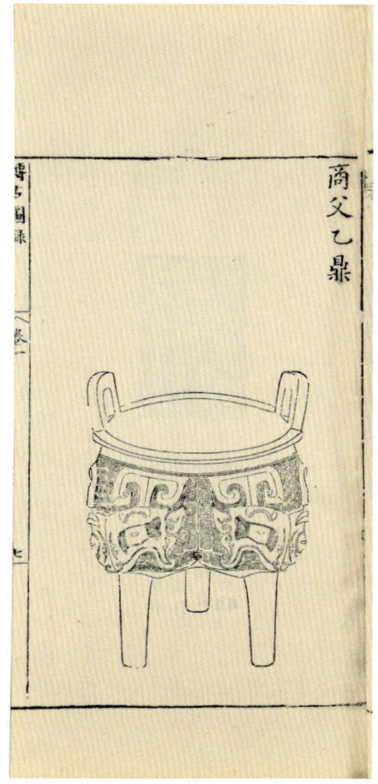

商父乙鼎

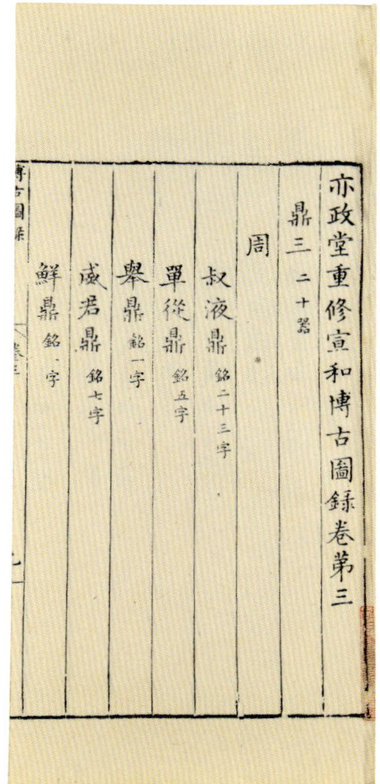

亦政堂重修宣和博古圖録卷第三

鼎三 二十器

周

叔液鼎 銘二十三字

單從鼎 銘五字

舉鼎 銘一字

威君鼎 銘七字

鮮鼎 銘一字

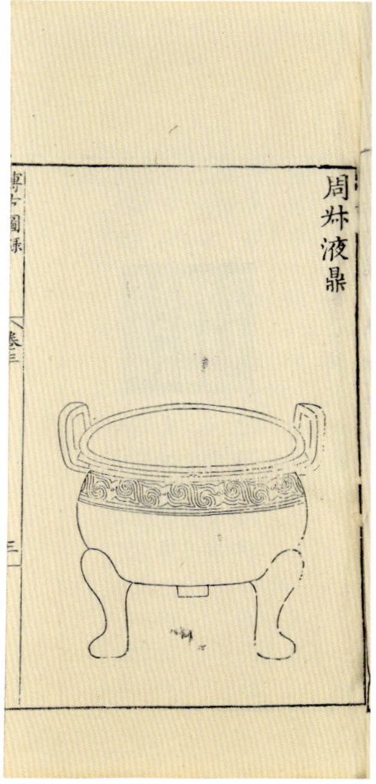

周姝液鼎

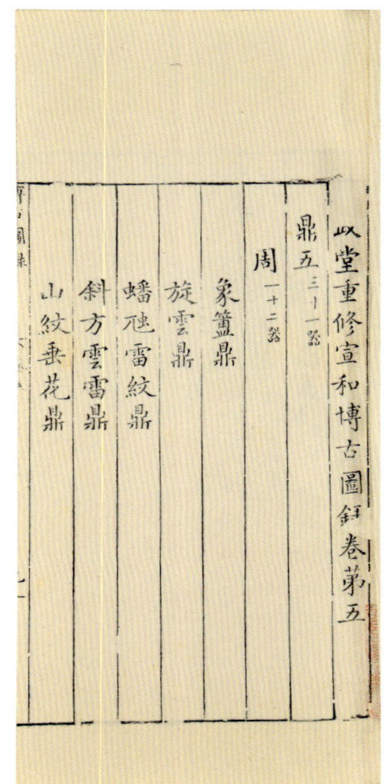

亦政堂重修宣和博古圖録卷第五

鼎五 三十一器

周 一十二器

象簠鼎

旋雲鼎

蟠虺雷紋鼎

斜方雲雷鼎

山紋垂花鼎

周象簠鼎

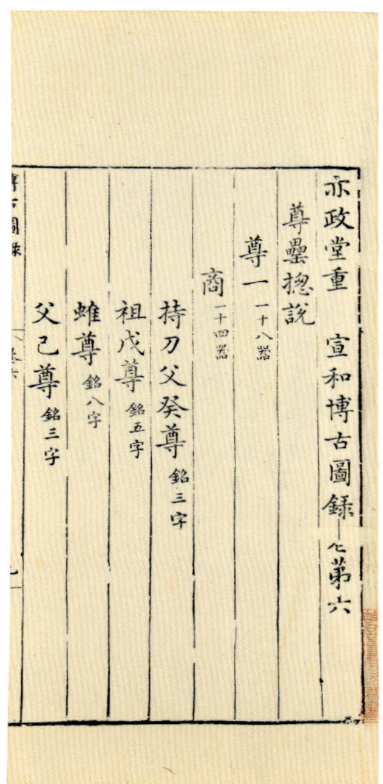

亦政堂重　宣和博古圖録卷第六

尊罍總説

尊一 一十八器

商 一十四器

持刀父癸尊 銘三字

祖戊尊 銘五字

雖尊 銘八字

父巳尊 銘三字

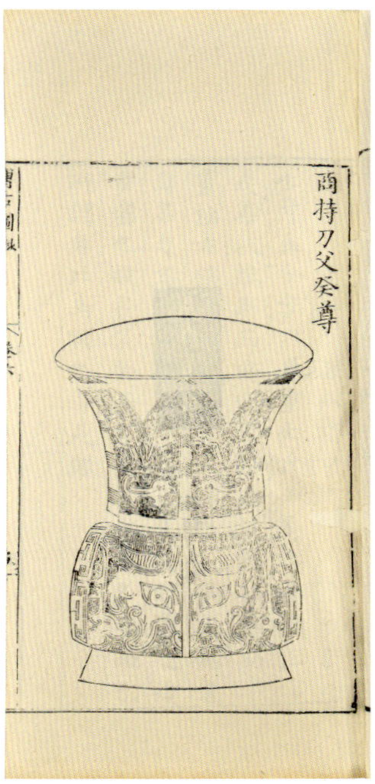

商持刀父癸尊

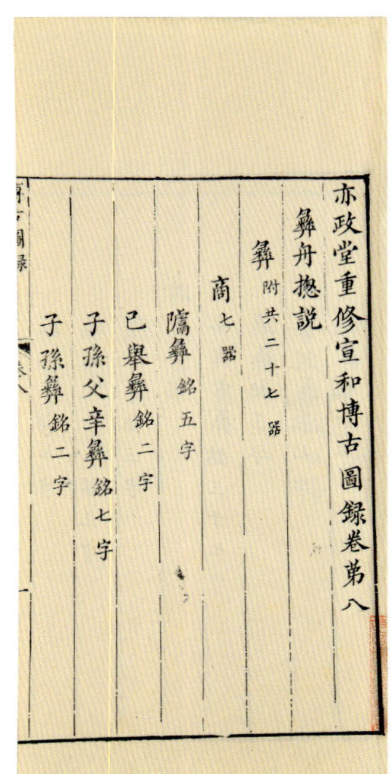

亦政堂重修宣和博古圖録卷第八

彝舟總説

彝 附共二十七器

商 七器

䧹彝 銘五字

巳舉彝 銘二字

子孫父辛彝 銘七字

子孫彝 銘二字

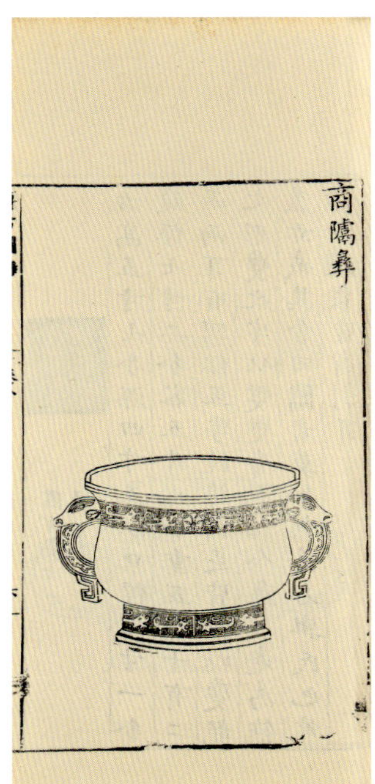

商䧹彝

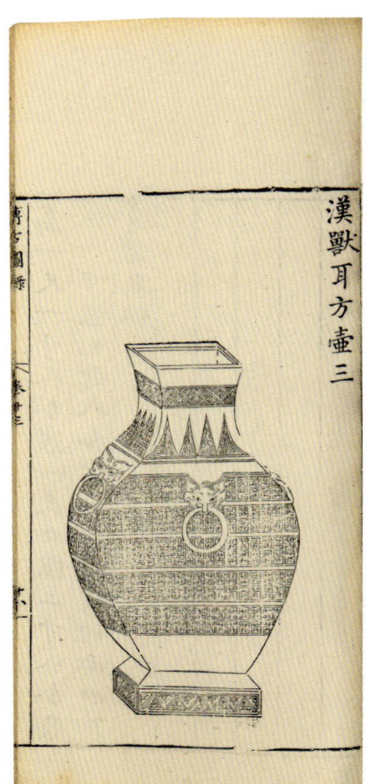

漢獸耳方壺三

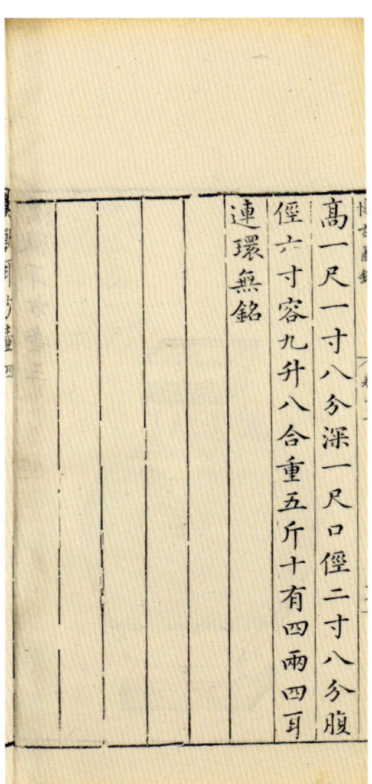

髙一尺一寸八分深一尺口徑二寸八分腹徑六寸容九升八合重五斤十有四兩四耳連環無銘

20

青玉交龙钮“稽古右文之宝”

Green Jade Seal Inscribed with “Ji Gu You Wen Zhi Bao” (literally “to nurture education and culture by investigating and following ancient practice”) with Coiling-dragons Knob

清乾隆

高 9.6 厘米　钮高 4.8 厘米　印面边长 10.1 厘米

Qianlong era (1736–1795) of Qing dynasty (1644–1911)
Height: 9.6 cm
Height of knob: 4.8 cm
Seal face: 10.1 cm

青玉质，交龙钮方形玺，阳文，汉文篆书。宝玺附有黄条，上书：“同治五年七月廿日，常禄交稽古右文之宝一方，青玉。”黄条另一面书：“廿二日，玉匠周文玉认看。”此宝著录于乾隆《宝薮》中，嘉庆《宝薮》亦有收录。“稽古右文”意为考察总结古代经验，重视弘扬文化教育。《清高宗纯皇帝实录》载：“朕稽古右文，聿资治理，几余典学，日有孜孜。”此为乾隆三十七年（1772年）乾隆帝决意编纂《四库全书》前下达的谕旨。乾隆帝大力推行文治政策，厘定典章制度，自上而下地促进了学术繁荣。（刘苒）

21

《钦定天禄琳琅书目》

Imperially Authorized Catalog of the Tianlu Linlang Library (Qinding tianlu linlang shumu)

清乾隆四十年（1775年）内府朱格抄本
（清）于敏中等
开本：纵28.1厘米　横17.2厘米
版框：纵20.7厘米　横13.8厘米

1775 (40th year of the Qianlong era of Qing dynasty)
Imperial Household Department's handwritten copy on the red-lined paper
Yu Minzhong et al.
Book size: 28.1 × 17.2 cm
Page frame: 20.7 × 13.8 cm

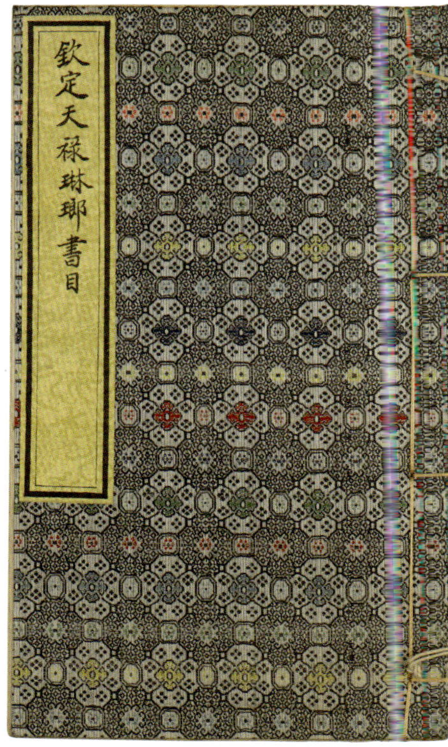

清人入关后不久即开始在全国广泛访求图书，乾隆九年（1744年）皇帝敕令内廷翰林，检阅内府所藏宋、元、明善本进呈御览，并于祖父康熙帝读书起居之所——乾清宫东侧的昭仁殿列架庋藏，据汉代宫中藏书的天禄阁之意，亲笔题写匾额“天禄琳琅”，特设内府善本专库。

经过三十年续藏，昭仁殿珍籍益富，乾隆帝命大学士于敏中等大臣将库中所藏书籍编纂《钦定天禄琳琅书目》，收书429部。作为首部官修善本书目，其编纂体例以版本时代为纲，分设宋版、宋抄、金版、元版、明版等类，再依经、史、子、集四部为序，详细著录了每部书籍的版本特征、收藏印记、鉴藏价值等内容。嘉庆二年（1797年），乾清宫失火，昭仁殿“天禄琳琅”藏书亦被焚毁，该书目成为了解宋元明古籍善本出版及流传的重要信息。

火灾发生同年，身为太上皇的乾隆帝即敕命重修昭仁殿，并从各地陆续征集善本，择优入藏其中，命彭元瑞等大臣仿前编体例编纂《天禄琳琅书目后编》二十卷，收录宋、辽、金、元、明善本664部。

《钦定天禄琳琅书目》所录书籍涵盖宋、辽、金、元、明五朝善本，系统清晰地展现了这些朝代的刻书发展演变和时代特征，既是乾隆帝崇尚历代善本古籍的实物例证，也体现了一代君主好古、鉴古的精神追求。（张玉雪）

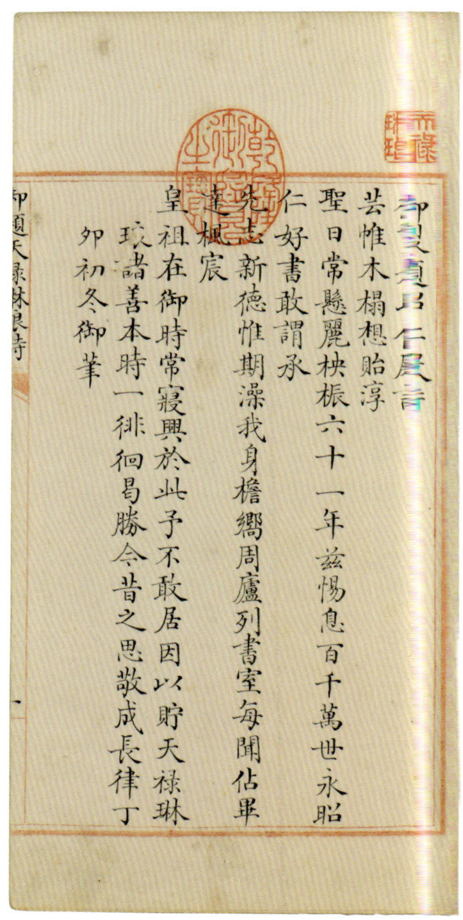
芸帷木榻想貽淳
聖日常懸麗枎桭六十一年茲惕息百千萬世永貽
仁好書敢謂承
先志新德惟期澡我身檐纚周廬列書室每聞佔畢
達楓宸
皇祖在御時常寢興於此予不敢居因以貯天祿琳
琅諸善本時一徘徊曷勝今昔之思敬成長律丁
卯初冬御筆

御題天祿琳琅詩

22

《石渠宝笈》

Shiqu Collection of Paintings and Calligraphy (Shiqu baoji)

清乾隆九年（1744 年）内府朱格抄本
（清）张照等
开本：纵 29.4 厘米　横 17.1 厘米
版框：纵 20.5 厘米　横 13.9 厘米

1744 (9th year of the Qianlong era of Qing dynasty)
Imperial Household Department's handwritten copy on the red-lined paper
Zhang Zhao et al.
Book size: 29.4 × 17.1 cm
Page frame: 20.5 × 13.9 cm

《石渠宝笈》四十四卷，内府书画收藏著录。按所贮殿堂分卷，如乾清宫、养心殿、重华宫等。各处之书首冠四朝（顺治、康熙、雍正、乾隆朝）御笔，其余作品按年代先后排列，以册（书册、画册、书画合册）、卷（书卷、画卷、书画合卷）、轴（书轴、画轴、书画合轴）为帙，以作品质量高下分为上等、次等二类。著录项目依次为作品名称、质地、书体、本人款识、印章、他人题跋、收藏押缝诸印等。其他如册之前后副页，卷之前后隔水、引首、拖尾，轴之左右边幅、诗塘题记等项。对各件作品的介绍详尽客观，不加评论。

清乾隆晚期至嘉庆朝，《石渠宝笈》成书已历数十年，其间内府收藏更趋宏富，为宝典藏，以免舛伪错失，皇帝敕谕重加汇辑，又成续编、三编。

《石渠宝笈》初编、续编、三编是对清皇室书画收藏的整理成果，“既博且精，非前代诸谱循名著录者所可同日语也”，是书画鉴赏、研究的必读之作。（张玉雪）

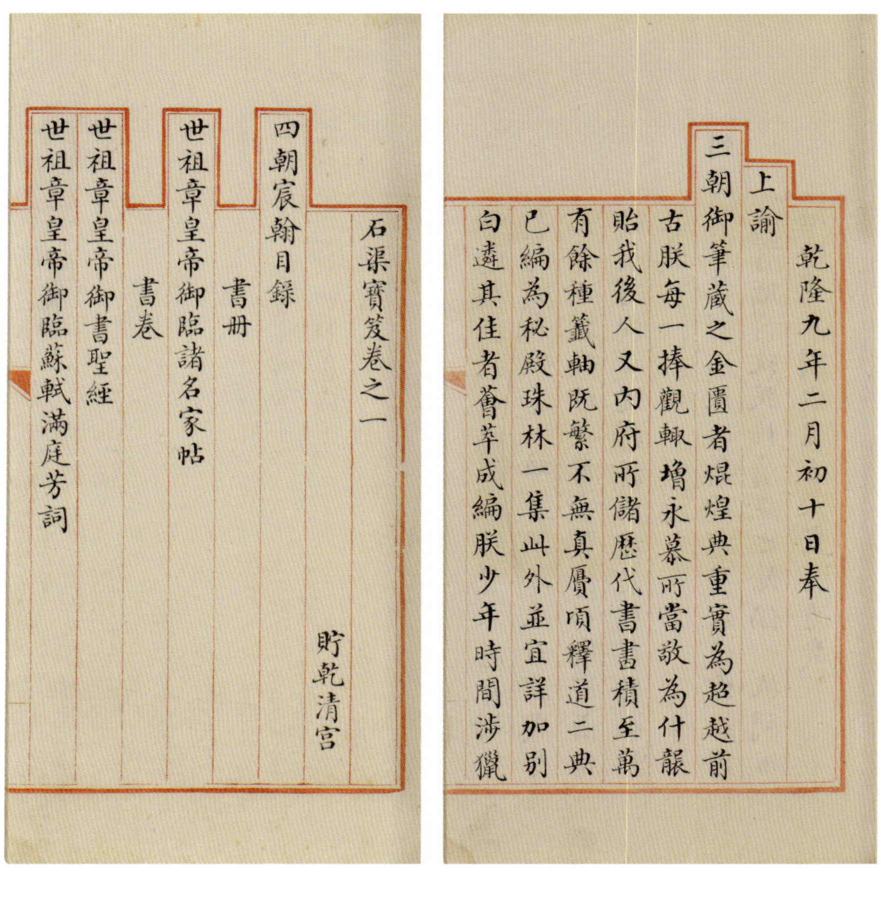

乾隆九年二月初十日奉
上諭
三朝御筆藏之金匱者焜煌典重實為超越前
古朕每一捧觀輙增永慕所當敬為什襲
貽我後人又內府所儲歷代書畫積至萬
有餘種籤軸既繁不無真贋頃釋道二典
已編為秘殿珠林一集此外並宜詳加別
白遴其佳者薈萃成編朕少年時間涉獵

石渠寶笈卷之一
貯乾清宮
四朝宸翰目錄
書冊
世祖章皇帝御臨諸名家帖
書卷
世祖章皇帝御書聖經
世祖章皇帝御臨蘇軾滿庭芳詞

23

临苏轼醉翁操册

Album of *After Su Shi's* "*Zui Weng Cao*"

明崇祯
董其昌
纸本行书
纵 23.2 厘米　横 31 厘米

Chongzhen era (1628–1644) of Ming dynasty (1368–1644)
Dong Qichang
Running script on paper
Size: 23.2 × 31 cm

董其昌（1555 ~ 1636年），字玄宰，号思白，又号香光居士，华亭（今上海市松江区）人。明万历十六年（1588年）进士，官至礼部尚书，卒谥文敏。精于书画鉴赏，富收藏。在书画理论方面主张“南北宗”，对晚明以后的画坛影响深远。工书法，自谓于率易中得之，其董派书风对当时及清初书坛有极大影响。其书画创作讲求追摹古人，但并不泥古，体现出平淡天真的文人个性。

《醉翁操·琅然》由北宋文豪苏轼为同名琴曲而作，为曲中名篇。全篇韵律鲜明，朗朗上口，上阕以寂衬声，描绘空山琴响、醉翁之意，下阕思索日夜山水，感慨沧海桑田。本册为董其昌临写苏轼原册之作。《明史》“文苑四·董其昌”载：“崇祯四年，起故官，掌詹事府事。居三年，屡疏乞休，诏加太子太保致仕。”从册上“青宫太保”一印判断，诗册应为明崇祯七年（1634年）董其昌致仕后作。全册在董其昌个人书风背后透出苏字面貌，册后成亲王永瑆也有云：“文敏平生临书，于宋则苏、米居多，每自称不得不似，不得太似。”册中钤“玄赏斋”“石渠宝笈”“乾隆御览之宝”“董其昌印”“青宫太保”“三希堂精鉴玺”等印。（秦崇泰）

董其昌書醉翁操

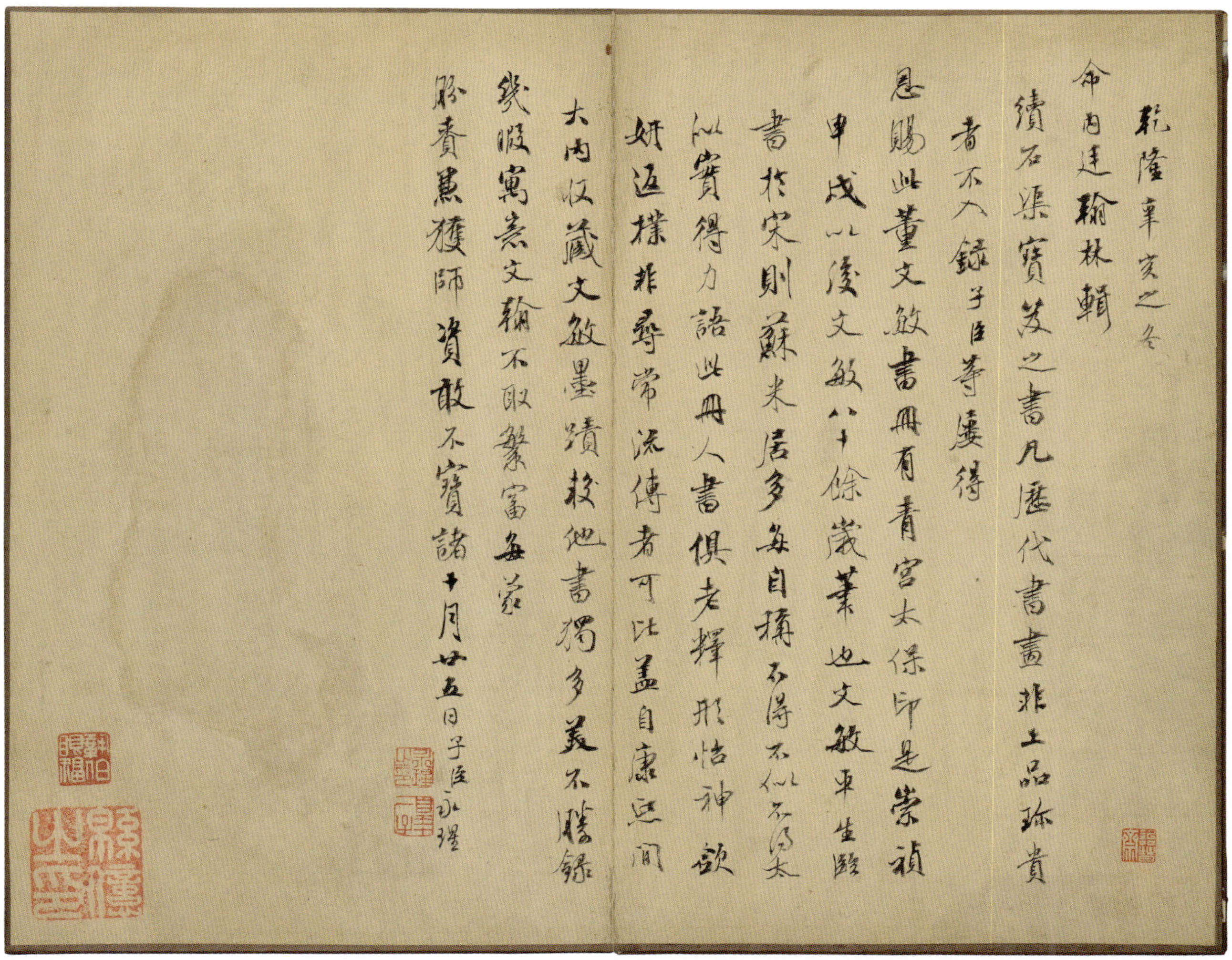

乾隆辛亥之冬
命內廷翰林輯
續石渠寶笈之書凡歷代書畫非上品珍貴
者不入錄子臣等屢得
恩賜此董文敏書冊有青宮太保印是崇禎
甲戌以後文敏八十餘歲筆也文敏平生臨
書於宋則蘇米居多每自稱不得不似不得太
似實得力語此冊人書俱老揮形怡神欲
妍返樸非尋常流傳者可比蓋自康熙間
大內收藏文敏墨蹟較他書獨多美不勝錄
幾暇寓意文翰不取繁富無藝
聯賚蕃獲師資敢不寶諸十月廿五日子臣永瑆

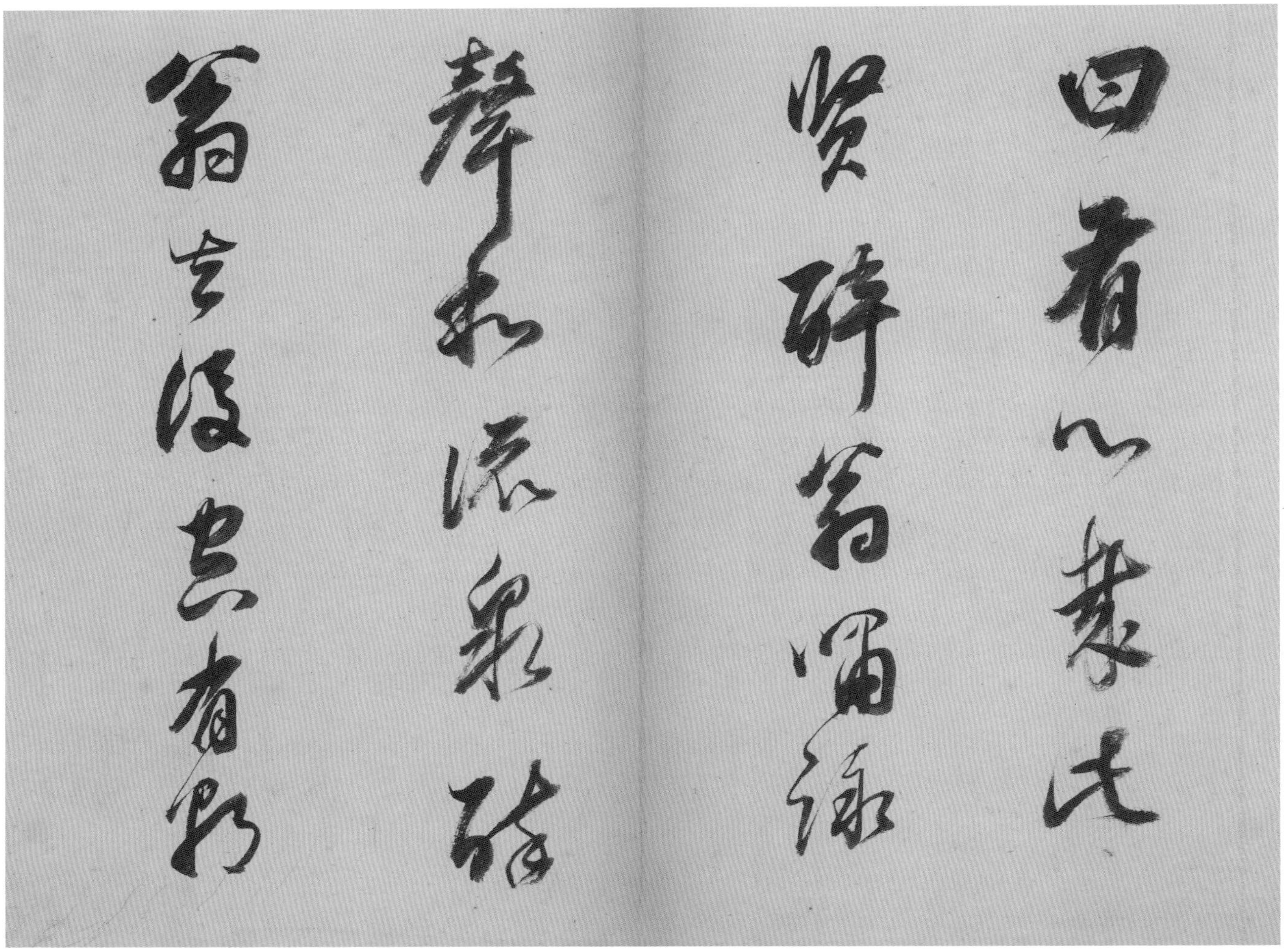

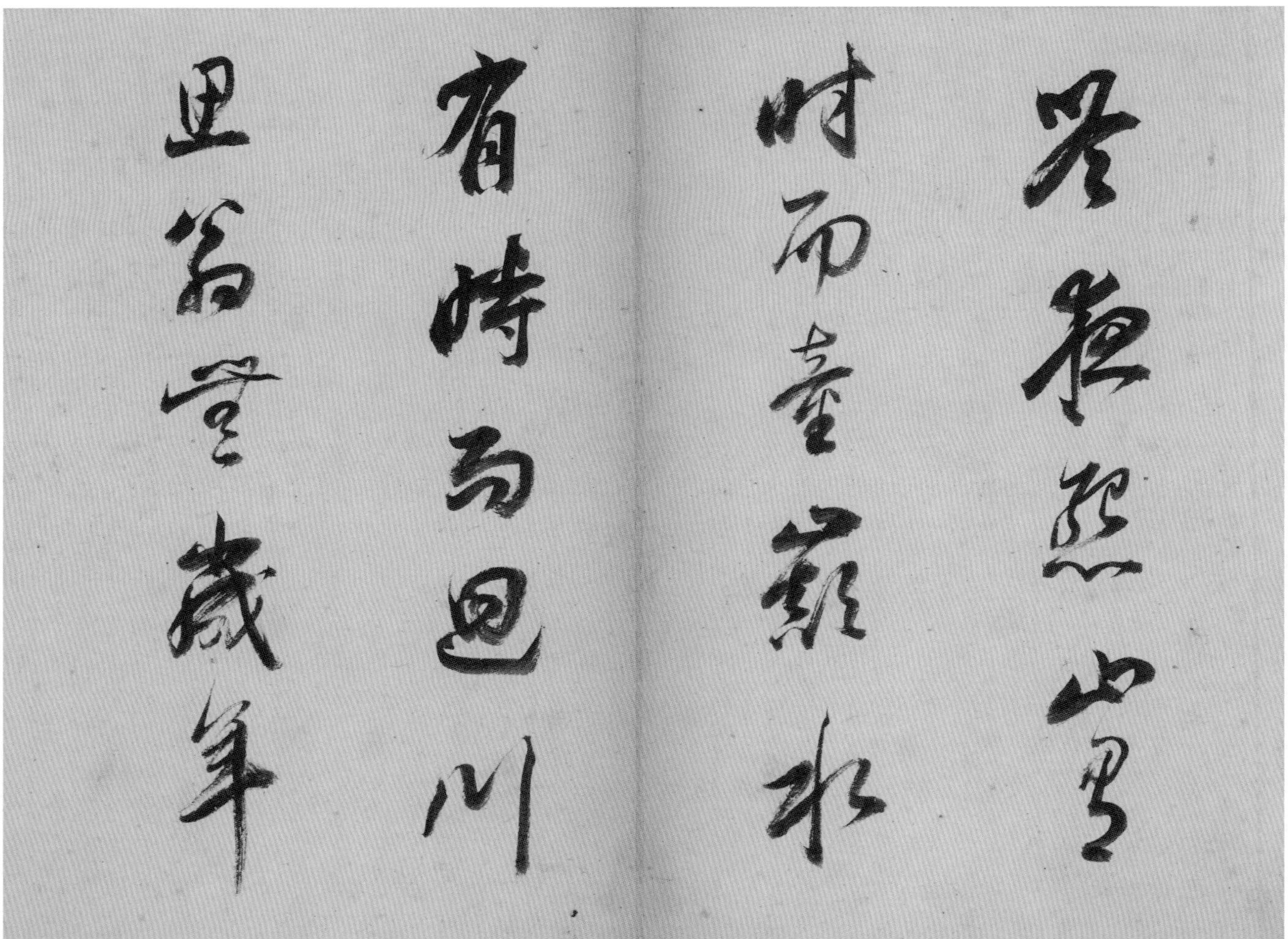

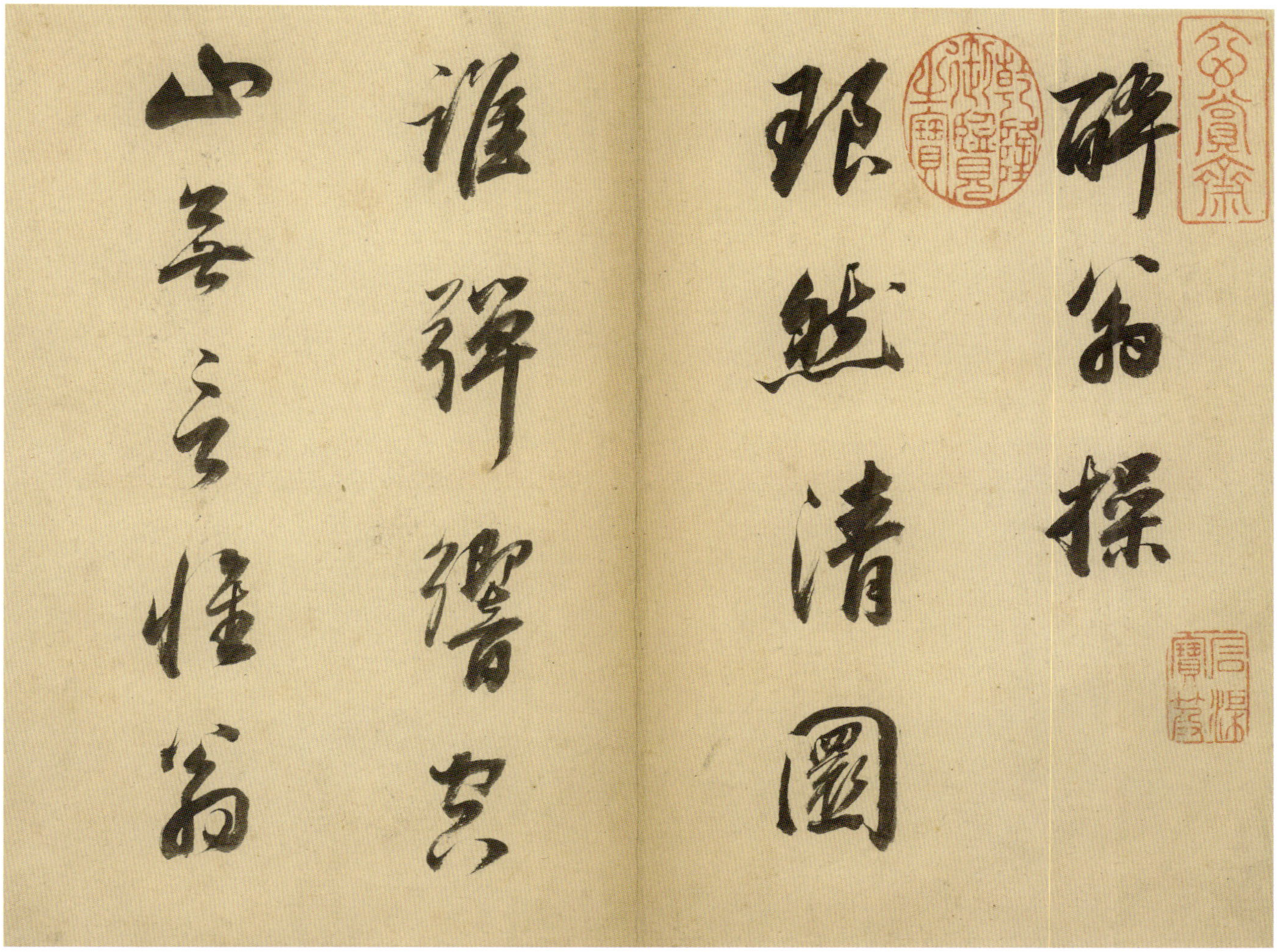
醉翁操
琅然清圓
誰彈響空
山無言惟翁

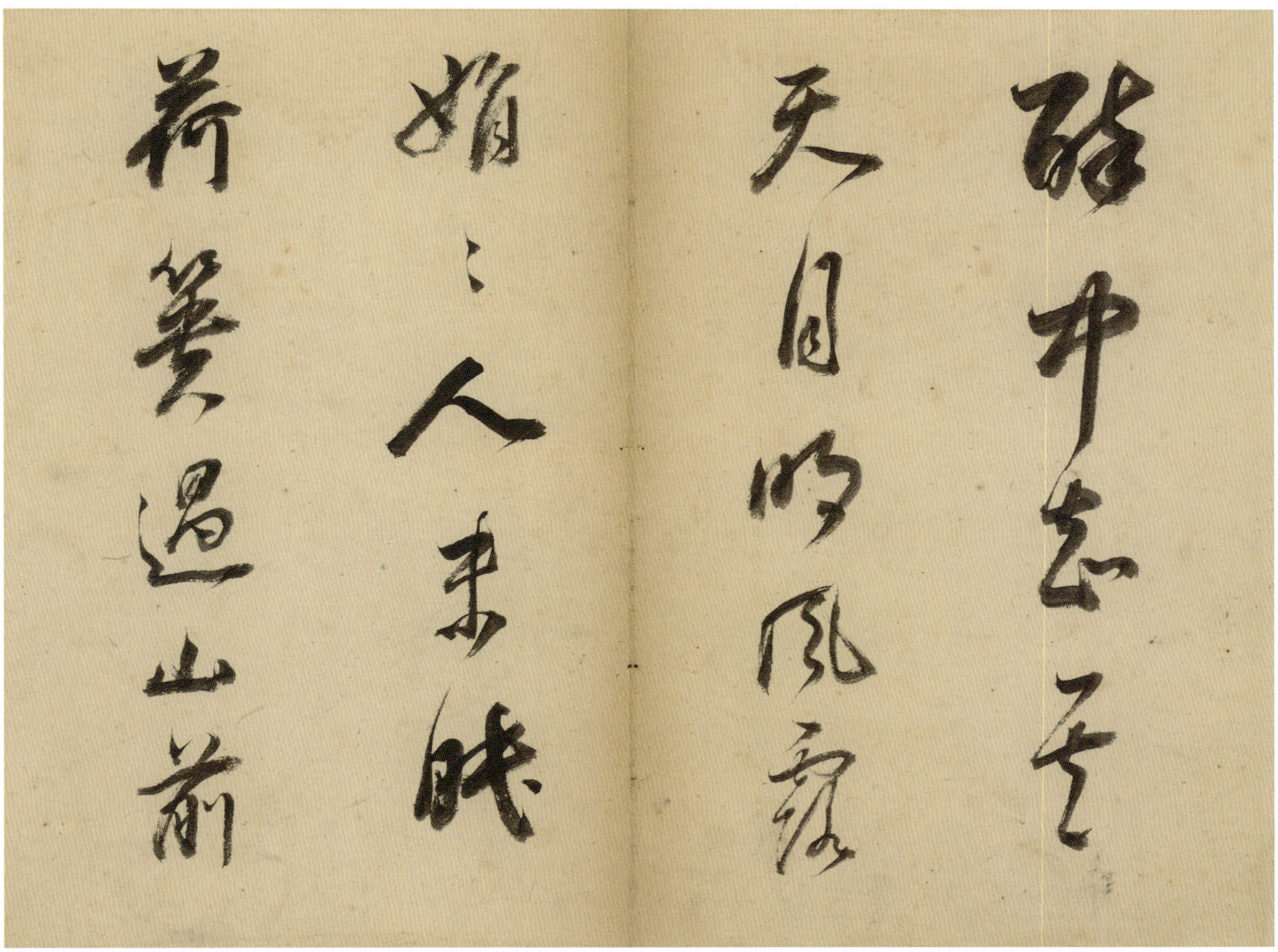
醉中知其
天月明風露
娟娟人未眠
荷蕢過山前

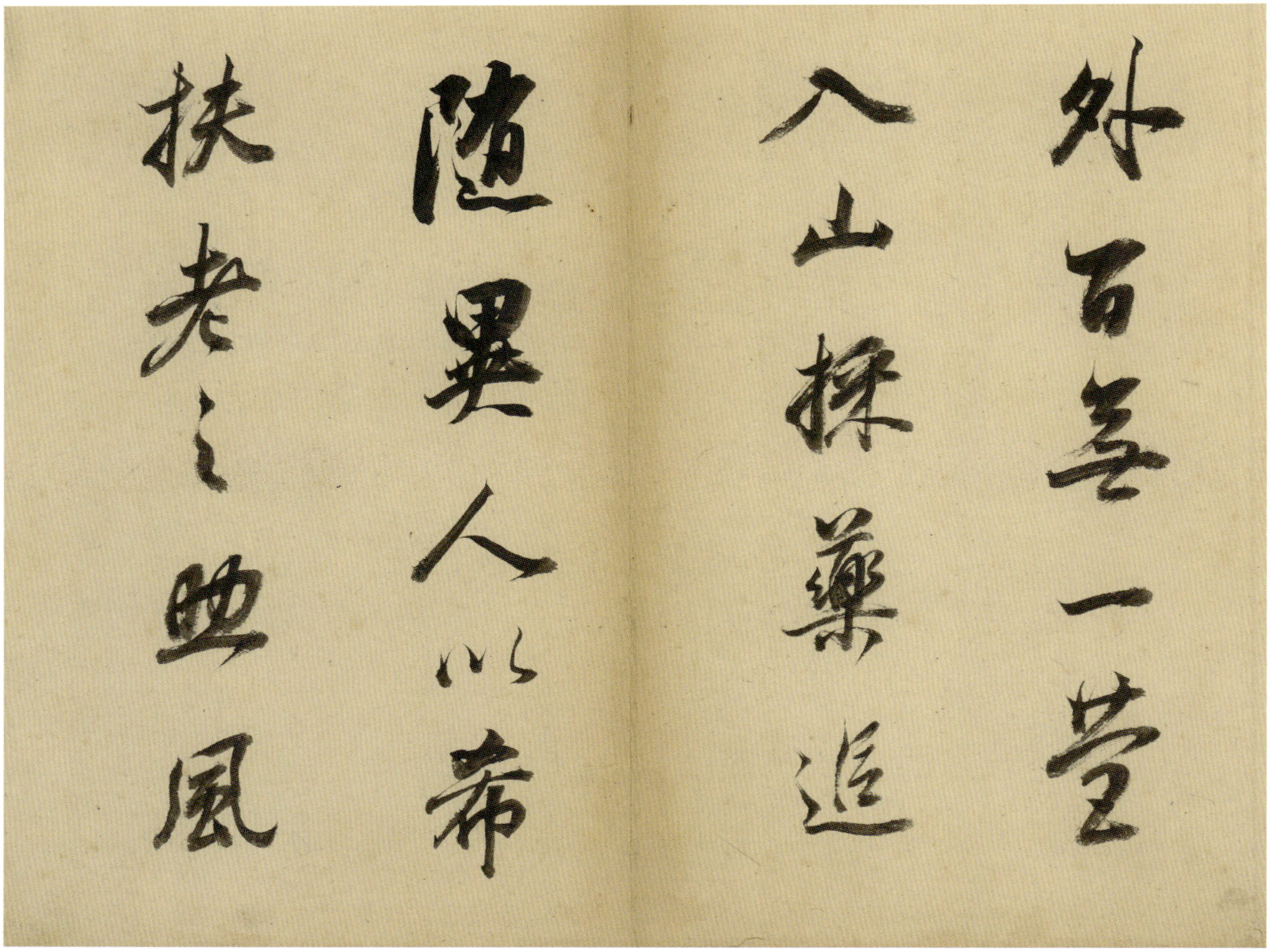
外百無一營
入山採藥追
隨異人以希
扶老之助風

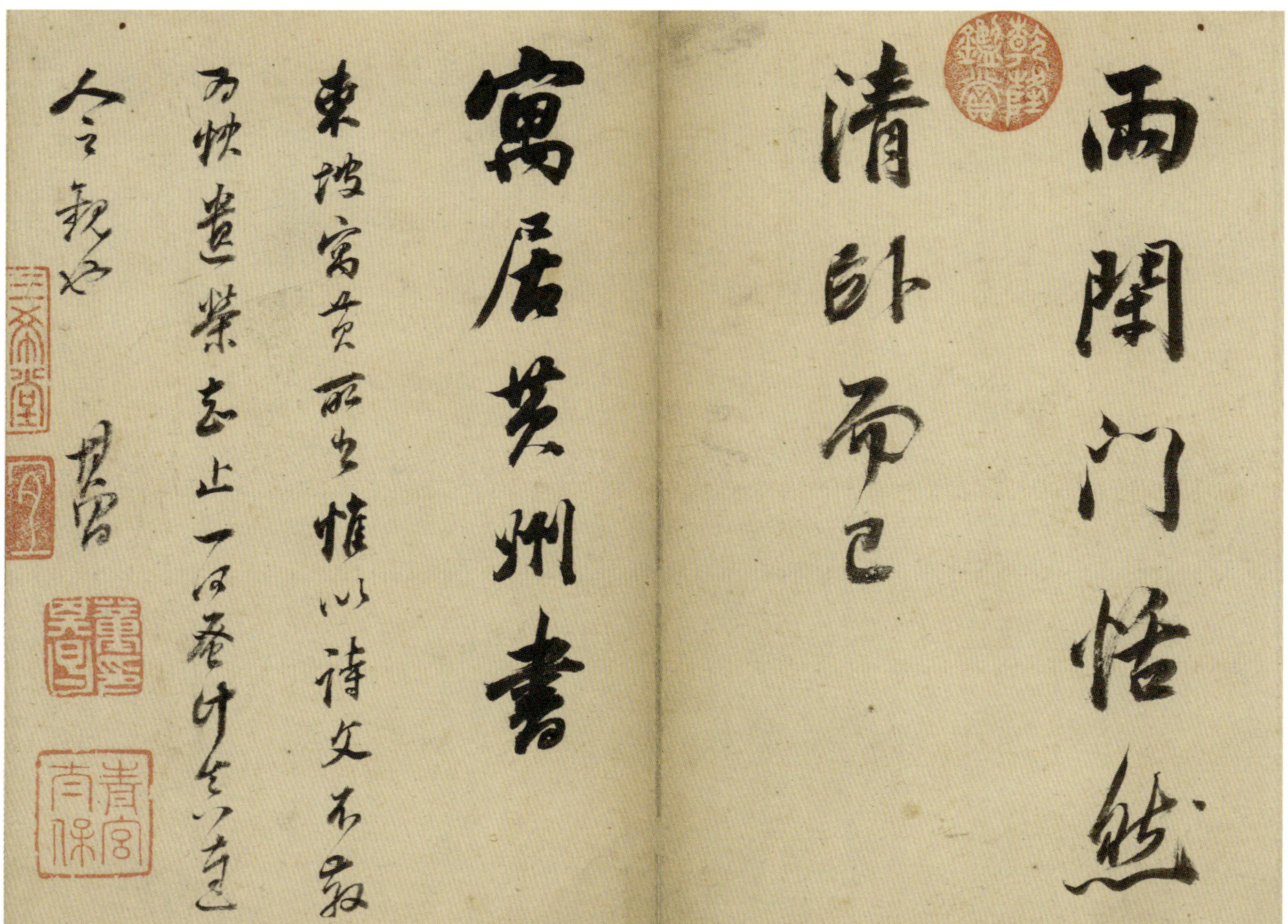
雨閉門悟然
清卧而已
寓居黃州書
其昌

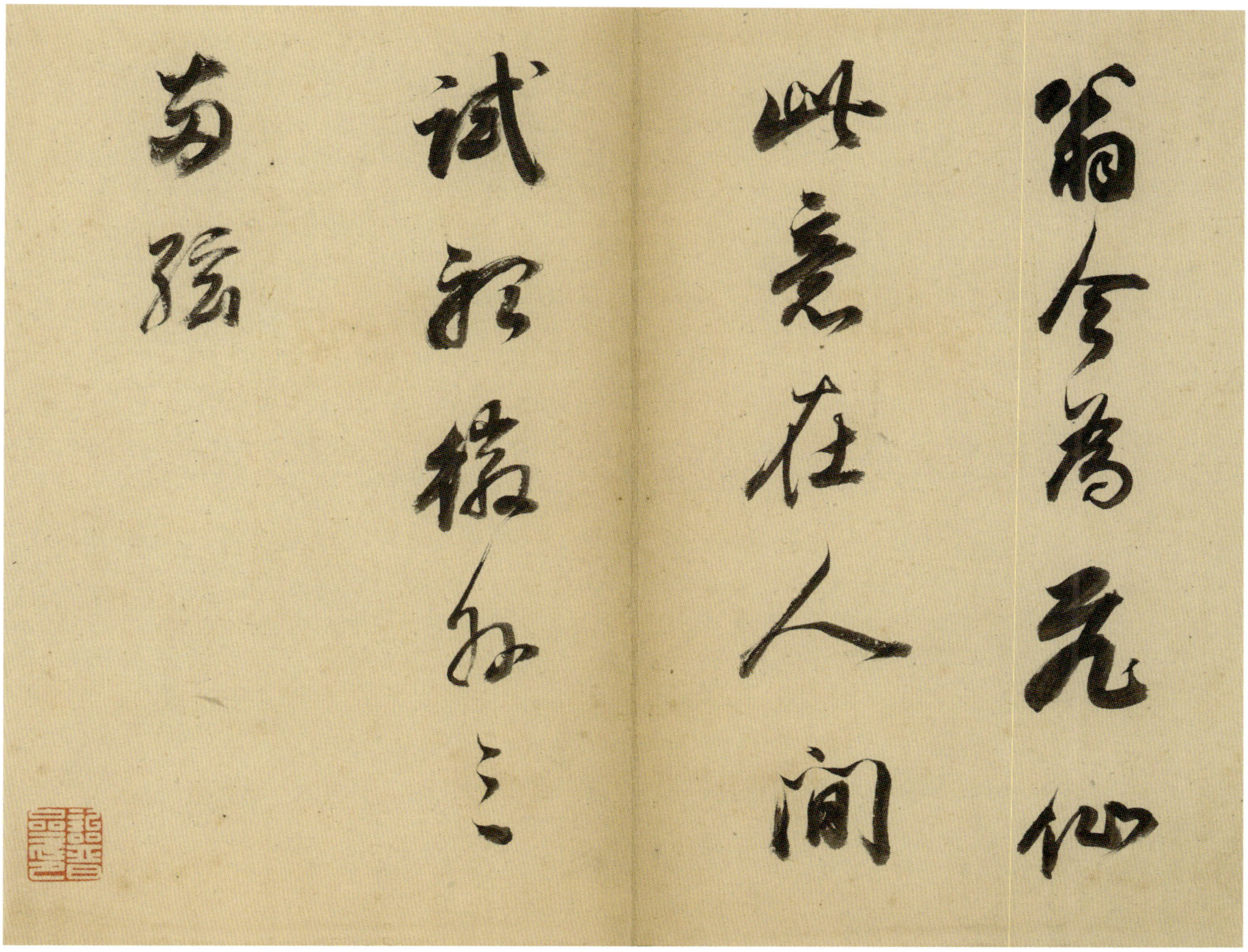

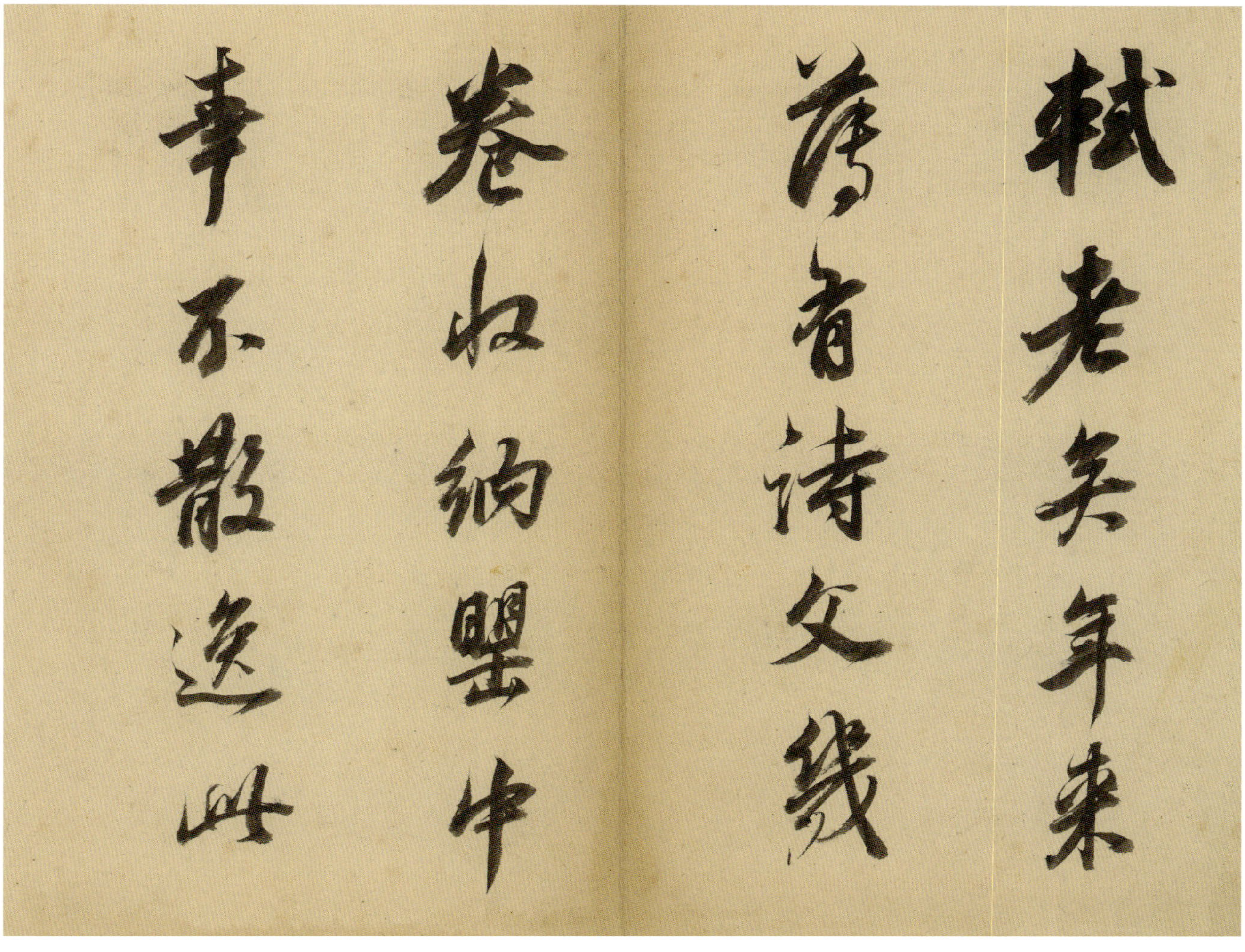
軾老矣年來
薄有詩文幾
卷收納墨中
事不散逸此

24

临董其昌摹苏轼帖轴

Hanging Scroll of *After Dong Qichang's Writing of Su Shi's Work*

清乾隆十九年（1754 年）
弘历
纸本行书
纵 9.3 厘米　横 8.3 厘米

1754 (19th year of the Qianlong era of Qing dynasty)
Aisin Gioro Hongli
Running script on paper
Size: 9.3 × 8.3 cm

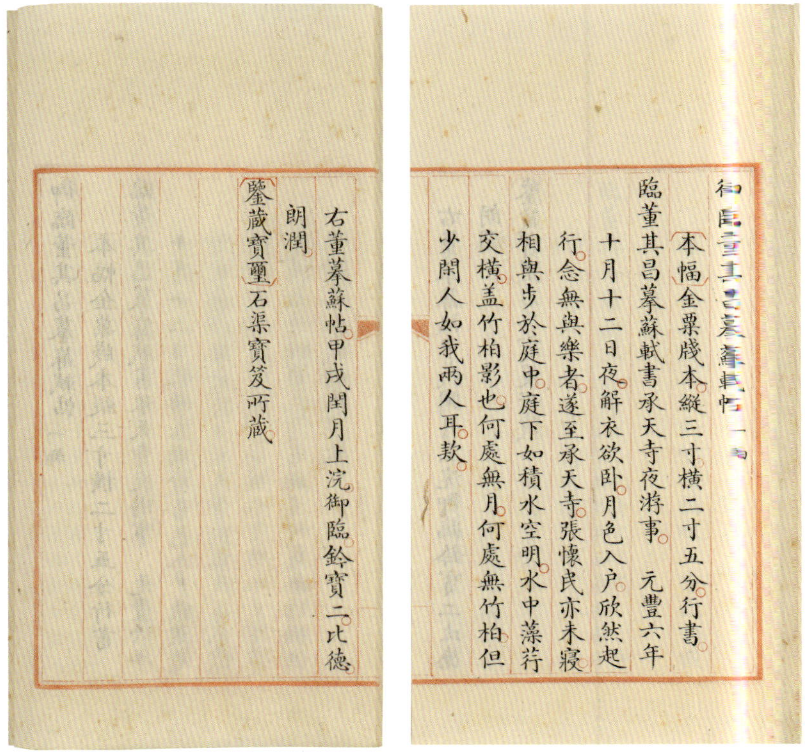

御臨董其昌摹蘇軾帖一軸
本幅金粟箋本縱三寸橫二寸五分行書
臨董其昌摹蘇軾書承天寺夜游事　元豐六年
十月十二日夜解衣欲卧月色入戶欣然起
行念無與樂者遂至承天寺張懷民亦未寢
相與步於庭中庭下如積水空明水中藻荇
交橫蓋竹柏影也何處無月何處無竹柏但
少閒人如我兩人耳款
右董摹蘇帖甲戌閏月上浣御臨鈐寶二比德
朗潤
鑒藏寶璽石渠寶笈所藏

《石渠宝笈续编》卷七十一“宫内等处藏二”
"Collection in the palace and other places, second part" in *Sequel of Shiqu Collection of Paintings and Calligraphy (Shiqu baoji xubian)*, Vol.71

此件为乾隆帝临董其昌摹苏轼《记承天寺夜游》。文见苏轼《东坡志林》，作于贬官黄州（今湖北省黄冈市）期间。承天寺在黄州南部。元丰二年（1079 年）八月，苏轼因“乌台诗案”下狱，十二月责授黄州团练副使。文中提及张怀民，名梦得，清河（今河北省邢台市）人，元丰六年（1083 年）贬谪到黄州，寄居承天寺。此轴款署“右董摹苏帖，甲戌闰月上浣御临”，下钤“比德”“朗润”二印。本幅中上部绘有双龙戏珠纹，周边饰以云纹，双龙中间有篆书“圣”字。钤“太上皇帝”“石渠宝笈所藏”“古稀天子之宝”“八徵耄念之宝”“弘德殿”“宣统尊亲之宝”，为《石渠宝笈续编》著录。

乾隆帝在皇子时期即接受过严格的教育，其中就包含书法，曾临摹过大量字帖，登基后更是临习不辍。此轴临仿自《董其昌临苏轼三帖》册之第二帖，书写于甲戌闰月，即乾隆十九年（1754 年）闰四月，乾隆帝时年 44 岁。书法用墨浓厚，结体婉转流畅，字里行间既有苏轼用笔之丰腴饱满，又具董其昌书法之朴实平淡、圆润自然，是一件精心之作。（郝炎峰）

元豐六年十月十二日夜解
衣欲睡月色入户欣然起行
念無与樂者遂至承天寺張
懷民亦未寢相与步於庭中
庭下如積水空明水中藻荇
交横蓋竹柏影也何處無月
何處無竹柏但少閑人如我
兩人耳

右董摹蘇帖

甲戌閏月上浣法帖

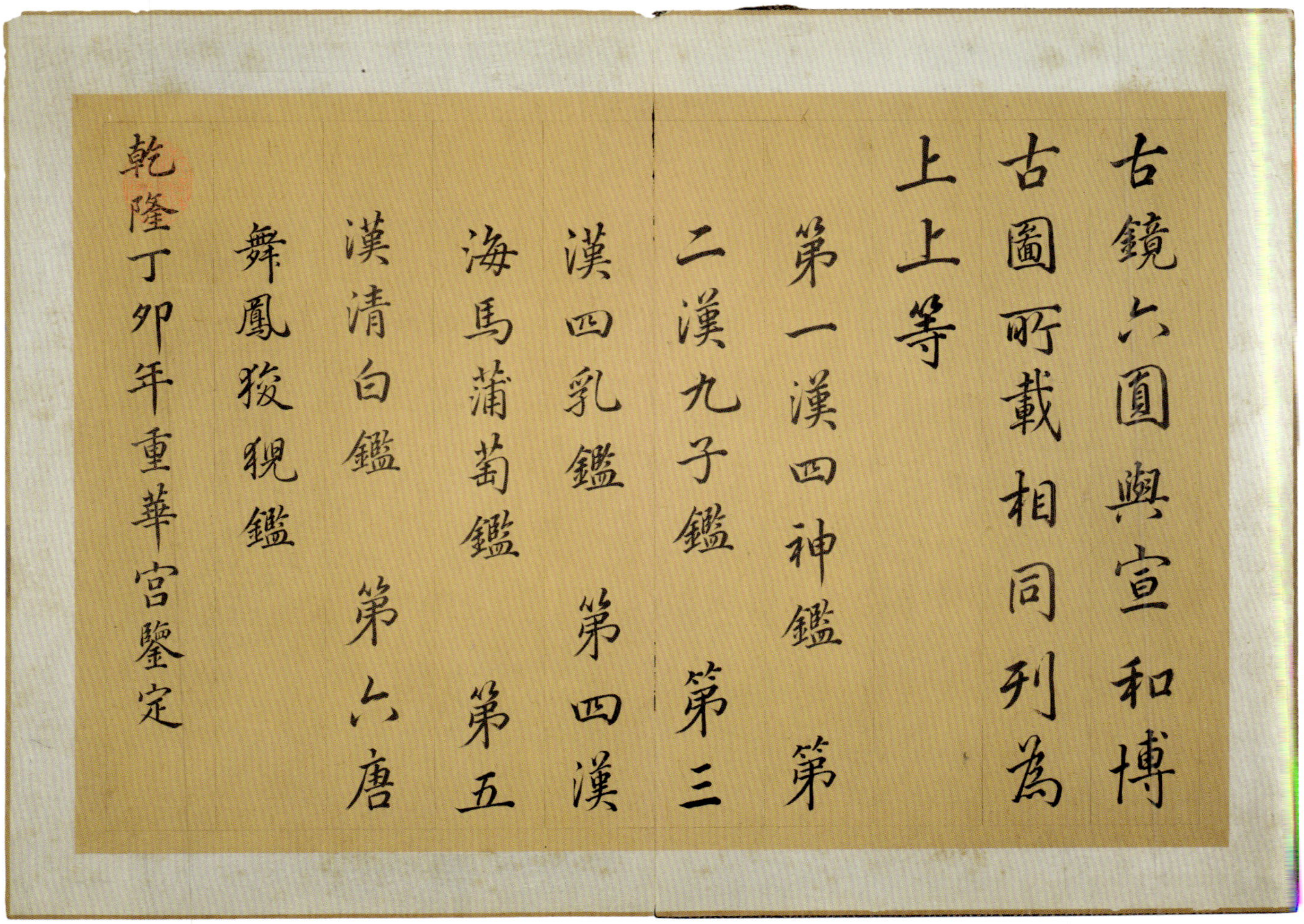

古鏡六圓與宣和博古圖所載相同列為上上等

第一漢四神鑑 第二漢九子鑑 第三漢四乳鑑 第四漢海馬蒲萄鑑 第五漢清白鑑 第六唐舞鳳狻猊鑑

乾隆丁卯年重華宮鑒定

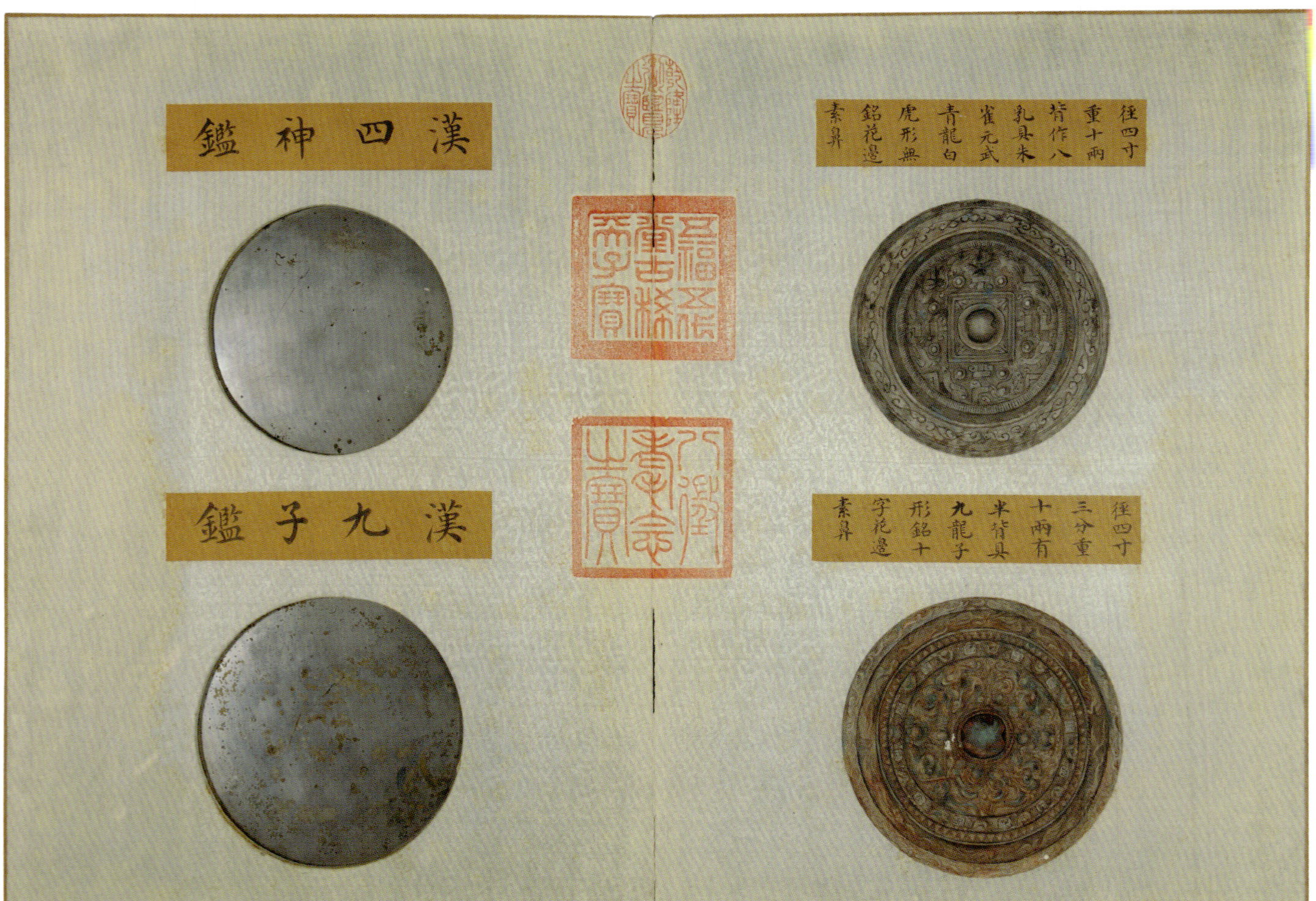

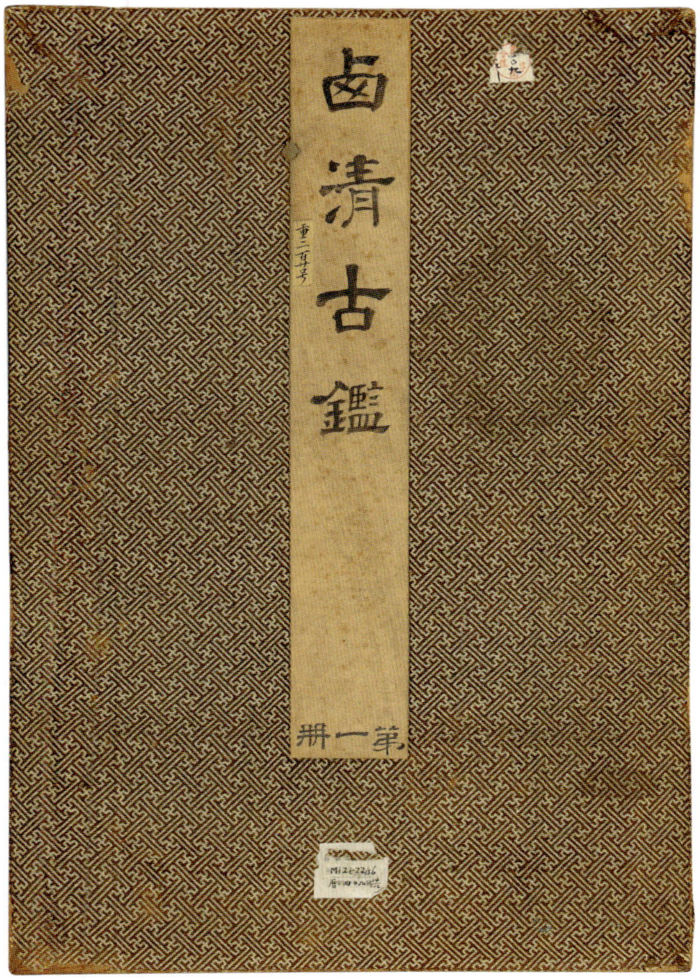

25

《西清古鉴》镜匣（第一册）

Mirror Case Titled *Xiqing Illustrated Catalog of Ancient Bronzes* (*Xiqing gujian*), Vol. 1

清乾隆

长 44.7 厘米　宽 32 厘米　厚 5.8 厘米

Qianlong era (1736–1795) of Qing dynasty (1644–1911)
Length: 44.7 cm
Width: 32 cm
Thickness: 5.8 cm

镜匣原藏紫禁城重华宫。书册式，装帧考究雅致。贮藏铜镜二面。封面内第一开为品鉴目录，誊写乾隆帝于乾隆十二年（1747年）在重华宫鉴定为“上上等”的六面铜镜器名。第二开为贮藏两面铜镜的画样，并有器名及形制描述的墨书黄签题记，中缝钤朱文印“乾隆御览之宝”“五福五代堂古稀天子宝”“八徵耄念之宝”。封底内页为邹一桂绘山水并题诗，画中是贵州名胜飞云崖，近景山间古刹，远景山峦流云。邹一桂（1688 ~ 1772年），官至内阁学士，尤擅工笔花卉。匣内铜镜各配玉璧式木盖。其一面刻兽面纹，背为允禧画春日山水。允禧（1711 ~ 1758年），康熙帝二十一子，多罗慎靖郡王，善书画，亦能诗，为乾隆帝所赏识。另一面刻双螭纹，背有汪由敦篆书录唐人卢照邻诗《春晚山庄率题二首·其二》。汪由敦（1692 ~ 1758年），位列军机，身兼要职，对书法颇有造诣。

《西清古鉴》四十卷成书于乾隆十六年（1751年），乾隆二十年（1755年）刊刻，为清朝首部著录内府收藏古代青铜器的大型图谱，其最末二卷著录铜镜93面。《西清古鉴》同名镜匣共四十八册，为清宫内务府自乾隆十年（1745年）至乾隆二十二年（1757年）间分批添配制作。匣内铜镜比对《宣和博古图》著录铜镜、鉴定等次。此套镜匣诗、书、画、刻浑然一体，君臣、工匠共同参与，是清代宫廷鉴古活动的重要表现。（吴倩）

飛雲巖
黔中跬步皆嶕峣烟籠
霧鎖星斗攢連晨陟
降疲征鞍苦向童阜無
奇嵐兹岩腹豁誰所劖
流膏乘乳出肺肝淋淋
漓漓狀千態虎豹蹲立蛟
龍蟠蝙躍舞鳳翔鸞
鷲旌幢華蓋何靡曼
一峰恭禮對面看檻外
珠玉來飛滿月潭清磬
應谷寒松杉風籟奔
迴瀾客遊心曠足力酸
怪此山破精神究山僧
常住無驚嶽具相非
相隨人觀
臣鄒一桂恭畫
謹題

26

铜禽兽博局纹镜

Bronze Mirror with Bird-and-animal Design

新－东汉
径 13 厘米

Xin to Eastern Han period (9–220)
Diameter: 13 cm

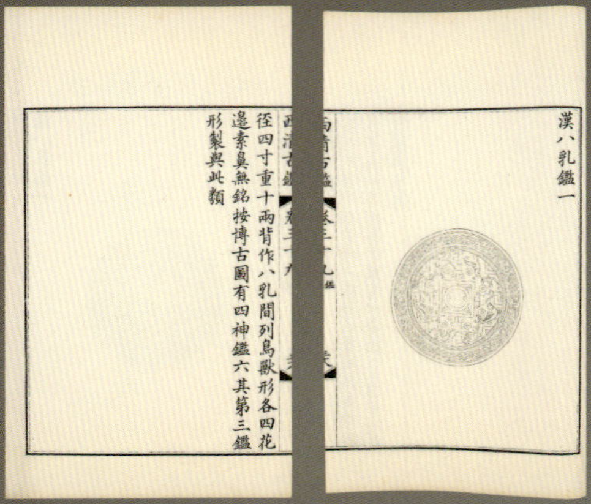
漢八乳鑑一

徑四寸重十兩背作八乳間列鳥獸形各四花邊素鼻無銘按博古圖有四神鑑六其第三鑑形製與此類

《西清古鉴》卷三十九“汉八乳鉴”
“Mirror with Eight Knobs of Han” in *Xiqing Illustrated Catalog of Ancient Bronzes (Xiqing gujian)*, Vol. 39

博局纹将铜镜内区分为四方八极，配置八乳与八飞禽、走兽。镜缘饰几何形云纹。镜匣黄签题记标注为“汉四神鉴”。同时，《西清古鉴》卷三十九著录此镜，称“汉八乳鉴”，图说提及《博古图》有四神鉴六，其第三鉴形制与此类”。《宣和博古图》卷二十八著录“汉四神鉴三”实为禽兽钱纹简化博局镜，配置禽兽纹与此镜接近。

博局镜在新莽及东汉早期最为盛行。博局纹与当时人们的宇宙观有密切联系，寄托走向美好精神世界的祈愿。宋元明清历代铜镜均有仿汉博局镜。故宫博物院亦藏有清宫旧藏乾隆年款“尚方日灵鉴”“长命元辰鉴”仿汉博局镜。（吴倩）

27

铜“九子”对置式神兽纹镜

Bronze Mirror with Mythical Animals Design

东汉－西晋
径 13.9 厘米

Eastern Han to Western Jin period (25–317)
Diameter: 13.9 cm

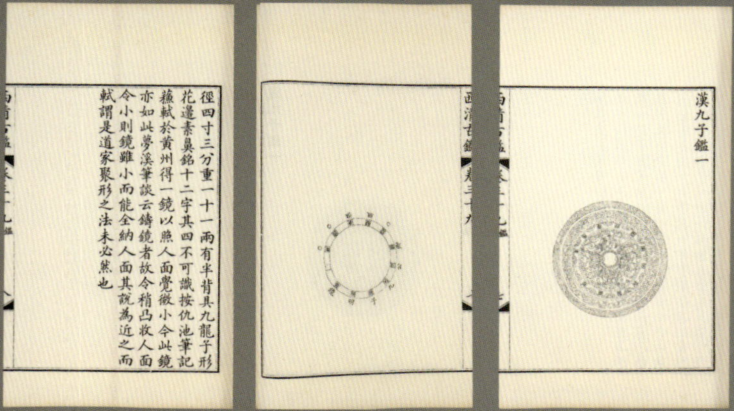
漢九子鑑一

徑四寸三分重一十一兩有半背具九龍子形花邊素鼻銘十二字其四不可識按仇池筆記蘇軾於黃州得一鏡以照人面覺微小今此鏡亦如此夢溪筆談云鑄鏡者故令稍凸收人面令小則鏡雖小而能全納人面其說爲近之而軾謂是道家聚形之法未必然也

《西清古鉴》卷三十九“汉九子鉴”
“Mirror with Nine Figures of Han” in *Xiqing Illustrated Catalog of Ancient Bronzes (Xiqing gujian)*, Vol. 39

此镜著录在《西清古鉴》卷三十九，称“汉九子鉴”。内区隔钮对置两组一神二兽，分别为东王公、西王母戴冠乘坐骑，左右胁侍有翼神兽口衔绳形“巨”。另两组分别为神人对坐、一神一鸟，其一似伯牙弹琴。外区半圆枚和方枚相间，方枚中各有一字，合为“九子明竟（镜），世异寡只，服者卿公”。镜缘内圈一周画纹带，包含六龙驾舟车、羽人乘禽兽等图案。外圈为变形夔纹。镜面凸起较明显。此类神兽镜多见汉晋时期，与博局镜相似，表现宇宙世界。圆形镜体象征天穹，神兽衔巨支撑，规正大地四方。

乾隆十六年（1751年）内务府造办处档案记载，制作乾隆年款“长方汉九子鉴”等18面铜镜。依据故宫博物院现藏乾隆年款吾作铭三段重列式神兽纹长方镜，可知清代宫廷铸造仿汉晋铜镜，虽模仿主题纹饰，但对铜镜形式有所创新。（吴倩）

28

朿鼎

Bronze *Ding* Vessel Named "Ci"

商晚期

高 19.3 厘米　口径 16.1 厘米

Late Shang dynasty

Height:19.3 cm

Diameter of mouth: 16.1 cm

清宫旧藏，原藏颐和园。著录于《西清古鉴》卷一，为"商癸鼎一"。立耳，圆腹圜底，三柱足。口沿下饰兽面纹，两兽目间有出戟，云雷纹衬地。器内壁铸有族氏铭文"朿"。"朿"族器见诸商晚期至西周早期传世器以及河南安阳殷墟出土器。

《考古图》《宣和博古图》均著录同铭鼎，与此器器形相似，但纹饰不同。两书均将铭文释为"癸"，误为商代日名金文。《宣和博古图》记载宋人解读："癸则汤之父主癸也。按陶隐居《刀剑录》云：'夏孔甲采牛首山铁，铸一剑，铭曰甲。'则一字之铭通乎夏商，要非周物也。"《西清古鉴》沿用宋人释文，但并不完全认同："然商以甲乙为名者多矣。固难据一字为断。宋人于癸鼎则竟谓曰汤之父主癸，殊为臆论。盖二代纪载寥寥，又其时字体未备，后人无得而考。曰商曰周，要当以铭词色泽为辨耳。"以此管窥清代金石学考证，自宋代之后于继承中有所发展。（吴倩）

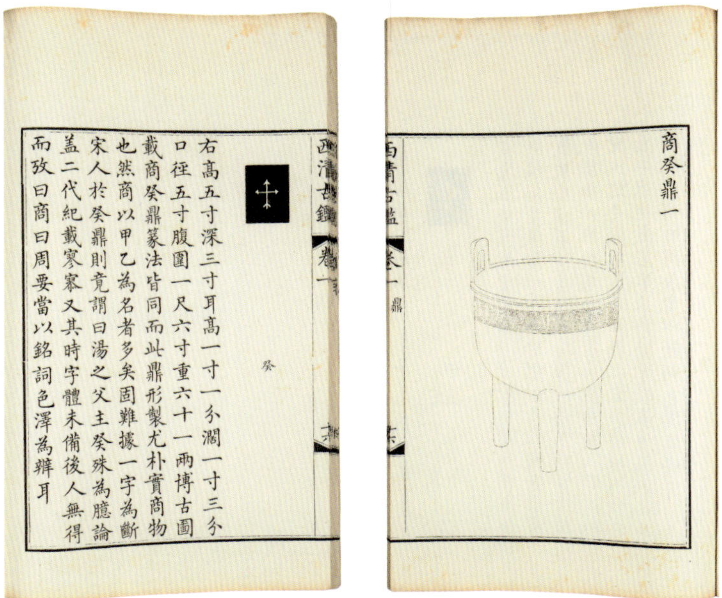
商癸鼎一

西清古鑑　卷一

右高五寸深三寸耳高一寸一分濶一寸三分口徑五寸腹圍一尺六寸重六十一兩博古圖載商癸鼎篆法皆同而此鼎形製尤朴實商物也然商以甲乙為名者多矣固難據一字為斷宋人於癸鼎則竟謂曰湯之父主癸殊為臆論蓋二代紀載寥寥又其時字體未備後人無得而攷曰商曰周要當以銘詞色澤為辨耳

癸

《西清古鉴》卷一"商癸鼎"

"*Ding* Vessel with Inscription of Shang" in *Xiqing Illustrated Catalog of Ancient Bronzes (Xiqing gujian)*, Vol. 1

29

铜错金银云纹牺尊

Copper Sacrificial Animal-shaped *Zun* Vessel with Gold-and-silver-inlaid Cloud Design

明
高 26.8 厘米　长 37 厘米　宽 13 厘米

Ming dynasty (1368–1644)
Height: 26.8 cm
Length: 37 cm
Width: 13 cm

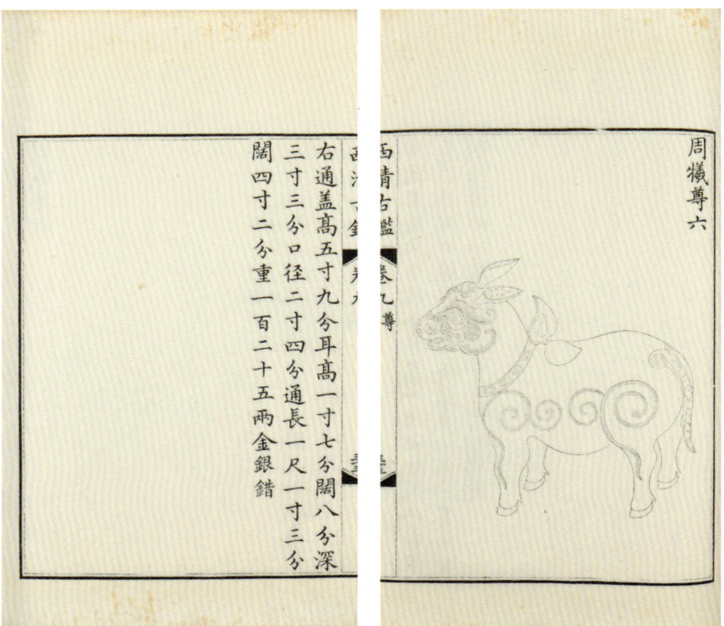

周犧尊六

西清古鑑 卷九 尊

右通蓋高五寸九分耳高一寸七分闊八分深三寸三分口徑二寸四分通長一尺一寸三分闊四寸二分重一百二十五兩金銀錯

《西清古鉴》卷九“周牺尊六”
“Ox-shaped *Zun* Vessel of Zhou” in *Xiqing Illustrated Catalog of Ancient Bronzes (Xiqing gujian)*, Vol. 9

清宫旧藏，与《西清古鉴》卷九著录“周牺尊六”相合。牺并非特指一种兽，原是祭礼所用纯色之牲。此牺尊造型似牛，颈部有项圈。背穴有盖，盖上有一系。腹部及四足错银饰云纹，脸颊、五官与项圈亦错金银装饰。牺形态略显笨拙，但装饰华丽而不失层次，应为明代仿战国牺尊制作。

牺尊原为战国盛酒器，自宋代《考古图》《宣和博古图》至清代《西清古鉴》等古器图谱以及诸多礼书均有收录。清宫典藏牺尊不少，造型各有差异，清季图谱均将之定为周、汉器，结合实物来看，以宋以后的晚期仿古器居多。其中多有采用错金银表现纹饰者，与明清之际铜器装饰风格接近。（吴倩）

博古明悟
Enlightenment Through Antiquity

“摩挲钟鼎，亲见商周。”南宋以降，士大夫将古物置于人生体验的情境中，清心乐志，养性修身，博古成为一种必备学养和生活传统。明清时期，文人重视燕居生活，明窗净几，罗列古物，曹昭、高濂、李渔等雅士更将审美心得诉诸笔端，从感性生活提炼出知识体系，公诸同好，传诸后世。对古典的热爱，使上古礼器走入日常生活，时人由此获得精神的强烈共鸣，实现文化的自觉继承。

“By touching ancient bronzes, one can feel connected to the Shang and Zhou dynasties.” From the Southern Song dynasty onward, scholars incorporated ancient artifacts into their daily lives, using them as a means of pursuing inner peace, refining their character, and fostering personal growth. This engagement with antiquity became an essential aspect of scholarly education and a tradition of lifestyle. During the Ming and Qing dynasties, literati who attached great importance to the joys of elegant and tranquil living decorated their studies – with spotless windows and tidy desks – with ancient artifacts. The scholars such as Cao Zhao, Gao Lian, and Li Yu expressed their aesthetic insights through writing, distilling sensory experiences into systematic knowledge that they shared with others and passed down to future generations. Their deep love for antiquity led to the integration of ancient ritual vessels into daily life, which allowed individuals to experience a profound spiritual connection with the traditions and values of ancient times. Such engagement facilitated a conscious effort to preserve and carry forward traditional cultural practices.

30

《新增格古要论》

The Supplemented Essential Criteria of Antiques (Xinzeng gegu yaolun)

清惜阴轩丛书本
（明）曹昭撰，（明）舒敏编，（明）王佐增补
开本：纵 23.8 厘米　横 15 厘米
版框：纵 17 厘米　横 12.8 厘米

Qing dynasty (1644–1911)
Xiyinxuan Bookshop serial edition
Cao Zhao; Shu Min (comp.); Wang Zuo (supp.)
Book size: 23.8 × 15 cm
Page frame: 17 × 12.8 cm

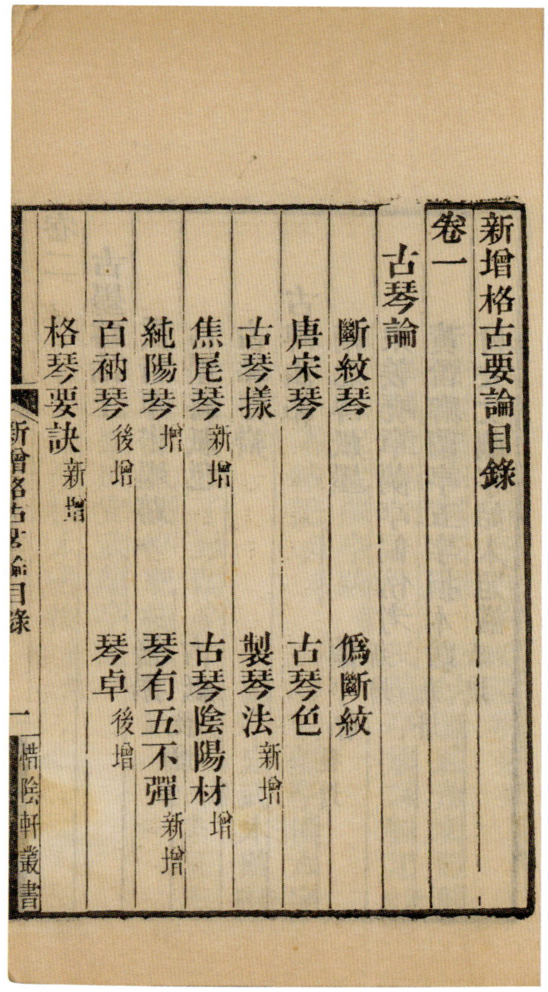

新增格古要論目錄

卷一

古琴論

斷紋琴　僞斷紋
唐宋琴　古琴色
古琴樣　製琴法 新增
焦尾琴 新增　古琴陰陽材 增
純陽琴 增　琴有五不彈 新增
百衲琴 後增　琴卓 後增
格琴要訣 新增

新增格古要論目錄　一　惜陰軒叢書

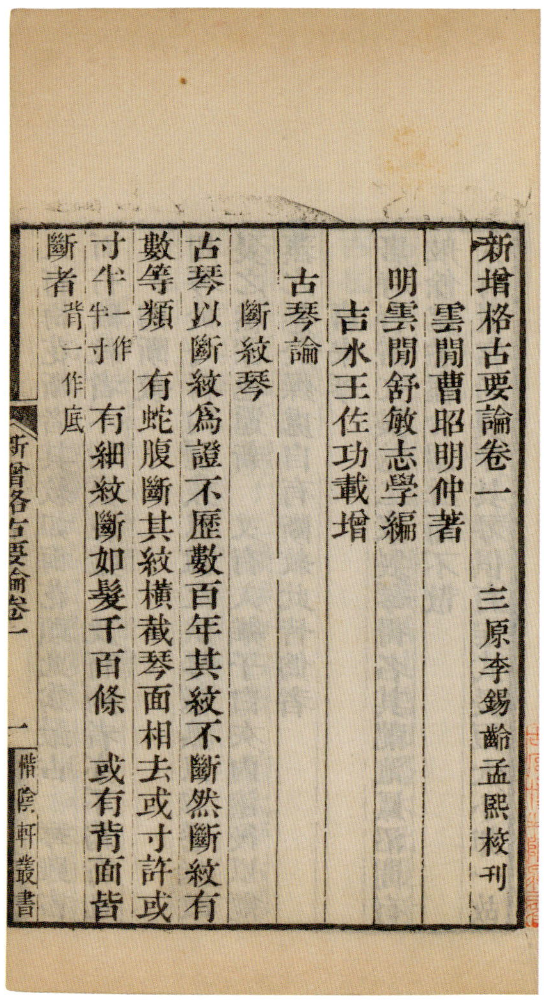

新增格古要論卷一　三原李錫齡孟熙校刊

雲間曹昭明仲著
明雲間舒敏志學編
吉水王佐功載增

古琴論

斷紋琴

古琴以斷紋爲證不歷數百年其紋不斷然斷紋有數等類有蛇腹斷其紋橫截琴面相去或寸許或寸半（一作牛一寸）有細紋斷如髮千百條或有背面皆斷者（背一作底）

新增格古要論卷一　一　惜陰軒叢書

《格古要论》成书于明洪武年间，开创了古物赏鉴类著作的先河和体例。其内容分十三门，为古铜器、古画、古墨迹、古碑法帖、古琴、古砚、珍奇、金铁、古窑器、古漆器、锦绮、异木、异石。《四库全书总目》称"其于古今名玩器具真赝优劣之解，皆能剖析纤微，又谙悉典故，一切源流本末无不厘然，故颇为赏鉴家所重"。明中期王佐对该书内容做了扩充和调整，增补了原书墨迹、古碑法帖部分，新增了金石遗文、古人善书画者、文房论、诰敕题跋和杂考等门类。全书共十三卷，名为《新增格古要论》。

北宋金石学家对古代器物的关注主要在礼及礼器的范畴内。在他们眼中，器物本身是古代圣人用以载道之物，有直接晓以礼教而稳定统治秩序的作用。此时，文人收藏、研究古物，纵然是好古进而考古，却仍力求避开"玩"古的态度。南宋中后期，士大夫祖述三代、整顿礼制、变法革新以成就大业的气度，逐渐转变为求诸内心修为。随着自上而下仿古制作的潮流，古器的礼制化色彩逐渐减弱，以赵希鹄《洞天清录》、张世南《游宦纪闻》为代表的著述标志着古物新价值观逐渐成熟。明代，文人对古物的喜爱不断增长，《格古要论》正是在古物收藏和交易的背景下产生的鉴别古物真伪和价值的专著。（胡一抒）

31

《遵生八笺》

Eight Discourses on Nourishing Life (Zunsheng bajian)

清上海江左书林石印本
（明）高濂撰，（明）钟惺重订
开本：纵 20 厘米　横 13.4 厘米
版框：纵 18 厘米　横 12.5 厘米

Qing dynasty (1644–1911)
Lithographic edition by Shanghai Jiangzuo Bookshop
Gao Lian; Zhong Xing (rev.)
Book size: 20 × 13.4 cm
Page frame: 18 × 12.5 cm

《遵生八笺》是一部有关文人生活的综合性著作，其中“燕闲清赏笺”“起居安乐笺”等涉及古铜、窑器、古玉、碑帖书画、文房用具、焚香插花等，不仅扩展了传统的鉴藏门类，还通过器物的选择搭配，构建了书斋这一符合士人理想的活动空间。

博古风气在晚明尤盛。《遵生八笺》“燕闲清赏笺”将好古、博古的目的说得十分清楚：为了养性颐年要过燕闲的生活，而燕闲的生活则自稽古中得到。经由仔细观察、考订古代器用，培养鉴古的“慧眼观法”，以知识的了解作为感性的依据，将古器物布置在自己的生活空间中，远离现世的烦嚣庸俗，沉醉于清静幽雅的古代世界中。博古不但是士大夫必备的学养，还深入生活，体现在居室运用、游备品物、宝玩古器、书画花木等休闲赏玩之处。

《遵生八笺》对《考槃余事》《长物志》等同时代的文人著作影响颇深，书中推崇仿古风气，对古物取用观念的塑造奠定了后世古物鉴藏的标准和格调。好古敏求的乾隆帝在御制诗文中也常提及。直至今日，它依然是营造古典氛围、追慕优雅生活的参考书。（胡一哥）

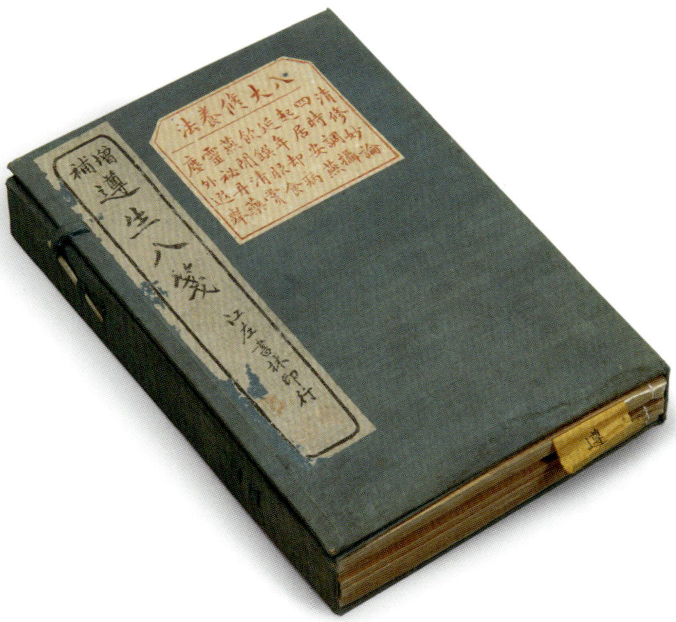

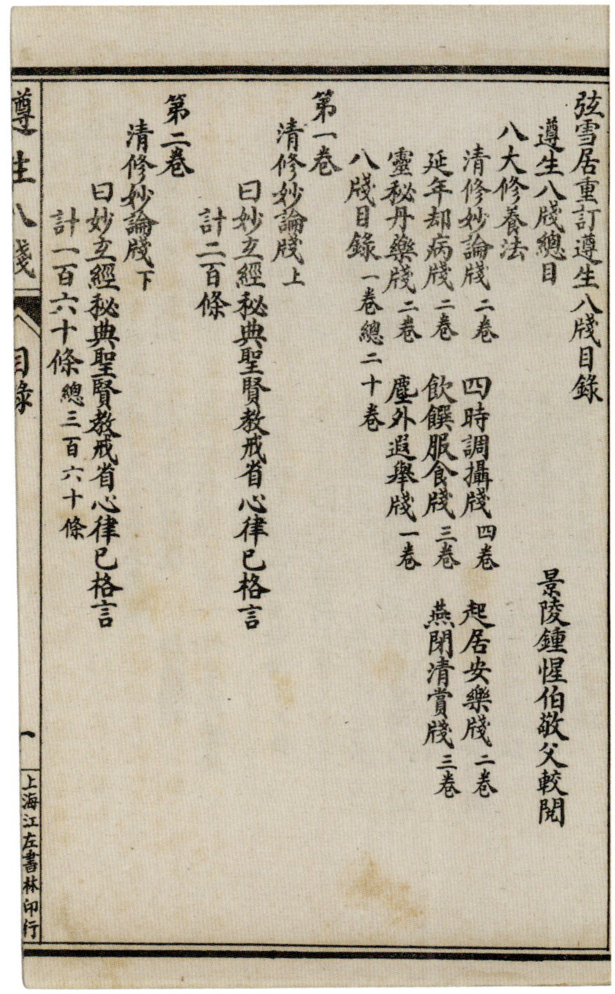
弦雪居重訂遵生八牋目錄
景陵鍾惺伯敬父較閱
遵生八牋總目
八大修養法
清修妙論牋 二卷　四時調攝牋 四卷　起居安樂牋 二卷
延年却病牋 二卷　飲饌服食牋 三卷　燕閑清賞牋 三卷
靈秘丹藥牋 二卷　塵外遐舉牋 一卷
八牋目錄 一卷總二十卷
第一卷
清修妙論牋上
曰妙玄經秘典聖賢教戒省心律己格言
計二百條
第二卷
清修妙論牋下
曰妙玄經秘典聖賢教戒省心律己格言
計一百六十條總三百六十條
遵生八牋　目錄　一　上海江左書林印行

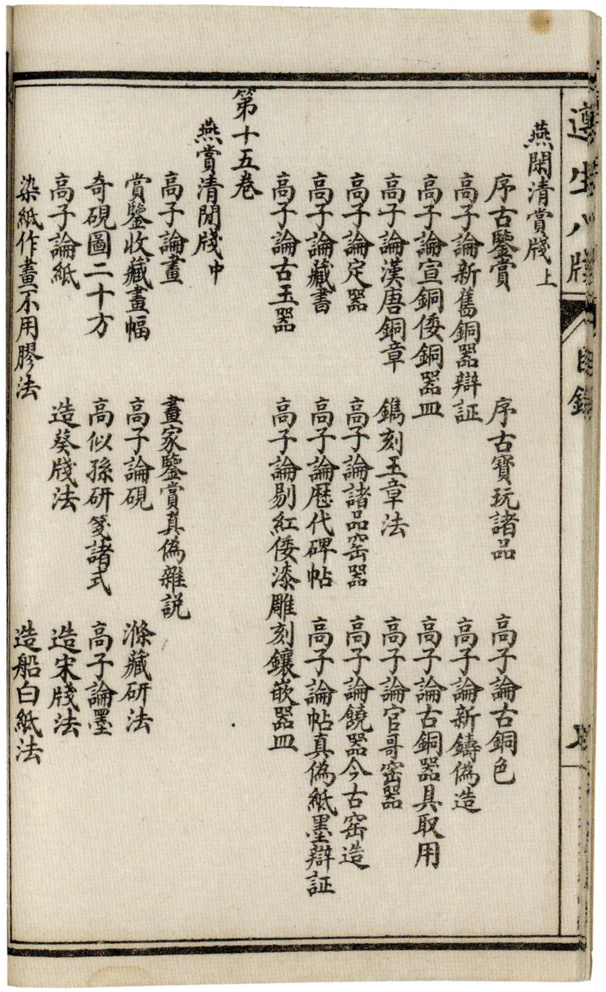
燕閑清賞牋上
序古鑒賞　序古寶玩諸品　高子論古銅色
高子論新舊銅器辯証　高子論新鑄偽造
高子論宣銅倭銅器皿　高子論古銅器具取用
高子論漢唐銅章　鐫刻玉章法　高子論官哥窯器
高子論定器　高子論諸品窯器　高子論饒器今古窯造
高子論藏書　高子論歷代碑帖　高子論帖真偽紙墨辯証
高子論古玉器　高子論剔紅倭漆雕刻鑲嵌器皿
第十五卷
燕賞清閑牋中
高子論畫　畫家鑒賞真偽雜說　滌藏研法
賞鑒收藏畫幅　高子論硯　高子論墨
奇硯圖二十方　高似孫研箋諸式　造宋牋法
高子論紙　造葵牋法
染紙作畫不用膠法　造船白紙法

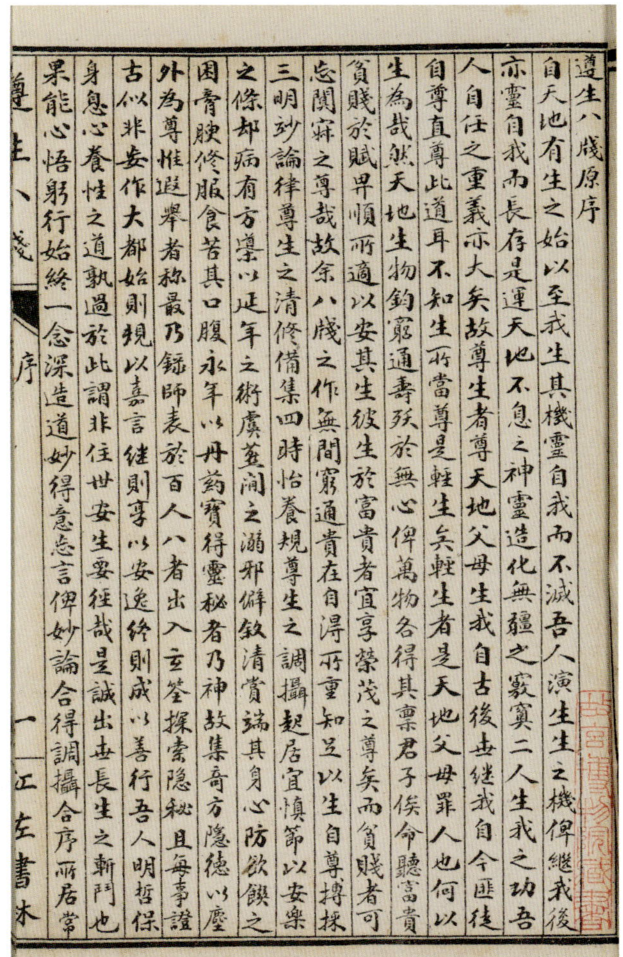
遵生八牋原序
自天地有生之始以至我生其機靈自我而不滅吾人演生生之機俾繼我後亦靈自我而長存是運天地不息之神靈造化無疆之竅寘二人生我之功吾人自任之重義亦大矣故尊生者尊天地父母生我自古後世繼我自今匪徒自尊直尊此道耳不知生所當尊是輕生矣輕生者是天地父母罪人也何以生為哉然天地生物鈞窮通壽殀於無心俾萬物各得其稟君子俟命聽富貴貧賤於賦畀順所適以安其生彼生於富貴者宜享榮茂之尊矣而貧賤者可忘閒穽之尊哉故余八牋之作無間窮通貴在自得所重知足以生自尊搏採三明妙論律尊生之清修備集四時怡養規尊生之調攝起居宜慎節以安樂之條却病有方藥以延年之術虞燕閒之溺邪僻敘清賞端其身心防飲饌之困膏腴修服食苦其口腹永年以丹藥寶得靈秘者乃神故集奇方隱德以塵外為尊惟遐舉者稱最乃錄師表於百人八者出入玄筌探索隱秘且每事證古似非妄作大都始則規以嘉言繼則享以安逸終則成以善行吾人明哲保身息心養性之道孰過於此謂非住世安生要徑哉是誠出世長生之斬門也果能心悟躬行始終一念深造道妙得意忘言俾妙論合得調攝合序所居常
遵生八牋　序　一　江左書林

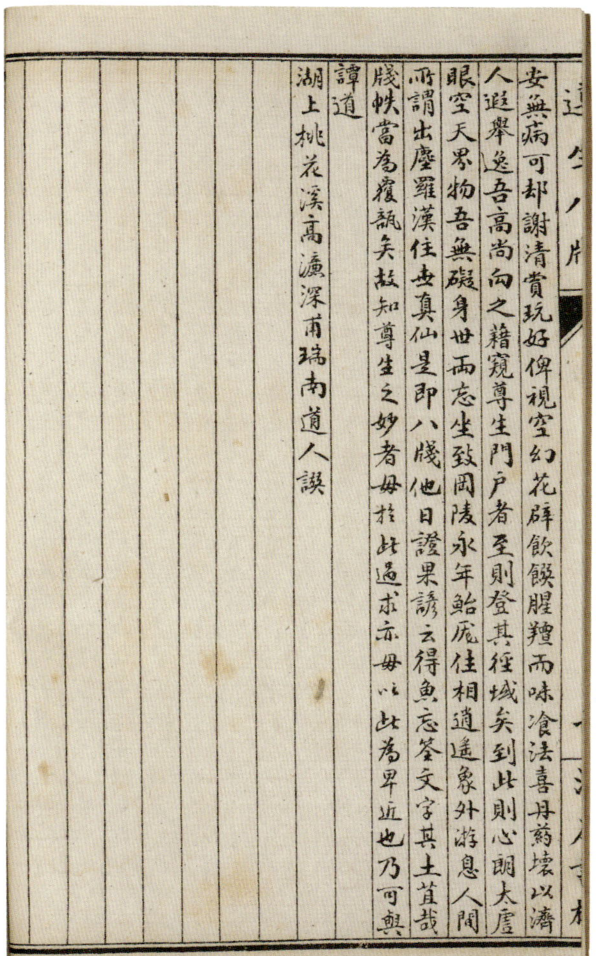
安無病可却謝清賞玩好俾視空幻花辟飲饌腥羶而味滄法喜丹藥壞以濟人遐舉逸吾高尚向之籍窺尊生門戶者至則登其徑域矣到此則心朗太虛眼空天界物吾無礙身世兩忘坐致岡陵永年殆庶住相遣象外游息人間所謂出塵羅漢住世真仙是即八牋他日證果諺云得魚忘筌文字其土苴哉牋帙當為覆瓿矣故知尊生之妙者毋於此過求亦毋以此為卑近也乃可與譚道
湖上桃花溪高濂深甫瑞南道人譔

32

《长物志》

Treatise on Superfluous Things (Zhangwuzhi)

清内府精抄本
（明）文震亨撰
开本：纵 23.5 厘米　横 13.4 厘米
版框：纵 18.6 厘米　横 11.3 厘米

Qing dynasty (1644–1911)
Imperial Household Department's handwritten copy
Wen Zhenheng
Book size: 23.5 × 13.4 cm
Page frame: 18.6 × 11.3 cm

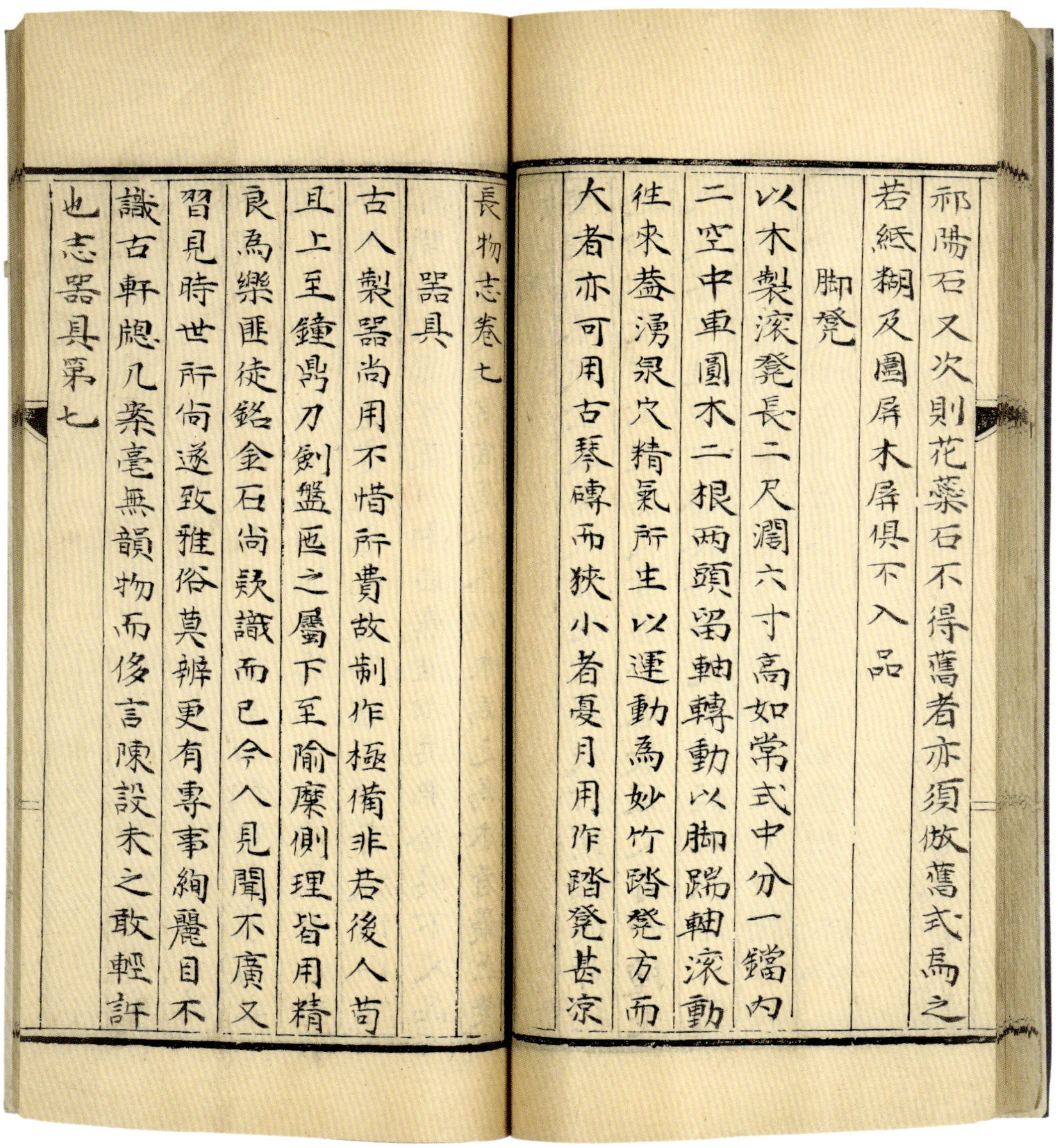

祁陽石又次則花蘂石不得舊者亦須倣舊式為之
若紙糊及圖屏木屏俱不入品
脚凳
以木製滚凳長二尺濶六寸高如常式中分一鐺內
二空中車圓木二根兩頭留軸轉動以脚踹軸滚動
往來蓋湧泉穴精氣所生以運動為妙竹踏凳方而
大者亦可用古琴磚而狹小者夏月用作踏凳甚凉

長物志卷七
器具
古人製器尚用不惜所費故制作極備非若後人苟
且上至鐘鼎刀劍盤匜之屬下至隃糜側理皆用精
良為樂匪徒銘金石尚欵識而已今人見聞不廣又
習見時世所尚遂致雅俗莫辨更有專事絢麗目不
識古軒牕几案毫無韻物而侈言陳設未之敢輕許
也志器具第七

《长物志》是一部研究中国古代园林建筑、士人生活、名物制度的重要著作，由明代文震亨撰，分设室庐、花木、水石、禽鱼、书画、几榻、器具、位置、衣饰、舟车、蔬果、香茗十二卷。书中内容以园林建筑为主，兼及花草树木、鸟兽虫鱼、金石书画、服饰器皿等，尤显明朝文人生活情趣。

此书卷七“器具”开篇即表达了作者的尚古之情，认为古代器具讲求合用，不惜工本、制作精良，不像今人这样粗糙，甚至一味追求时尚，不辨雅俗。书中对各种古器物作形制介绍和鉴赏思考，对后世仿古器制作和审美志趣均产生重要影响。

书名“长物”取意为“多余之物”，本于《世说新语》王恭故事，其中之“长”取古音，读作“zhàng”。作者文震亨（1585 ~ 1645年），字启美，长洲人（今江苏省苏州市）。文徵明之曾孙。清《四库全书总目提要》认为此书“凡闲适玩好之事，纤悉毕具”。（张玉雪）

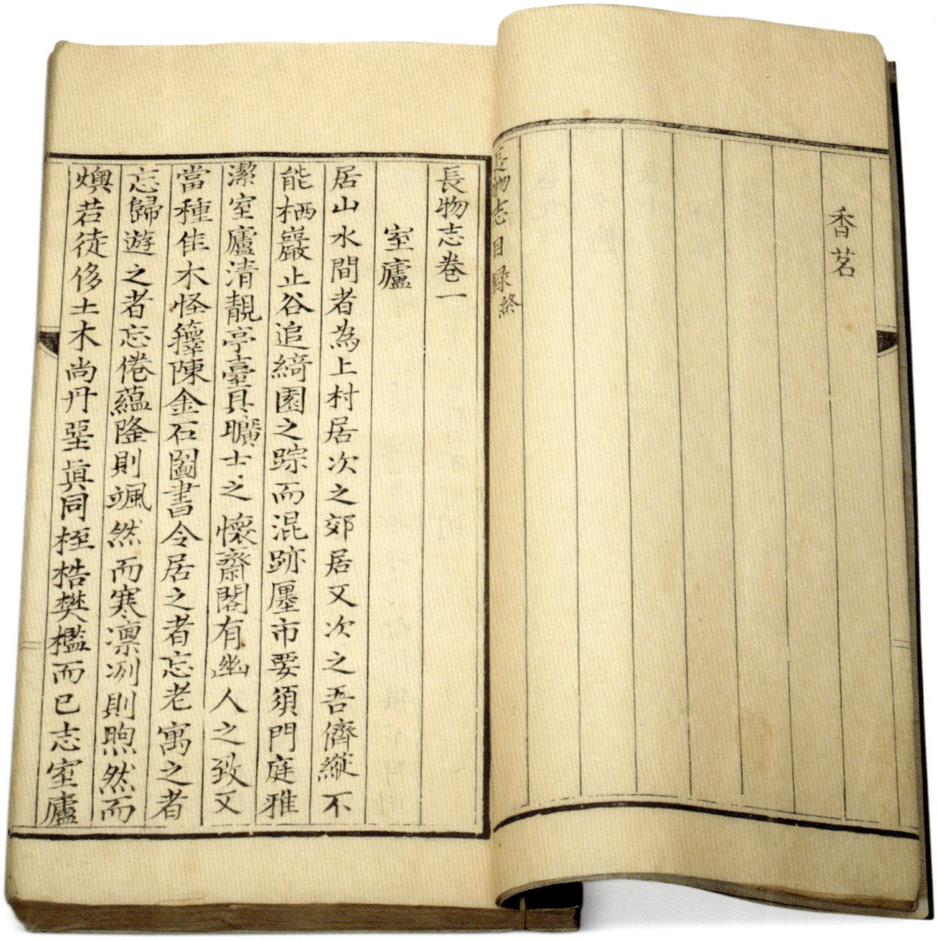
長物志目録終

香茗

長物志卷一

室廬

居山水間者為上村居次之郊居又次之吾儕縱不能栖巖止谷追綺園之踪而混跡廛市要須門庭雅潔室廬清靚亭臺具曠士之懷齋閣有幽人之致又當種佳木怪籜陳金石圖書令居之者忘老寓之者忘歸遊之者忘倦蘊隆則颯然而寒凛冽則煦然而燠若徒侈土木尚丹堊眞同桎梏樊檻而已志室廬

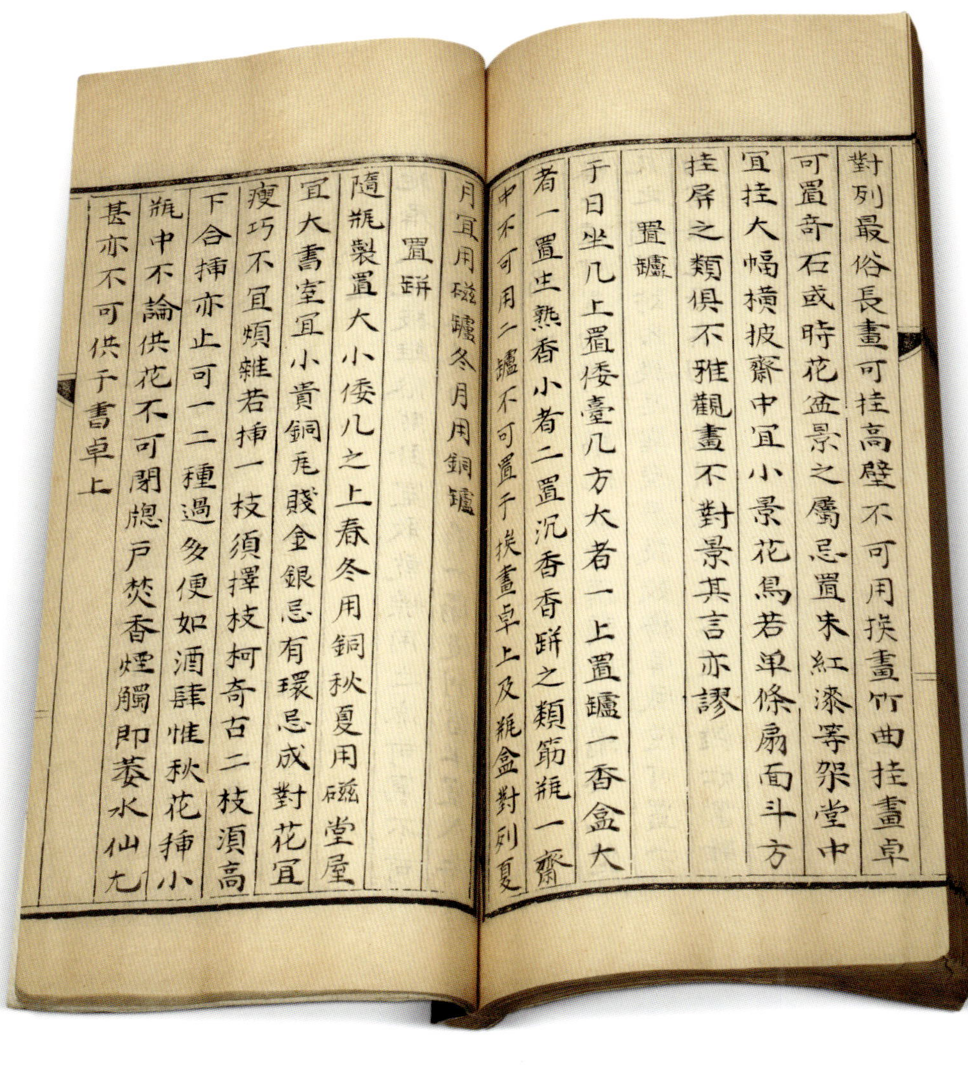
對列最俗長畫可挂高壁不可用挨畫竹曲挂畫卓可置奇石或時花盆景之屬忌置朱紅漆等架堂中宜挂大幅横披齋中宜小景花鳥若單條扇面斗方挂屏之類俱不雅觀畫不對景其言亦謬

置爐

于日坐几上置倭臺几方大者一上置爐一香盒大者一置生熟香小者二置沉香香餅之類筯瓶一齋中不可用二爐不可置于挨畫卓上及瓶盒對列夏月宜用磁爐冬月用銅爐

置瓶

隨瓶製置大小倭几之上春冬用銅秋夏用磁堂屋宜大書室宜小貴銅瓦賤金銀忌有環忌成對花宜瘦巧不宜煩雜若插一枝須擇枝柯奇古二枝須高下合插亦止可一二種過多便如酒肆惟秋花插小瓶中不論供花不可閉牕戶焚香煙觸即萎水仙尤甚亦不可供于書卓上

33

胤禛妃行乐图之博古幽思轴

Hanging Scroll of *Life Portrait of Emperor Yongzheng's Imperial Concubine: Curios Admiring*

清
佚名
绢本设色
纵 184 厘米 横 97.8 厘米

Qing dynasty (1644–1911)
Anonymous
Ink and color on silk
Size: 184 × 97.8 cm

清宫收藏中有一套（共12幅）表现宫苑女子品茶、赏蝶、沉吟、鉴古等闲适生活情景的图轴，名为《胤禛妃行乐图》。此套图轴运用工笔重彩法，不仅表现出宫廷仕女画工整妍丽的艺术特色，而且还以写实的手法逼真地再现了宫廷女子冠服、发型、首饰以及室内陈设等，为研究雍正朝宫掖女子的生活提供了形象的史料。

这幅《博古幽思》描绘的是汉装宫妃在多宝格前静心沉思的情景。多宝格中陈设各类珍玩，其中的三代青铜器、宋代汝窑水仙盆、明代鲜红釉僧帽壶等，无一不是前人留下的惊世之宝。胤禛将古物融入燕居生活，并以绘画记录，既凸显皇家的宏富收藏，也表达了好古之情。（聂卉）

34

寿山石“不薄今人爱古人”长方章

Agalmatolite (Shoushan Stone) Seal Inscribed with “Bu Bo Jin Ren Ai Gu Ren” (literally “don’t value the past and slight the present”)

清

高 6.5 厘米　印面 4×1.5 厘米

Qing dynasty (1644–1911)
Height: 6.5 cm
Seal face: 4 × 1.5 cm

寿山石质，阴文篆刻。“不薄今人爱古人”出自唐代诗人杜甫《戏为六绝句》：“不薄今人爱古人，清词丽句必为邻。窃攀屈宋宜方驾，恐与齐梁作后尘。”不菲薄今人，也同样喜爱古人，这不仅仅是古代文人的思想，也是清代皇帝追求的境界。乾隆帝御制诗文中四次提到过这句诗词，分别是《圆明园四十景诗 · 茹古涵今》序：‘不薄今人爱古人，少陵斯言实获我心。”《题名画大观册 · 黄公望芝兰室图》：“常怀杜甫诗传神，不薄今人爱古人。大痴尚友意如是，图出芝兰气味亲。”《慢成画筌》：“于求似忌太求真，不薄今人爱古人（用杜句）。腹鲜诗书岂有韵，笔饶刻画也无神。”《江山小景又题王炳仿李唐画》：“杜甫七字真清新，不薄今人爱古人。于诗既云画岂异，江山景命摹其神。”足以看出乾隆帝对杜甫这句诗词的喜爱程度。不仅如此，乾隆帝还命人篆刻闲章，用以自勉。（刘苒）

35

乾隆帝观画图轴

Hanging Scroll of *Qianlong Emperor Appreciating Paintings*

清乾隆
郎世宁
纸本设色
纵 136.4 厘米　横 62 厘米

Qianlong era (1736–1795) of Qing dynasty (1644–1911)
Giuseppe Castiglione
Ink and color on paper
Size: 136.4 × 62 cm

此图左下署款“臣郎世宁恭绘”。郎世宁（1688 ~ 1766年），天主教耶稣会传教士，意大利米兰人。其在清康熙至乾隆年间担任宫廷画家，擅人物、花鸟及畜兽画，能将写实性的西洋技法与中国本土传统相结合，深刻影响了清代宫廷的绘画风格。

画面表现以观画为核心的品古、鉴古场景，中部采用左右对称结构，乾隆帝身着文人装束，正观赏由童子挑起的画作。画中画是中国古代绘画中常见的形式。此图虽沿袭传统题材，但充分展现了熟谙西洋技法的传教士画家的长处。如图中画轴因下有童子承托，画面略呈弧度，体现出一定的透视关系。画轴中人物、山石等细节亦被精彩地再现，能清楚地辨认出是明代画家丁云鹏所绘《扫象图》。

乾隆帝收藏丁云鹏《扫象图》后，对该画颇为重视，不仅在画上御笔题诗，还敕令宫廷画家多次临摹，如乾隆十五年（1750年）丁观鹏临本（本书图版36），图中菩萨面相被换为乾隆御容。此幅《乾隆帝观画图》的场景基本也是按照丁云鹏《扫象图》来布置，“画中画”又将原作以微缩形式呈现，构成了奇特玄妙的双重视觉幻象，足见乾隆对该画的欣赏与钟爱。（毛翔宇）

36

扫象图轴

Hanging Scroll of *Elephant-cleaning*

清乾隆十五年（1750 年）
丁观鹏
纸本设色
纵 132.3 厘米　横 62.5 厘米

1750 (15th year of the Qianlong era of Qing dynasty)
Ding Guanpeng
Ink and color on paper
Size: 132.3 × 62.5 cm

丁观鹏，清雍正、乾隆朝宫廷画家，与其弟丁观鹤同供奉内廷，擅长道释人物画。

《扫象图》是宋代以来常见的佛教绘画题材，“象”与“相”同音，“扫象”即用清扫大象这一视觉形象隐喻佛教不执着于相、不拘泥于外物的教义。此画是丁观鹏依据内府所藏明代画家丁云鹏《扫象图》临摹所作，画家将原作中观扫象的菩萨形象换成了乾隆帝本人的肖像，是清宫仿古绘画中对原作进行创造性改动的一则例证。此图据署款知作于乾隆十五年（1750年）六月，故画中是乾隆帝40岁时的形象。在佛教体系中一般认为白象是普贤菩萨的坐骑，清代以前的此类题材常与普贤结合在一起。清代信仰的藏传佛教体系中将统治者视为文殊菩萨在人世间的转轮君王，称“文殊菩萨大皇帝”。乾隆帝在此处将文殊菩萨置换为自己的画像，也正符合其同时作为清代政治与宗教领袖的双重身份。

此图与郎世宁《乾隆帝观画图》均根据丁云鹏《扫象图》绘制，不同的是，此图大体追摹原作，仅转换了人物形象，《乾隆帝观画图》则是基于原作的创新。（毛翔宇）

37

青玉夔凤纹挂钟

Green Jade Hanging Bell with Stylized Phoenix Design

清
高 14.2 厘米　底口径 7.8×5.3 厘米

Qing dynasty (1644–1911)
Height: 14.2 cm
Diameter of mouth: 7.8 × 5.3 cm

青玉质，合瓦形，器体椭圆，桥形口。钟身上部饰夔纹，中部、下部浅浮雕兽面纹。左右出戟，戟为镂雕双夔凤连成。舞上有镂空的双龙背卧状钮。两龙首上各出一圆环，分别套铜链系于兽吞夔式云头佩上。佩上端连接横梁，挂在如意云头纹木座架上。

此件青玉挂钟虽仿青铜钟的器形，但没有传统青铜钟“枚、篆、钲、鼓”等特点，而是用仿古纹饰来突出古器风格，古朴庄重又不失精巧。郎世宁《乾隆帝观画图》描绘了乾隆帝在清风中欣赏《扫象图》的情景，身旁案上陈设九件珍器古玩及仿古器物，如挂钟座架、贯耳瓶、簋式炉等，还原了清代仿古器物使用场景。清代仿古器物的社会功能发生了变化，除极少部分用于祭祀、实用外，大部分主要用于陈设，满足人们赏古需求和追求风雅的文人心态。（刘晶莹）

38

矾红彩朵莲纹藏草瓶

Porcelain Bumba Bottle with Iron-red Lotus Flowers Design

清乾隆
高 22 厘米　口径 3.2 厘米　足径 12.2 厘米

Qianlong era (1736–1795) of Qing dynasty (1644–1911)
Height: 22 cm
Diameter of mouth: 3.2 cm
Diameter of foot: 12.2 cm

瓶直口，细长直颈，出相轮，斜肩，肩以下渐收，斜直胫，伞盖形圈足。通体施白釉，外壁以矾红彩为饰。外口沿下绘回纹，颈部上绘朵梅纹，下绘如意纹，凸起处绘覆仰莲瓣纹，肩部绘变形覆莲瓣纹，腹部绘朵莲纹和蕉叶纹，胫部绘覆莲瓣纹。外底无款。

该瓶器形源自藏草瓶，唯底部外扩，器身莲瓣、莲花纹饰的布局与同时期御窑生产的粉彩、青花藏草瓶相仿，应是参照统一样式制作而成。藏草瓶在宗教活动中作盛水或插花草之用，其造型与功能均源自早期佛教所用的净瓶。根据敦煌佛教壁画，可知此类瓶颈下部的相轮既象征塔刹，又具有在法事活动中便于手持的实用功能。此瓶相轮、圈足等支撑结构用莲瓣纹装饰，均保留了佛教用器的传统元素。在藏传佛教中，多以藏草瓶插入藏草作为佛前供器，是祥瑞和如意的象征。

清宫档案中此瓶又称“甘露瓶”。清代帝王极重视藏传佛教，乾隆帝亦是其信徒。遍观乾隆朝御窑烧造器物，与藏传佛教相关的器物颇为多见。据清宫《养心殿造办处各作成做活计清档》载，乾隆十一年（1746年）二月，唐英奉旨烧造红花甘露瓶，俱不要款。同年五月，唐英将按旨烧得的红花甘露瓶交上后，乾隆帝又传谕其再烧造几件。从中可见乾隆帝对此类器物的重视。

在故宫博物院藏由西洋宫廷画家郎世宁所绘的《乾隆帝观画图》中乾隆帝右侧的博古案上，也能清晰地看到此种“红花甘露瓶”。（蒋艺）

39

仿官釉贯耳八方瓶

Vase with Tubular Ears in Guan-style Glaze

清雍正

高 27 厘米　口径 10.4×7.9 厘米　足径 10.5×8.2 厘米

Yongzheng era (1723–1735) of Qing dynasty (1644–1911)
Height: 27 cm
Diameter of mouth: 10.4 × 7.9 cm
Diameter of foot: 10.5 × 8.2 cm

瓶作八方形，侈口，短颈，长硕腹，下承八方形足外撇。肩颈处饰两道弦纹，颈部两侧各饰一贯耳，足壁两侧各开一长方形孔，使之能以绳带与两侧贯耳相串连。通体施青釉，釉层浓厚，釉面匀润。足端无釉，呈铁褐色。外底署青花“大清雍正年制”六字三行篆书款。

郎世宁《乾隆帝观画图》中，乾隆帝右侧的长方案之上摆满了各类器物，其中就有一件仿官釉贯耳八方瓶，足见乾隆帝对此类贯耳瓶的重视与喜爱。

此瓶造型源于青铜贯耳壶。宋代尚古之风盛行，文人士大夫尤重夏商周三代之物。在崇古的时风之下，宋代诸窑场亦多仿照三代青铜器的造型制作和烧制瓷器，贯耳壶即为一例。从传世品来看，南宋时期的官窑、龙泉窑及传世哥窑皆曾烧造此类造型器物，而杭州郊坛下官窑窑址的出土遗物中，也得见此类贯耳壶标本。

明清以来，景德镇御窑（器）厂延续宋瓷仿古器形，继续烧造此类器物。尤其是清雍正年间唐英督导御窑厂后，御窑厂对前朝名品的仿烧在釉色和造型上均取得突破。雍正十三年（1735年）的《陶成纪事碑》中载：“一仿铁骨大观釉，有月白、粉青、大绿等三种，俱仿内发宋器色泽。”此瓶施釉即仿官窑釉，其釉面莹润凝厚，足见仿烧工艺之精。其外，此瓶在清宫档案中名为“八方双管瓶”。雍正六年（1728年）五月，内务府曾交仿龙泉窑八方双管瓶八件，并配漆座摆于圆明园九洲清晏内。由此可见，此类造型器物在清宫中多为陈设之用。（蒋艺）

40

青铜兽耳衔环扁壶

Bronze Flask with Animal-shaped Ring-holding Ears

汉

高 25.5 厘米　宽 30 厘米　厚 10 厘米

Han dynasty (206 BCE–220 CE)
Height: 25.5 cm
Width: 30 cm
Thickness: 10 cm

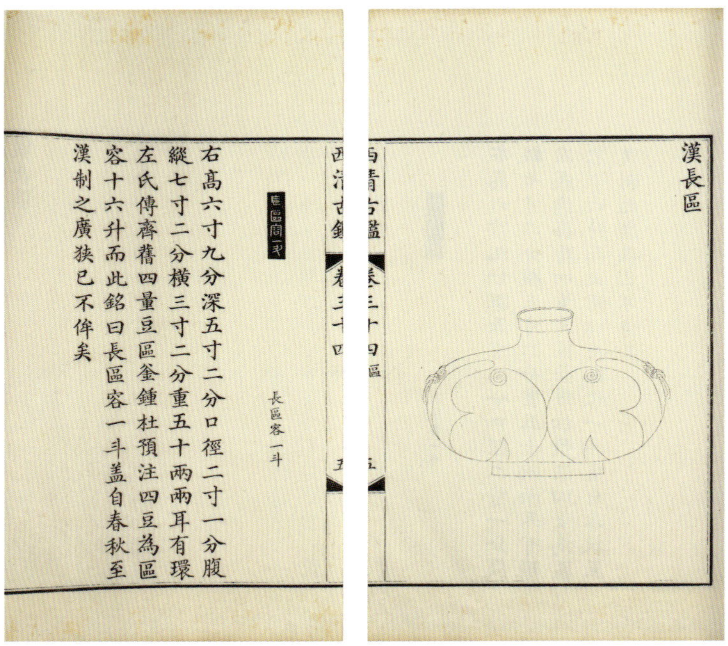

漢長區

西清古鑑　卷三十四　五

長區容一斗

右高六寸九分深五寸二分口徑二寸一分腹縱七寸二分横三寸二分重五十兩兩耳有環左氏傳齊舊四量豆區釜鍾杜預注四豆為區容十六升而此銘曰長區容一斗盖自春秋至漢制之廣狭已不侔矣

《西清古鉴》卷三十四“汉长区”
“*Changqu* Vessel of Han” in *Xiqing Illustrated Catalog of Ancient Bronzes (Xiqing gujian)*, Vol. 34

扁鼓形腹壶，通称扁壶，约始见于战国，通行于汉代，是不同地域文化接触后产生的新器形，作为盛酒或盛水器使用。《宣和博古图》著录此类容器定名为“匾壶”。《西清古鉴》著录同类器，据铭文定名为“区”。

明清时期，扁壶常为陈设器与花器。明人高濂《遵生八笺》将“古之壶瓶”视为“宜书室插花”佳器，与牡丹、芍药等花卉相配，朴素与艳丽相衬，独具风雅。扁壶是营造好古、鉴古场景的典型元素。《乾隆帝观画图》中扁壶与其他古器并置，便可达到渲染品古意境的效果。清代著名人物画《胤禛妃行乐图之博古幽思》轴中也可见青铜扁壶与松花石砚、哥窑葫芦瓶等文玩器具相配置于长案。古铜清玩令古韵更加浓郁。（吴倩）

见青山

第二单元

灿烂辉煌的工艺传统凝结着中华文化无穷的创造力和强大的感召力，优秀的仿古作品往往体现出时代技术和艺术的最高水平。从中央到地方，从官府到民间，品类丰富、形式多样的仿古艺术层见叠出。特别是新材料、新技术的引入，既为仿古艺术增添了新的形式语言，又借仿古实践实现与传统文化有机连接。由于创作意图的差异，仿古艺术呈现出忠于典范、采择英华、但求古意等不同面貌，一以贯之的是对优秀传统的挖掘与阐释。“古”由此启发了当时的“新”，成为后世的“新古”，塑造了新的时代典范。

Unit 2

Reviving Antiquity

The brilliance of traditional craftsmanship embodies the boundless creativity and powerful influence of Chinese culture. Outstanding works inspired by antiquity often represent the peak of technological and artistic achievement of their time. These works thrived across regions and social strata, from government institutions to grassroots communities, coming in diverse forms and styles. The introduction of new materials and technologies enriched antique-inspired art with fresh forms of expression while fostering an organic connection between creative practices and traditional culture. Out of differing creative intentions, antique-inspired art took various forms – some faithfully adhered to classical models, others made selective adaptations to suit contemporary needs, while many simply sought to capture the feel of antiquity. Consistently, however, these practices aimed to explore and reinterpret the cherished traditions. In this process, the cultural and artistic traditions of antiquity inspired the creation of new forms of art and ideas, which eventually evolved into models for future generations and shaped the cultural standards of a new era.

百工集巧
Masterful Craftsmanship

仿古制作遍及不同地域，见于各个门类。北京、苏州、广州、景德镇等地均有生产机构，青铜、珐琅、玉石、陶瓷、漆木、匏竹、织绣等造作及至书籍刻印、书画创作等，无不仿古。仿古艺术的创作，汇集良材与名匠。巧夺天工的技艺，不仅能令相同材质之间的模仿不差分毫，更可实现不同材质间的巧妙转换。出色的仿古作品，往往成为一个时代艺术和技术的代表。

Antique-inspired production flourished across a wide range of crafts and regions. Cities such as Beijing, Suzhou, Guangzhou, and Jingdezhen became renowned hubs of specialized workshops that created items modeled after ancient styles, including bronzes, enamels, jade carvings, ceramics, lacquerware, bamboo and gourd crafts, textiles, as well as books and paintings. The creation of antique-inspired art brought together exceptional materials and highly skilled artisans. These craftsmen demonstrated unparalleled mastery, faithfully recreating intricate designs in the same material as the original and ingeniously adapting those designs across different materials. The resulting works became iconic, representing the artistic and technological achievements of their time.

41

铜兽面纹方鼎

Copper Square *Ding* Vessel with Animal-mask Design

清

高 31.2 厘米　长 19.9 厘米　宽 15.2 厘米

Qing dynasty (1644–1911)
Height: 31.2 cm
Length: 19.9 cm
Width: 15.2 cm

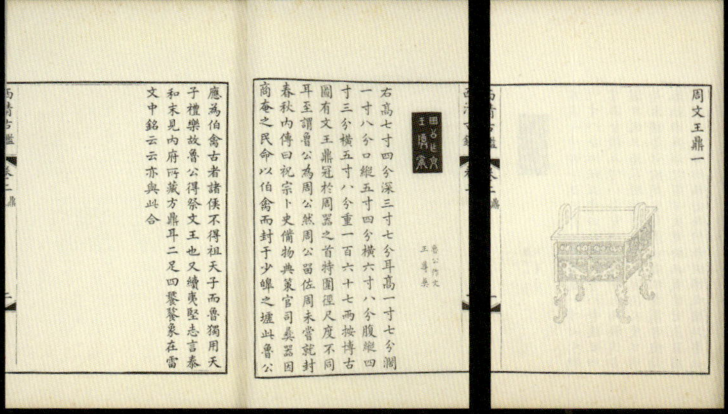
周文王鼎一

右高七寸四分深三寸七分耳高一寸七分濶一寸八分口縱五寸四分橫六寸八分腹縱四寸三分橫五寸八分重一百六十七兩按博古圖有文王鼎冠於周器之首特圖徑尺度不同耳至謂魯公為周公然周公留佐周未嘗就封春秋內傳曰祝宗卜史備物典策官司彝器因商奄之民命以伯禽而封于少皞之墟此魯公應為伯禽古者諸侯不得祖天子而魯獨用天子禮樂故魯公得祭文王也又續夷堅志言泰和末見內府所藏方鼎耳二足四饕餮象在雷文中銘云云亦與此合

魯公作文王尊彝

《西清古鉴》卷二“周文王鼎一”

“*Ding* Vessel of King Wen of Zhou” in *Xiqing Illustrated Catalog of Ancient Bronzes (Xiqing gujian)*, Vol. 2

长方形腹，扁足作夔形，足底夔尾略上卷。器身四面以雷纹为地，上腹饰夔纹，下腹主体纹饰为兽面纹。腹中与四边装饰条形出戟。鼎铜质金黄，未“作色”。此鼎原藏紫禁城宁寿宫花园遂初堂。

商周青铜扁足方鼎不多见，河南安阳殷墟妇好墓曾有出土，原为饪食礼器。此鼎形制、纹饰与《宣和博古图》卷二“周文王鼎一”更为接近。清宫造办处铸炉处多铸造此式铜鼎，用以陈设宫中各处。清宫档案多称此类鼎为“青绿文王鼎”“青绿飞脊文王鼎”等。扁足方鼎是清宫制仿古铜器的代表器形。此外，清宫造办处亦制作瓷、玉、珐琅等其他材质仿古方鼎。（吴倩）

42

铜错金银蟠螭纹提梁盉

Gold-and-silver-inlaid Copper *He* Vessel with Loop-handle and Coiled *Chi* Design

清

高 22 厘米　宽 23.3 厘米

Qing dynasty (1644–1911)
Height: 22 cm
Width: 23.3 cm

盉为扁体圆鼓腹，上腹部有鸟形曲颈流。肩有提梁，梁整体为一弓身蟠螭，梁身以蟠虺缠绕而成。腹下接三足，足为立兽负鸟形。腹满饰回首蟠螭纹，间以云雷纹圈带。隆盖上亦饰蟠螭纹，附猴钮。全部纹饰使用嵌错金银工艺，呈现崇古又华丽的风格。此器仿自始见于春秋晚期、多见战国时期的青铜盉，原器主要用于温酒、调酒。

此器原藏紫禁城漱芳斋，著录于《西清古鉴》卷三十一“周螭梁盉三”。清宫内务府造办处铸炉处制仿古盉，与此器形制类似者较多，并装饰错金银。造办处档案多称为“青绿商金银提梁天鸡壶”。“青绿”也称“青绿古”，即将铸成铜器加以腐蚀、漆饰，呈青绿色，模仿商周铜器锈蚀样貌。“商金银”即嵌错金银。“青绿商金银”是明末清初以来仿古铜器的流行装饰。（吴倩）

43

铜鎏金天鸡尊

Gilt-copper *Zun* Vessel in Shape of Heavenly Rooster

清乾隆

高 32.6 厘米　长 34.5 厘米　宽 18.1 厘米

Qianlong era (1736–1795) of Qing dynasty (1644–1911)
Height: 32.6 cm
Length: 34.5 cm
Width: 18.1 cm

天鸡尊铜质呈褐色，通身鎏金，散点涂饰金斑。整体造型为一天鸡伏卧四轮车架上，背负圆尊。天鸡头顶有如意云头形冠，脊部有锯齿形出戟，背部装饰以雷纹为地，如意云头、变形蟠螭组成羽翎延伸到翼端和下卷长尾。天鸡背负无肩式圆尊，形制仿商周酒器。圆尊上部饰蕉叶纹，中腰饰雷纹地蟠螭纹，下部饰窃曲纹。口沿錾刻“乾隆年制”四字单行楷书款。四车轮饰涡纹与四瓣花纹，轮辐为如意形。

此尊设计融合商周青铜器与明清铜器元素。商周青铜器未见鸡尊器形，但鸟尊可见，用作酒器。此尊长尾鸡造型脱胎于西周鸟形尊，如晋侯鸟尊。背负器又似融合东周鸟流盉与六朝隋唐瓷鸡首壶。伏卧、四轮元素或源自汉晋玩具鸠车。天鸡尊或是对商周禽形尊与《周礼》鸡彝的追摹、附会。天鸡是清代铜器的流行题材，清宫还制作瓷、玉、珐琅、玻璃等多种材质的各式天鸡尊，用作摆件、花插、水注等。清人对天鸡的认识，不仅来自礼书所载酒器，也可能受到六朝以来文学作品的影响。将天鸡与上古神鸟关联，赋予吉祥意涵。

此器原藏盛京行宫（沈阳故宫）。清宫档案称其为“烧古鎏金四轮天鸡尊”。“烧古”“鎏金”是铸炉处制作铜器的常用“作色”工艺。“烧古”即铜器在轻度腐蚀下呈褐色、蜡茶色等色泽，以此营造传世铜器的古雅意蕴。（吴倩）

44

铜篇章铭带八卦纹菱花镜

Copper Mirror with Inscription of an Essay and Eight Diagrams Design

清乾隆四十七年（1782 年）
最大径 24.5 厘米

1782 (47th year of the Qianlong era of Qing dynasty)
Max. diameter: 24.5 cm

镜八瓣莲花形钮座，每瓣内各一字，合为“清月晓河，澄雪皎波”。主纹为双线八葫芦纹，回转相连组成万代盘长纹铭带。葫芦纹围圈内各一字，合为“清光耀日，菱芳照室”。铭带间配八卦纹与阴文款识“大清乾隆壬寅年制”。铭带内共有 192 字，可环旋连读，左旋读为：“篇章隐约，雅合雍熙。铅华著饰，尽瘁妍媸。旋躯合配，懿德章施。宣光炳耀，列象标奇。先人后己，阅礼崇诗。悬堂象设，启匣光驰。传芳远古，照引毫厘。坚惟莹澈，迹异磷缁。连星引月，藻振芳垂。妍齐锦绣，色配涟漪。虔思早暮，守谨闺闱。圆虚配道，象罔齐仪。烟疑（凝）缀玉，影表方枝。捐瑕涤怪，释怨忘疲。莲芳表质，日素疑（凝）姿。编辞衍义，质动形随。前瞻后戒，雪拂云披。联翩动鹊，映掩辞螭。蝉轻约髩，柳翠分眉。全斯节志，敬尔尊卑。鲜含翠羽，影透轻池。源分派引，地等天规。延年益寿，代变时移。筌简等义，绘彩分词。”此镜又名“鞶鉴”，《左传》曾有提及，唐宋以降多书著录镜铭。清代镜谱《浣花拜石轩镜铭集录》中“六朝回文镜”与此镜形制、铭文相近。清宫铸镜，不仅将先秦作为勉人敬谨之鞶鉴复现，又将唐宋以来回文镜名物再造。同时造型、铭文布局又与北京顺义采集的宋代“满江红”词铭文菱花镜类似，可见此镜实现了形制、铭文、意象的多重仿古。

清代铜镜发展式微，但宫廷铸镜精良，此镜即是清宫内务府铸镜的代表作。根据《养心殿造办处各作成做活计清档》记载，乾隆四十六年（1781 年）十一月十七日完成菱花式诗意铜镜画样，二十八日将铜镜蜡样呈览并获乾隆帝批准，即镌刻木模，由铸炉处照样铸造。乾隆四十七年（1782 年）五月初一铸成，由懋勤殿侍臣拟写年款字样。（吴倩）

45

掐丝珐琅锦纹螭耳扁壶

Cloisonné Flask with *Chi*-dragon-shaped Ears and Brocade Design

清乾隆

高 22 厘米　宽 23.2 厘米　厚 9.2 厘米

Qianlong era (1736–1795) of Qing dynasty (1644–1911)
Height: 22 cm
Width: 23.2 cm
Thickness: 9.2 cm

壶为扁体，圆口宽腹，长方形足，肩上作变形螭耳。颈部环绕如意云头纹一周。壶身以纵横的条带纹界出交错的矩形格，条带上錾刻卷草纹，格内作掐丝珐琅蓝地缠枝花纹，从而形成规整的锦纹装饰。足上錾刻鎏金如意云头纹一周。足外底中心做双方框，内起地阳文“乾隆年制”四字双行楷书款。珐琅扁壶制作考究，填饰华美，堪称精品。

查《西清续鉴乙编》卷九中的“汉蟠夔匾壶”，与珐琅扁壶比对，造型相似，矩形格子的布排和数量一致，只是珐琅扁壶的尺寸为汉壶的三分之二左右，格内的蟠夔纹变成了掐丝珐琅工艺装饰的缠枝花纹。汉蟠夔扁壶古香古色，尽显青铜气韵，珐琅扁壶则精巧别致，流光溢彩。

造办处档案记载，乾隆三十八年（1773年）十一月九日，就曾传旨按照之前呈览的掐丝珐琅扁壶纸样一张，照样准做。于转年二月初十日又传旨，将做得掐丝珐琅扁壶一件镀金处再镀一遍。于二月二十五日将镀得掐丝珐琅扁壶一件又镀得金一遍，持进呈览。再传旨“在符望阁内摆放”。此则档案所记未必即是这件扁壶，但从中仍可看出乾隆帝对使用掐丝珐琅工艺仿制铜扁壶的浓厚兴趣。

珐琅扁壶为清宫旧藏，据1925年《故宫物品点查报告》可知，其原藏地点是宁寿宫、体和殿、蹈和门一带，当时与其他15件器物储存于一个大木箱中。（张丽、展梦夏）

掐丝珐琅器仿古

“珐琅”为外来词，指在金属胎表面利用珐琅釉料装饰花纹的工艺，可分为掐丝珐琅、錾胎珐琅、画珐琅等。掐丝珐琅器俗称“景泰蓝”，是以红铜（偶见黄金）为胎体、珐琅釉做装饰的工艺品种，具有如宝石镶嵌般流光溢彩、富丽堂皇的外观。掐丝珐琅工艺约于元代传入我国，后不断发展，至清乾隆朝技艺娴熟、炉火纯青，达到前所未有的高度。造办处常在乾隆帝的具体指示下，借鉴宫中所藏青铜器的形制、花纹来造作珐琅器，用以陈设、把玩或者日用。由于材料、工艺的不同，掐丝珐琅器在模仿青铜器时，往往造型较为相似，而纹样则多加变化，更增添了原作所不具备的亮丽釉色。仿古掐丝珐琅器使所处空间古韵盎然，又洋溢着时代的色彩和韵律。

46

掐丝珐琅夔凤纹提梁盖卣

Cloisonné Lidded *You* Vessel with Loop-handle and Stylized Phoenix Design

清乾隆

通高 26.8 厘米　宽 24 厘米　厚 16 厘米

Qianlong era (1736–1795) of Qing dynasty (1644–1911)
Overall height: 26.8 cm
Width: 24 cm
Thickness: 16 cm

卣铜胎鎏金，通体掐丝珐琅为饰。造型仿自青铜提梁卣，带盖。盖面、肩部、腹部等处各有夔凤纹四组，间以兽面纹。局部辅以回纹、蕉叶纹、如意云头纹等。外底中心方框内起地阳文“乾隆年制”四字双行楷书款。原置于寿康宫配房内。

这类仿青铜器的珐琅作品应是由清宫造办处珐琅作制造的。如乾隆四年(1739年)六月十四日，珐琅作就曾进呈“铜胎珐琅提梁卣一件”。而鎏金有时需在金玉作完成。如乾隆三十三年（1768年）十一月，皇帝下旨将一批掐丝珐琅器“按四厘金加三倍另镀，着在造办处镀做”，其中就有掐丝珐琅卣、铫共四件。

此卣的尺寸、造型、纹饰与《西清古鉴》中的“周伯启卣”相似，或据此仿制，但丰富亮丽的色彩是青铜器所不具备的。夔凤纹、兽面纹在商周艺术的基础上加以变化，富于清代特色。（展梦夏）

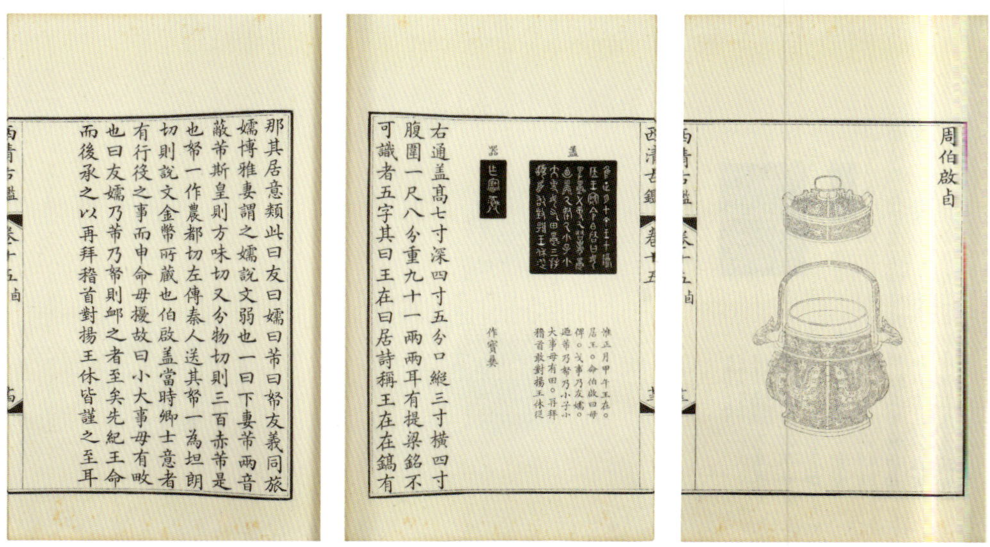
周伯啟卣

西清古鑑　卷十五　卣

蓋

惟正月甲午王在。居王。命伯啟曰毋俾。戈事乃友嫿。通芇乃帑乃小子小大事毋有田。再拜稽首敢對揚王休從

器

作寶彝

右通蓋高七寸深四寸五分口縱三寸横四寸腹圍一尺八分重九十一兩兩耳有提梁銘不可識者五字其曰王在曰居詩稱王在在鎬有那其居意類此曰友曰嫿曰芇曰帑友義同旅嫿博雅妻謂之嫿說文弱也一曰下妻芇兩音蔽芇斯皇則方味切又分物切則三百赤芇是也帑一作農都切左傳秦人送其帑一為坦朗切則說文金幣所藏也伯啟蓋當時卿士意者有行役之事而申命毋擾故曰小大事毋有畋也曰友嫿乃芇乃帑則卹之者至矣先紀王命而後承之以再拜稽首對揚王休皆謹之至耳

《西清古鉴》卷十五“周伯启卣”

“*You* Vessel of Boqi of Zhou” in *Xiqing Illustrated Catalog of Ancient Bronzes (Xiqing gujian)*, Vol. 15

47

掐丝珐琅兽面纹钟

Cloisonné Bell with Animal-mask Design

清乾隆
高 14.6 厘米　底口径 11.7 厘米

Qianlong era (1736–1795) of Qing dynasty (1644–1911)
Height: 14.6 cm
Diameter of mouth: 11.7 cm

铜胎鎏金。圆形，筒式，上敛下阔，顶面中心方形提梁两侧錾刻鎏金螭龙。通体宝蓝地。提梁两侧鎏金回纹。顶面饰兽面纹一对。外壁鎏金回纹锦地，上部饰兽面纹四组，与五排墨绿色地同心圆纹、重环纹相间，下部饰姜黄色兽面纹四组。提梁上系黄色丝绳。

钟为古代祭祀或宴飨时所用乐器之一，古属“八音”之金类。“钟鸣鼎食”，是权势与地位的标志，因此钟、鼎历代制造不衰。在乾隆帝敕撰的“西清四鉴”中，收录有相当数量的古钟。经查阅，这件珐琅钟应该是从中借鉴、重组、创新的作品。这种做法是乾隆朝仿古造作的主流，追求的是古风神韵，创造的是当朝作品。这件珐琅钟制造精良、色彩纯正，具有乾隆朝珐琅工艺的显著特征和卓越水平。

珐琅钟的参考号是“留平”“复查”，说明该器原藏清廷在沈阳或热河的行宫之中。通过其艺术风格和流传经过分析，虽无款识，但可以认定是乾隆朝的作品。（张丽、展梦夏）

48

掐丝珐琅夔凤纹提梁凫尊

Water-fowl-shaped Cloisonné *Zun* Vessel with Loop-handle and Stylized Phoenix Design

清乾隆
高 38 厘米　长 37.5 厘米　宽 15.8 厘米

Qianlong era (1736–1795) of Qing dynasty (1644–1911)
Height: 38 cm
Length: 37.5 cm
Width: 15.8 cm

尊做立凫式。凫长颈后仰而头反向前冲，腹部浑圆，尾羽上翘，背出圆形尊，上有提梁，整体线条曲折生动。凫身以天蓝色珐琅为地，饰宝蓝色夔凤纹。脖颈两端和尊身上下分别环饰錾刻鎏金朵花纹。

凫谐音“福”，寓意吉祥，几乎历朝历代都有这一造型的器物。清乾隆朝造作尤多，其中以仿古作品最为精彩。

《西清续鉴甲编》卷六中的“汉凫尊”，毫无疑问这就是珐琅凫尊的创作蓝本。两者比对，造型、装饰结构、大小尺寸完全相同，只是在装饰花纹上有所不同。档案曾记，乾隆三十四年（1769年）十二月二十二日，乾隆帝曾向珐琅作传旨：“着照汉兽炉高矮大小做样呈览，准时成做掐丝珐琅凫尊一件。”于三十五年三月二十六日做得呈进。又传旨：“着加三倍镀金。”后于三十五年四月二十九日库掌四德、五德将做得掐丝珐琅凫尊一件加倍镀得金持进。这件凫尊金水浓厚，闪闪发光，与档案所述“加三倍镀金”相符。

凫尊为清宫旧藏，参考号是“留平”“复查”，说明该器原藏沈阳或热河的行宫之中。根据该器的艺术面貌、工艺特点和流传经过等分析，这件珐琅凫尊虽无款识，但可以认定是乾隆朝的作品。（张丽）

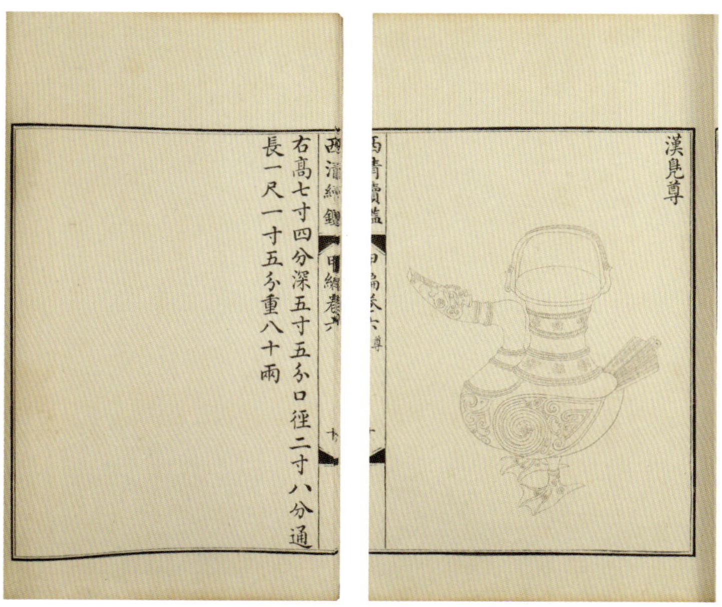

漢鳧尊

右高七寸四分深五寸五分口徑二寸八分通長一尺一寸五分重八十兩

《西清续鉴甲编》卷六“汉凫尊”
“Water-fowl-shaped *Zun* Vessel of Han” in *Sequel of Xiqing Illustrated Catalog of Ancient Bronzes (Xiqing xujian)*, Section I, Vol. 6

49

白玉觥

White Jade *Gong* Vessel

清乾隆

通高 10.2 厘米　口径 13.2×6.6 厘米　足径 6.7×4.5 厘米

Qianlong era (1736–1795) of Qing dynasty (1644–1911)
Overall height: 10.2 cm
Diameter of mouth: 13.2 × 6.6 cm
Diameter of foot: 6.7 × 4.5 cm

玉器仿古

玉器仿古兴起于两宋，以仿战国、汉代玉器为主，但在造型、纹饰等方面又有所变化，纹样多兽面纹、勾云纹、螭纹、回纹、夔龙纹等。明代玉器仿古常见古彝、配饰、文具等，明末苏州陆子刚是兼工仿古与时作的大师，其作品“工致侔古”“与古尊罍同”。

清乾隆时，仿古玉的造作达到极盛，模仿的对象囊括历代玉器。乾隆帝提倡以青铜器为蓝本制作仿古玉，认为新样玉“自矜纤巧而俗不可耐”，赞誉仿古玉“返璞还淳”“形制古雅”，极大地影响了玉器的风格。苏州是生产仿古玉器的中心，造办处的郭志通、姚宗仁等都是来自苏州玉工世家的名匠。这时的琢玉技艺集古之大成，几近无所不能。特别是为模仿古玉所特有的沁色，常采用“烧古”的方法，颇能以假乱真。清代仿古玉既注重外观的相似，更强调风格的高古，因此仿中有变，成为矫正时弊的一剂良方。

此物造型仿青铜觥。白玉质，玉质温润。腹较浅，夔龙形鋬，圈足，觥身光素。觥盖为双柱耳兽头式盖，盖钮为一凸雕卧虎。盖内阴刻隶书乾隆帝《咏和阗玉夔首匜》诗一首：“和阗玉来夥，巧制颇纷如。渐欲引之古，庶其返以初。为匜肖周代，作器戒虚车。流鋬考工合，敦牟介绍诸。”末署“乾隆丙申新正上浣御题”。器底阴刻“乾隆仿古”四字双行篆书款。觥配有紫檀座，座底有阴刻填金隶书与盖内相同内容的乾隆帝御制诗一首。“乾隆丙申”为乾隆四十一年(1776年)。

觥是古代青铜盛酒器，流行于商晚期至西周早期。王国维《观堂集林·说觥》认为有盖作牛首式的彝器为觥，无盖者称为匜。从所刻御制诗可知，乾隆中期以后随着新疆地区入贡和田玉材的数量与质量的提高，宫廷的玉器制作亦进入繁盛期。特别是乾隆帝十分推崇仿古风格的玉器，以致仿古玉器的造型几乎涵盖了三代青铜器的各个品类。此类玉器造型、纹饰等虽与青铜器相似，但并不过分拘泥。据清宫造办处档案载，乾隆帝还曾特旨为一玉螭虎觥配座，并要求与现陈设的天鹿尊一般高。故此玉觥应为陈设之物，置于厅堂，增添古趣。(杨立为)

50

白玉兽首衔环耳方盖壶

White Jade Lidded Four-sided *Hu* Vessel with Animal-shaped Ring-holding Ears

清乾隆
通高 24.5 厘米
口边长 6.8 厘米　底边长 6.3 厘米

Qianlong era (1736–1795) of Qing dynasty (1644–1911)
Overall height: 24.5 cm
Side length of mouth: 6.8 cm
Side length of bottom: 6.3 cm

白玉质。壶体方形，方口，微束颈，溜肩，鼓腹，颈部两侧有一对兽首衔活环耳，方形圈足。有盖，子母口，盖顶凸起，四角斜棱有鸟喙形钮。壶腹一侧阴刻乾隆御题诗《咏和阗玉汉兽环方壶》：“迩来和阗玉来多，官贡私售运接轸。专诸巷里工匠纷，争出新样无穷尽。因之玉厄有惜辞，凡涉华器概从摈。知不获利渐改为，方壶兹以汉为准。兽琢双耳连以环，既朴而淳纤巧泯。夏商曰尊周曰壶，虽云递降古犹允。返古在兹惧在兹，君人好尚可弗谨。”末署“乾隆丙午御题”，并钤“比德”“朗润”印。丙午为乾隆五十一年（1786年）。壶底镌“大清乾隆仿古”六字三行隶书款。

此器仿东周秦汉铜方壶样式制成。壶是青铜礼器中的酒器，《诗经·大雅·韩奕》有“显义饯之，清酒百壶”。以玉仿之，为陈设赏用。此玉壶古雅淳朴、制作规矩，被乾隆帝大加赞赏，为乾隆朝仿古玉器代表作之一。（刘梦媛）

51

黄玉兽面纹兽耳长方盖瓶

Yellow Jade Lidded Vase with Ears and Animal-mask Design

清
通高 20.2 厘米　口长 4.4 厘米　口宽 3.5 厘米
底长 4.5 厘米　底宽 3.3 厘米

Qing dynasty (1644–1911)
Overall height: 20.2 cm
Mouth: 4.4 × 3.5 cm
Bottom: 4.5 ×3.3 cm

黄玉质。扁方式盖瓶。盖及盖顶钮皆呈庑殿式屋顶状。直口，折肩，腹部下收束，圈足。盖及瓶身四面自上而下共八出戟。肩部一对兽形耳。盖及圈足浅浮雕夔龙纹，瓶身浅浮雕兽面纹组合，造型古朴。

其器形及纹饰很可能参照《西清古鉴》收录的周亚尊仿制，乾隆帝曾作诗《题周玉亚尊》:“铜尝铸而彜，玉自琢之重。难考亚为孰，总供祭所宗。形非牺与象，用间旅和从。穆若古相对，依然敬以恭。”可知乾隆帝曾依照《西清古鉴》收录的周亚尊来给器形相似的玉器断代定名。根据当前学界共识，这件玉瓶实际模仿的是商周时期的铜带盖方罍。方罍是青铜祭礼器中的盛酒器。此为仿古陈设器。(刘梦媛)

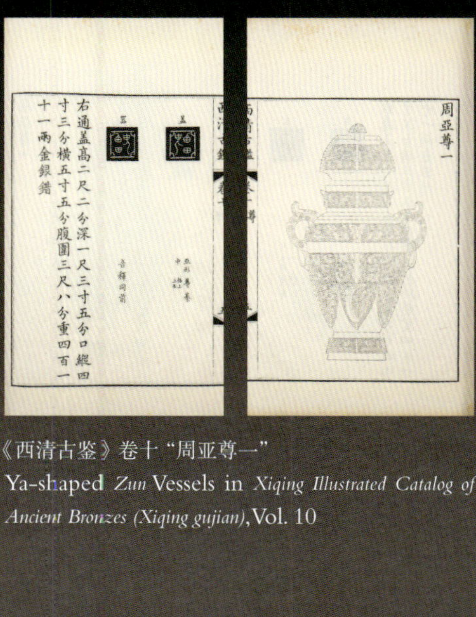

周亞尊一

右通蓋高二尺二分深一尺三寸五分口縱四寸三分橫五寸五分腹圍三尺八分重四百一十一兩金銀錯

《西清古鉴》卷十“周亚尊一”
Ya-shaped *Zun* Vessels in *Xiqing Illustrated Catalog of Ancient Bronzes (Xiqing gujian)*,Vol. 10

52

碧玉兽首衔环耳壶

Jasper *Hu* Vessel with Animal-shaped Ring-holding Ears

清乾隆
高 10 厘米　口径 3.3 厘米　最大腹径 7.3 厘米
底径 4.3 厘米

Qianlong era (1736–1795) of Qing dynasty (1644–1911)
Height: 10 cm
Diameter of mouth: 3.3 cm
Max. diameter of belly: 7.3 cm
Diameter of bottom: 4.3 cm

碧玉质。直口，长颈微束，圆弧腹，圈足，颈两侧各一兽首衔活环耳，腹部浅浮雕带状弦纹。底部阴刻“大清乾隆年制”六字三行楷书款。下附木雕花座。

此壶的造型脱胎于战国两汉流行的圆腹束颈青铜壶（亦称“锺”）。经过材质的转换、尺寸的收缩，已从实用容器转变为案头清赏，但迷你可爱中依然可见原型的敦朴简洁。

清宫玉石器中，有不少材美工巧的微型仿古作品。虽因原料所限体量不大，却胜在质地温润、色泽鲜亮、内涵隽永，摩挲把玩，令人心悦。（刘梦媛、张燕芬）

53

白玉天鸡尊

White Jade *Zun* Vessel in Shape of Heavenly Rooster

清
高 9.3 厘米　宽 7.3 厘米　厚 4.4 厘米

Qing dynasty (1644–1911)
Height: 9.3 cm
Width: 7.3 cm
Thickness: 4.4 cm

白玉质，天鸡翘首而立，钩喙，圆眼，长颈，背负一尊形瓶，双翼贴身护瓶，尾羽既有翘起者，也有垂而内卷者。双足并立于云上。瓶侈口束颈，颈部附一螭龙呈曲身回首状。下附木海棠式座。

此器既可以为陈设赏玩或文房清供，尊口亦可插花，富有意趣。其器形可能参照《西清古鉴》收录的天鸡尊，而天鸡尊器形应源自魏晋至隋唐时期流行的瓷鸡首龙柄壶。鸡谐音“吉”，寓意吉祥。天鸡背负尊或瓶的图案有祥瑞或进宝之意。清宫旧藏多种材质的天鸡尊，除玉器外尚有瓷、珐琅等。（刘梦媛）

54

水晶凫式砚滴

Crystal Water Dropper in Shape of Water-fowl

清

高 9.8 厘米　长 12.2 厘米　宽 6.9 厘米

Qing dynasty (1644–1911)
Height: 9.8 cm
Length: 12.2 cm
Width: 6.9 cm

砚滴白色透明水晶质，以镂雕、圆雕、浮雕等技法琢为一凫鸟与灵芝造型。凫鸟身体掏空，背部驮一内凹灵芝为砚滴开口，配有紫檀镂雕座。"无瑕胜玉美，至洁过冰清。"因材质美妙，水晶多为文人宝爱，宋代以来常见于文房用具。

鸟形杯、爵、彝等陶或青铜器物在一些西周至春秋墓葬中偶有发现，宋人聂崇义《新定三礼图》录有雀鸟负斗形爵杯的图样。清乾隆朝曾制作如仿古天鸡尊、凫式砚、水丞、砚滴等鸟类负瓶或爵、尊等题材的器物，部分虽有商周青铜器常见纹饰，但已脱离古法，实属新创。

砚滴一般器形小、容水少，只在用墨时以其往砚上滴水。此作品为水晶质，注水后可观水位多寡，设计精妙，方便使用，还可置于案几陈设清赏。（杨立为）

55

翡翠兽面纹夔龙耳三足盖炉

Jadeite Lidded Censer with *Kui*-dragon-shaped Ears and Animal-mask Design

清

通高 10.3 厘米　口径 9.2 厘米

Qing dynasty (1644–1911)
Overall height: 10.3 cm
Diameter of mouth: 9.2 cm

翡翠质，翠白相间。由炉盖、炉身组成。盖呈覆碗状，盖钮为莲花形，盖面浅浮雕兽面纹。炉身呈侈口圆筒形，平底，下接三矮足。炉口一周阴刻回纹，炉身雕兽面纹，附二夔龙耳。下承紫檀座。

此炉造型或受青铜簋启发，纹样亦源自商周礼器上常见的兽面，但无论造型还是纹样都不求精确，只得大概，有摹古之意但不拘泥。

国人爱玉，清宫虽也喜爱翡翠，但远不如和田玉流行，翡翠器皿的数量更是远逊。此件盖炉以翠绿、灰白为主，间墨绿藤黄，虽囿于材料，但匠人极力利用俏色工艺，突出重点。（刘梦媛、张燕芬）

56

白玉双婴耳杯

White Jade Cup with Baby-shaped Ears

清康熙
高 5.6 厘米　长 10 厘米　口径 6.5 厘米　足径 3.1 厘米

Kangxi era (1662–1722) of Qing dynasty (1644–1911)
Height: 5.6 cm
Length: 10 cm
Diameter of mouth: 6.5 cm
Diameter of foot: 3.1 cm

白玉质，玉质温润细腻。玉杯整体染色做旧，颇具古风。两侧以婴童为耳，童子身穿米字纹小花袄，面带微笑，双手攀于玉杯口沿，踩于祥云之上。玉杯的造型饶有宋风，双童耳则仿自明代器物。

此杯采用了“琥珀烫”沁色做旧技法。这种方法产生于明代，因太过复杂，至清乾隆朝已濒临失传。此杯因工艺精湛，做旧到位，曾使乾隆帝莫辨真假，以为汉代之物，叫来造办处的苏州籍玉工姚宗仁加以询问。宗仁说是其祖所做的伪古之器，用了一种家传的琥珀染色做旧秘法，经年才成。乾隆帝听后大为称奇，并写下《玉杯记》一文，制成册页，又配檀香木座、黑漆描金漆盒，与玉杯一起传之后世。（徐琳）

御製玉盃記
董誥書
施如蜂蠆而
以琥珀滋塗
而漬之其於

57

仿古铜彩兽面纹班簋

Bronze-imitation Porcelain *Gui* Vessel with Animal-mask Design

清乾隆
通高 23.5 厘米　口径 28.6 厘米

Qianlong era (1736–1795) of Qing dynasty (1644–1911)
Overall height: 23.5 cm
Diameter of mouth: 28.6 cm

此簋仿周代青铜器造型，为清乾隆朝景德镇御窑厂烧造的古铜釉瓷质仿古彝器之一。直口方唇，束颈下呈椭圆形腹，兽形双耳对称位于器腹两侧，腹内底下凹，假圈足，外附四足挺立，足方直委角，末梢内卷。外腹纹饰亦仿自青铜器，以两组凸起的兽面纹为主体。外底有铭文共计20行197字。器配黄花梨盖，置玉子母虎钮。据《故宫物品点查报告》记载，其原藏地为寿康宫，点查时记录为"珐蓝双耳带盖磁炉（底有篆文有破）"。

此簋造型与铭文均可参见《西清古鉴》卷十三所录的"周毛伯彝"，今称"班簋"。原青铜器经修复后现藏于首都博物馆。据《贡档进单》记载，乾隆三十五年（1770年）八月初五日，顺天府府尹裘曰修进周毛伯彝、周亚尊等青铜器交于养心殿内。此瓷簋不仅展现出乾隆朝御窑厂高超的制瓷工艺，而且也是乾隆帝本人好古慕古之心的体现。（马林）

陶瓷仿古

早在战国时期，陶瓷模仿青铜器的现象已不罕见。但由于原型多为同时代范本，其本质并非仿古，而是不同工艺美术门类间的相互影响。严格意义的仿古是或有古器对照，或有文献印证，造型、装饰均效法古代器物。按照这样的理解，典型的陶瓷仿古器莫过于南宋初年烧造的祭器。尽管只是特殊历史时期的权宜之计，"器以陶匏"仍意义重大，它令仿古不再局限于青铜材质，为陶瓷仿古树立了典范。

自宋代开始的陶瓷仿古，在后世连绵不绝，至清代雍正、乾隆两朝，此风尤盛。宋代陶瓷仿古常以商周青铜器为样本，清代效仿的对象除了上古制作以外，还有此时已名声大振的历代名窑。雍正十三年（1735年）督陶官唐英在《陶成事宜纪略》中列举了御窑厂仿烧的古今瓷器57种，到乾隆朝御窑厂23个陶务作中还设"仿古作"。

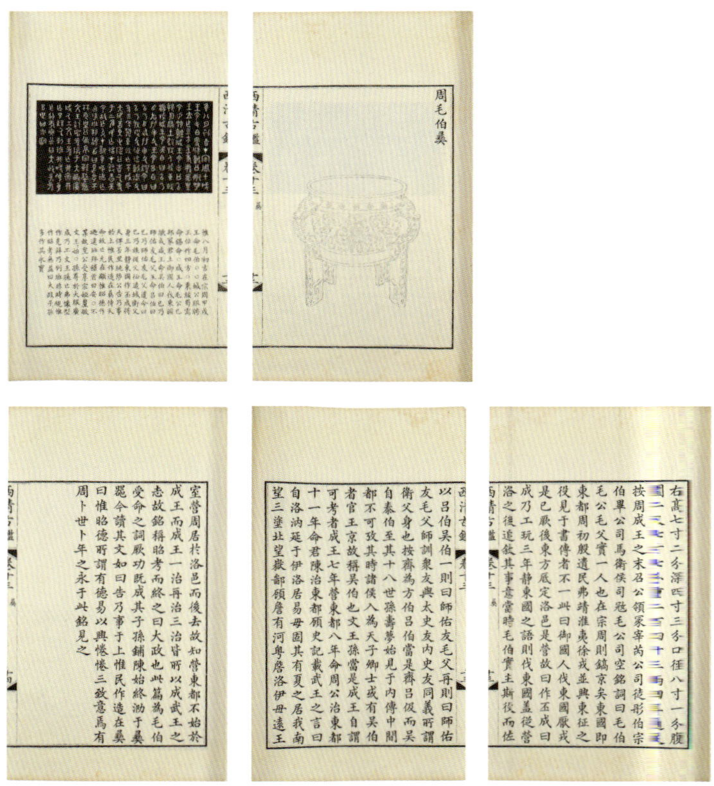
周毛伯彝

《西清古鉴》卷十三"周毛伯彝"
"*Yi* Vessel of Maobo of Zhou" in *Xiqing Illustrated Catalog of Ancient Bronzes* (*Xiqing gujian*), Vol. 13

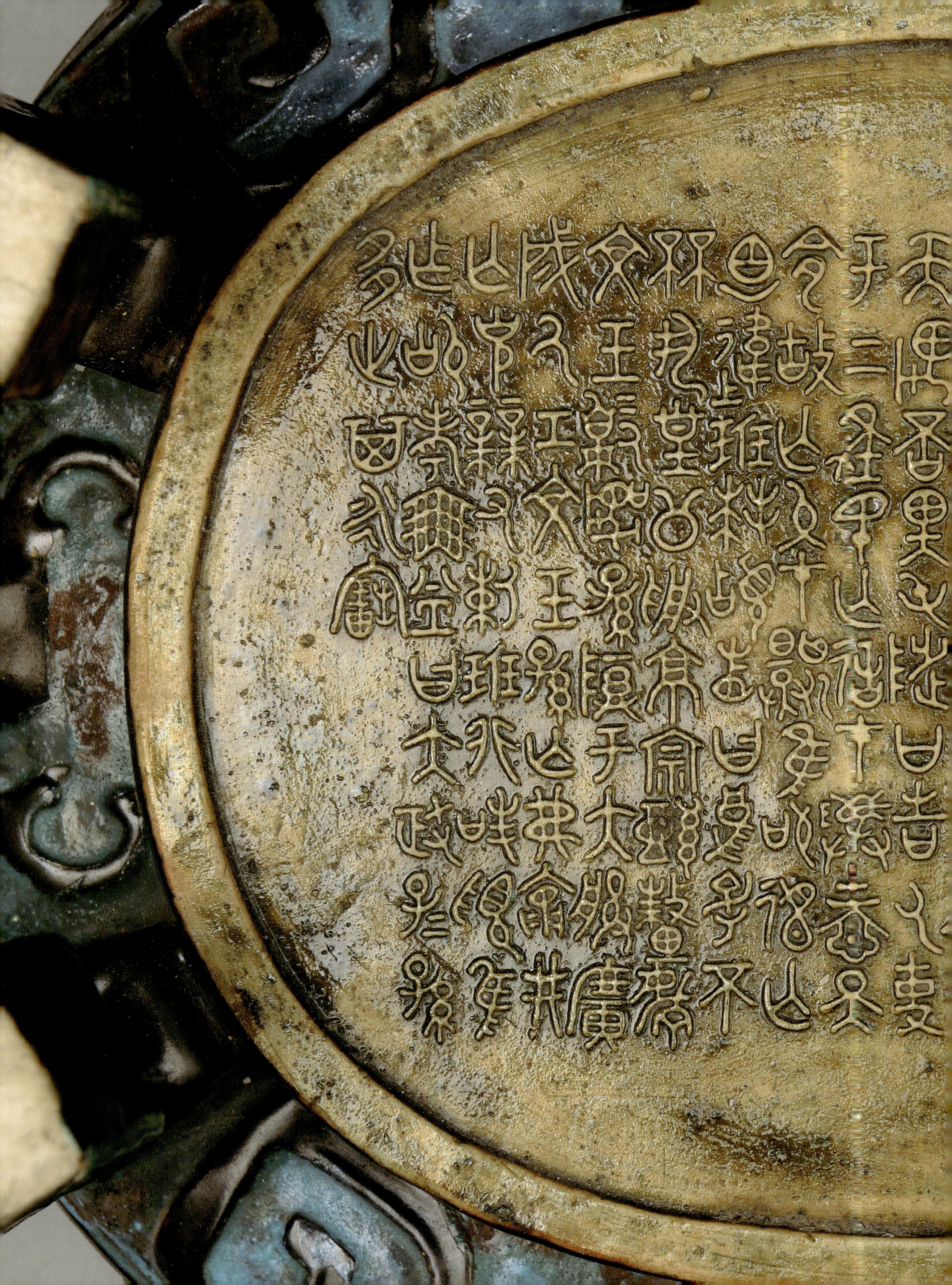

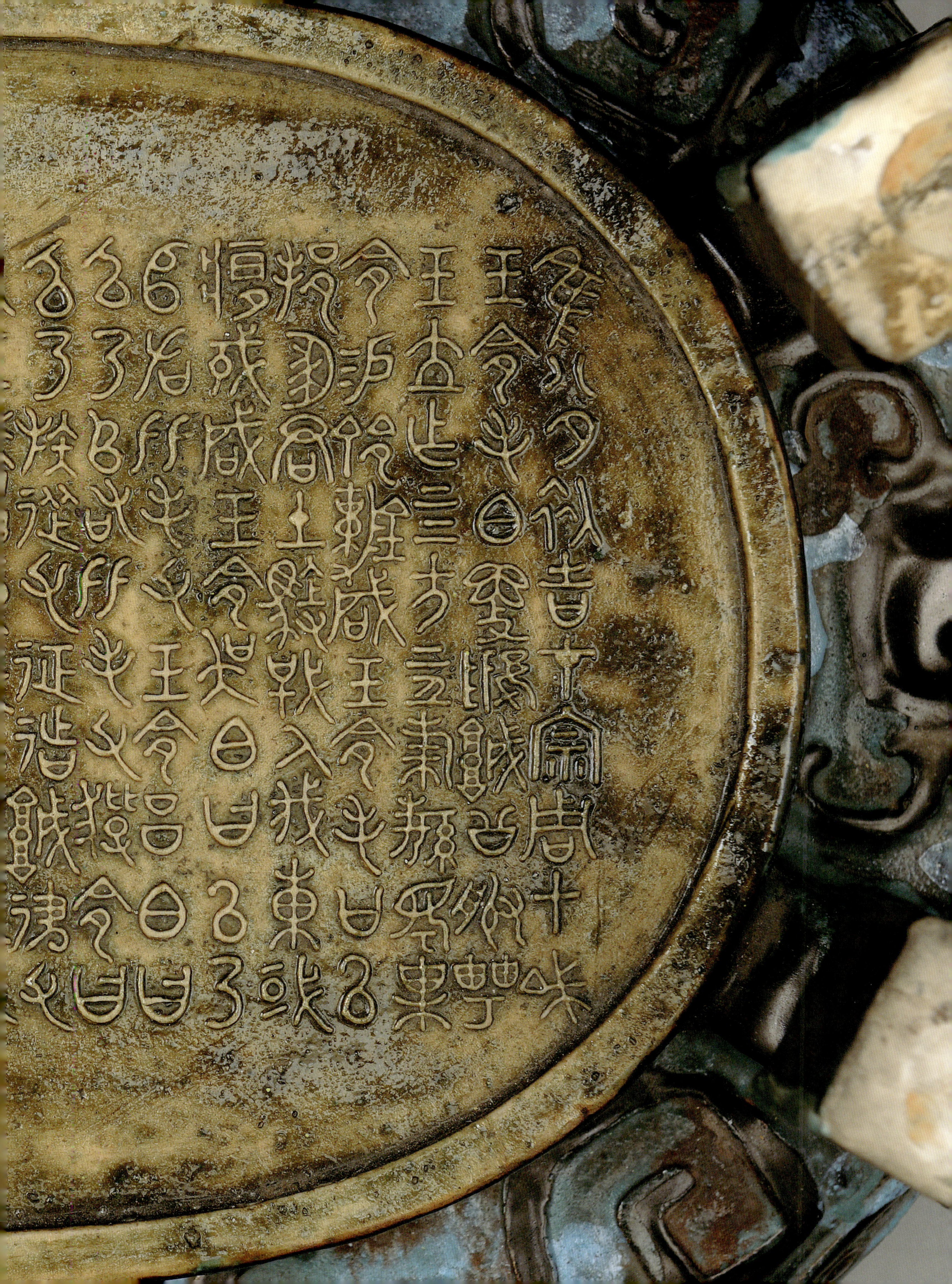

58

仿哥釉八卦纹琮式瓶

Cong-shaped Vase with Eight Diagrams Design in Ge-style Glaze

清乾隆
高 28.7 厘米　口径 8.3 厘米　足径 11 厘米

Qianlong era (1736–1795) of Qing dynasty (1644–1911)
Height: 28.7 cm
Diameter of mouth: 8.3 cm
Diameter of foot: 11 cm

此瓶造型仿自新石器时代玉琮，圆口，平肩，直腹，圈足，外方内圆，口、足径相近，方柱形身，器身四面以凸起的八卦纹为饰。全器满施仿哥釉，釉质莹润，工艺考究，其釉面较好地呈现了宋代哥窑瓷器釉面开片的特色。圈足内书青花“大清乾隆年制”六字三行篆书款。

新石器时代的玉琮多被视为早期巫觋沟通天地之物，是与图腾柱有关的原始宗教法器，代表了先民“天圆地方”的宇宙观。其后逐渐由法器变为礼器，《周礼·春官·大宗伯》中即有“以黄琮礼地”之说。宋代以后，琮又由礼器逐渐变为陈设器。瓷质琮始见于宋代，当与其时盛行仿古之风有关，于法古的基础上又加以创新。为琮加底，成为琮式瓶，可用于插花。明代《遵生八笺》中之“蓍草方瓶”、《长物志》中的“小蓍草瓶”即指此类瓶式。清代景德镇御窑厂在继承宋代琮式瓶造型的基础上对其加以发展，不仅增加了釉的品种，还将器身的横线纹装饰变为八卦纹，使之成为清宫仿古瓷器中的经典器形。（马琳）

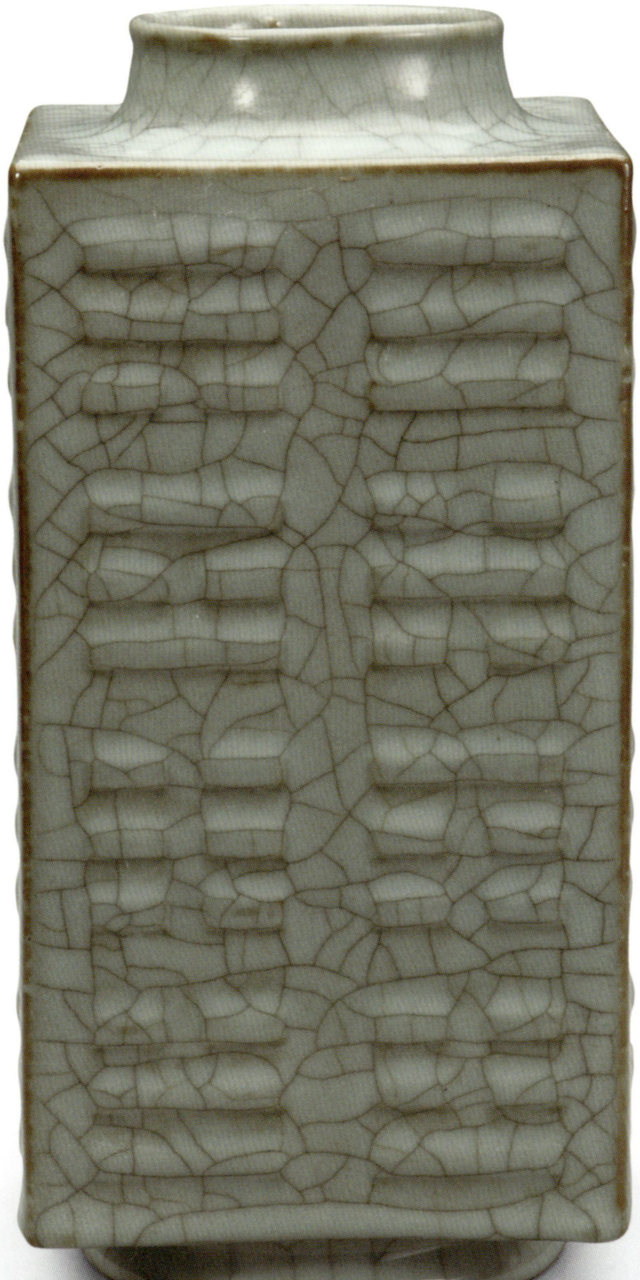

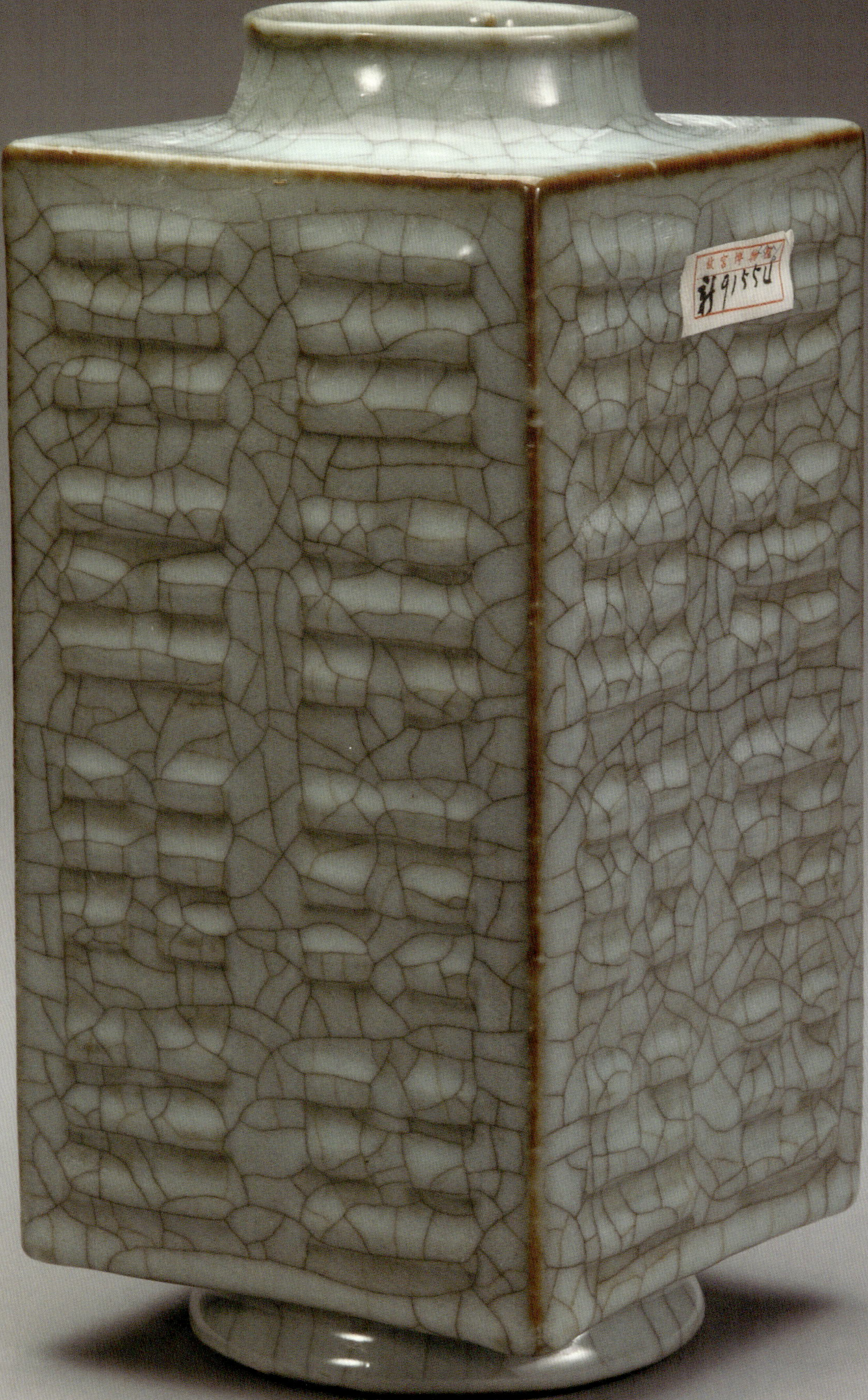

59

青花缠枝花纹阿拉伯文无当尊

Blue-and-white Cylindrical Vase with Interlocking Floral Design and Arabic Script

清乾隆
高 17.3 厘米　口径 16.8 厘米　底径 17 厘米

Qianlong era (1736–1795) of Qing dynasty (1644–1911)
Height: 17.3 cm
Diameter of mouth: 16.8 cm
Diameter of bottom: 17 cm

此尊为清乾隆朝景德镇御窑厂以明永乐青花同类型器为样本仿烧，其原型与纹饰则为 14 世纪西亚地区伊斯兰风格的黄铜嵌银器座。整器呈筒状，口沿和底部折沿较宽，通体以青花绘细密菊瓣纹、缠枝纹，上书阿拉伯文，未见款识。乾隆三十六年（1771 年），乾隆帝以《韩非子》中“玉卮无当”的典故，将这类无底贯通的瓷器命名为“无当尊”，并三次写诗吟咏，并以不“漏泄群臣之语”“能独断者，故可以为天下主”而自省。其名沿用至今。清乾隆朝常配铜胎掐丝珐琅内胆以为花器。

无当尊造型独特，除青花外，尚见有出土之白釉与文献中之青釉者，既体现出明早期“锐意通四夷”之政策，亦承载了乾隆帝怀古以自省之意。明永乐、宣德两朝景德镇御器厂所烧青花瓷造型端庄、纹饰优美、技艺精湛，以使用进口“苏麻离青”料描绘的青花瓷最具时代特征。这种进口青料为氧化铁含量较高、氧化锰含量较低的钴料，故纹饰中常泛出氧化铁结晶斑点。成品往往釉色白中闪青，图案呈色浓艳，并常有洇散现象，颇似中国传统水墨画效果。后世多有仿烧，但因青料不同，常以加重笔触的方式来模仿结晶斑效果。（马琳）

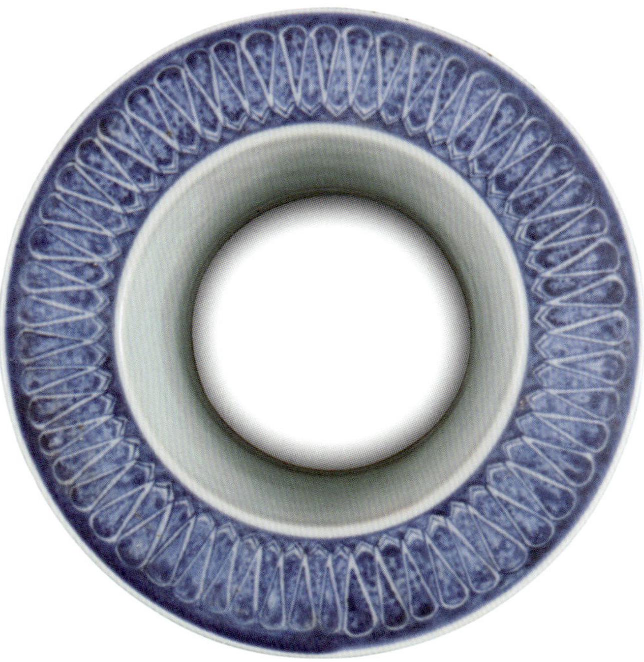

60

斗彩团菊纹盖罐

Doucai Lidded Jar with Circular Chrysanthemum Design

清雍正
通高 11 厘米　口径 5.1 厘米　足径 5.6 厘米

Yongzheng era (1723–1735) of Qing dynasty (1644–1911)
Overall height: 11 cm
Diameter of mouth: 5.1 cm
Diameter of foot: 5.6 cm

此盖罐为清雍正朝景德镇御窑厂对明成化御窑斗彩团蝶纹盖罐的模仿与创新之作。直口，短颈，鼓腹，圈足，圈足内青花双圈内书"大清雍正年制"六字双行楷书款，上置扁圆形盖。以斗彩团菊纹为主题纹饰，设色清雅，绘制精细，胎体紧致，釉面润泽，且器形小巧，手可盈握，颇为可人。

斗彩属于瓷器装饰技法之一，指先在成型后的胎体上以青料双勾图案轮廓，经高温烧成后，再在釉上按烧成温度高低依次施以各种釉上彩，然后入炉经一次或多次低温焙烧而成。因纹饰系由釉下青花与釉上诸彩拼凑而成，各种色彩争奇斗艳，故曰"斗彩"。斗彩始见于明宣德朝，而以成化作品最负盛名，后世亦多有仿烧，其中尤以清雍正、乾隆二朝所仿为佳。在《乾隆帝岁朝行乐图》等清代宫廷绘画中可见此类盖罐，常与茶壶、茶杯共置于矮几之上，或为贮存茶叶之用。（马林）

61

剔红螭凤纹带座贯耳壶式盒

Carved Red Lacquer *Hu*-shaped Box with Stand and Phoenix and *Chi*-dragon Design and Tubular Ears

清乾隆
通高 21.5 厘米　口长 13.3 厘米　口宽 9.9 厘米

Qianlong era (1736–1795) of Qing dynasty (1644–1911)
Overall height: 21.5 cm
Length of mouth: 13.3 cm
Width of mouth: 9.9 cm

此盒为清代仿古漆器中的代表作。整体造型仿铜贯耳壶，其实却是一件有盖有座的四层盒。通体剔刻兽面纹、凤鸟纹、蕉叶纹、螭纹、蝉纹、涡纹等，花纹均源自商周铜器，而样式、位置、组合却与古迥异。类似作品还有仿觚、钫、簋、尊等古铜器和仿磬、圭、璧、琮等古玉器造型，而装饰的纹样却时见清代风格的花卉纹、动物纹、人物纹等。（展梦夏）

漆器仿古

漆器是以天然或加工过的大漆髹饰的器物，其历史可以追溯到8000多年前。明代漆艺专著《髹饰录》中有“仿效”一条，系“模拟历代古器及宋元名匠所造”，并强调以“为好古之士备玩赏”为目的，以“得古人之巧趣”为宗旨。不过，今日已很难看到清代以前的仿古漆器。清代仿古漆器多见于剔红，且有成套、成组的制作。模仿对象不仅有青铜器、玉器等商周礼乐器，也包括明代的一些创制。仿商周器物多仿其大概，可谓得古意而不拘于肖似。仿明代等时代较近的器物，则极力追摹，有时足以乱真。如此相似，当然不是为了造假牟利，或可看作是帝王对本朝技艺高超与国势昌盛的一种炫耀。

62

匏制花卉纹蒜头瓶

Gourd Garlic-head Vase with Floral Design

清康熙

高 23.8 厘米　口径 4.1 厘米　足径 7.2 厘米

Kangxi era (1662–1722) of Qing dynasty (1644–1911)
Height: 23.8 cm
Diameter of mouth: 4.1 cm
Diameter of foot: 7.2 cm

瓶细颈，溜肩，鼓腹，器形规整饱满。口部膨起如蒜头式，向颈部过渡处饰三道弦纹，镶染色象牙口。自颈部向下直至足部，六道凹线垂直贯通，将器身划分成六瓣。每瓣自成装饰单元，均于颈下饰阳文如意纹、连弧纹及卷草垂肩，腹部饰独窠花纹并卷草弯曲向上，下腹亦有凸弦纹二道。器底为随形六瓣葵花式圈足，内有阳文“康熙赏玩”四字双行楷书款。

此器使用匏器工艺中的范制法制成。需当葫芦幼小时，纳入有阴文花纹的范模之中，待其长成，便可得造型多样并具阳文花纹的器物。其工艺合自然生长与人工干预于一身，可谓巧夺天工。学界一般认为原藏日本法隆寺的唐代人物纹匏罐（或名八臣瓢）是早期范匏实例，到了明代晚期范制法在民间已不鲜见，清康熙朝皇家于西苑瀛台西北丰泽园内种植葫芦，并设专人管理范匏事宜。传世作品以康熙与乾隆两朝所占比例较大，亦较精美，但总数不过数百，属于比较珍罕的一个工艺品类。此瓶纹饰清晰，线条均匀，毫无漫漶模糊之处，每一瓣间凹线上的阳文，以及花瓣上的阴文筋脉，都是阴中有阳或阳中有阴，却没有任何错乱，加之整体器形和谐优雅，无疑代表了清康熙朝宫廷范匏所达到的水平。

蒜头瓶这种造型始见于战国晚期秦文化墓葬，有铜及陶制仿铜两种，随着秦统一中原而传播到更广大的区域，直至西汉中晚期逐渐淡出历史舞台。到了宋代，瓷器中又出现了仿蒜头瓶的形制，此瓶便是在这一仿古脉络中诞生的实例。瓶腹装饰的花纹，在形态上接近莲花，我们从元明瓷器，明代织锦、珐琅器上都能看到相似的纹样例证。只不过此作根据装饰区间做出改易，将前代多见的缠枝变为独窠，其细长而分别向上下展开的花瓣似乎还吸收了菊花的装饰要素，很有特点。

此瓶留有清室善后委员会接收清宫遗存时编订的千字文编号，依据《故宫物品点查报告》可知其当时存放于颐和轩，为一木箱中所藏“葫芦花插二件”中的一件。（文岳）

63

文竹嵌染牙夔纹菊瓣式冠架

Bamboo Hat Stand with Dyed-ivory Inlays, *Kui*-dragon Design and Chrysanthemum-shaped Case

清中期
通高 30 厘米　底径 13.6 厘米

Mid-Qing dynasty
Overall height: 30 cm
Diameter of bottom: 13.6 cm

冠架上部为镂空菊瓣式盒，内可储固体香料。盒竹胎，外贴竹黄层，再施以阴刻。盖顶嵌染牙及珊瑚装饰。盒整体之审美效果与乾隆帝所喜爱的痕都斯坦玉器风格十分接近。冠架中部为三根S形夔纹如意式支架，亦贴竹黄，其上又以染色阳文竹黄勾边，中嵌染牙仿古夔纹、几何纹为饰。弯折处配黑色木制花牙。下承木制底圈，有三矮足。此器风格精巧纤雅，代表了宫廷审美趣味中靡丽柔美的一面。

文竹，又称竹黄、贴黄、翻黄等，是将竹筒内壁的黄色皮层经处理后粘贴于木制器物胎骨上的工艺。清中期宫廷的文竹制品，造型丰富，精致华美，其中带有仿古风格的作品尤具皇家特色，此冠架即颇具代表性。

此器有古物陈列所点查时留下的编号，据《内政部古物陈列所留平物品清册》记载，原藏承德避暑山庄。（刘岳）

64

紫檀镶玉百宝嵌螭龙纹委角方盒

Indented-cornered Red Sandalwood Case with Gem-inlaid *Chi*-dragon Design and Jade Inlay

清中期
通高 8.3 厘米　长 20.4 厘米　宽 19.3 厘米

Mid-Qing dynasty
Overall height: 8.3 cm
Length: 20.4 cm
Width: 19.3 cm

盒子母口。盖面正中镶玉鱼藻纹佩，玉佩四周百宝嵌螭龙纹，两两相对。螭龙是清代极流行的仿古装饰题材。此盒上的螭龙以寿山石、染牙、螺钿、玳瑁为料，采用百宝嵌工艺制成，色彩鲜亮，层次分明，是同类设计中的佳作。（张燕芬）

65

端石仿古六砚

Duanxi-stone Archaistic Inkstones (6 Pieces)

清乾隆
砚外匣：长 49.5 厘米　宽 41 厘米　厚 9 厘米

Qianlong era (1736–1795) of Qing dynasty (1644–1911)
Outer case:
Length: 49.5 cm
Width: 41 cm
Thickness: 9 cm

端石仿古砚六方，成套制作而成，分别为仿汉未央砖海天初月砚、仿汉石渠阁瓦砚、仿唐八棱澄泥砚、仿宋玉兔朝元砚、仿宋德寿殿犀纹砚、仿宋天成风字砚，各砚分别刻御题诗句，并署“乾隆御铭”。

此套端石仿古砚是以明代高濂《遵生八笺》中所录砚图为蓝本而加以仿制，装潢考究，各砚俱配有紫檀嵌玉盒。六方砚共存于紫檀云龙纹长方盒内，盒面填金隶书“涵光漱润”四字。

此为乾隆四十年（1775年）特制的御用砚品，《西清砚谱》卷二十四中著录的一套仿古砚品与之相类。（于倩）

涵光漱潤

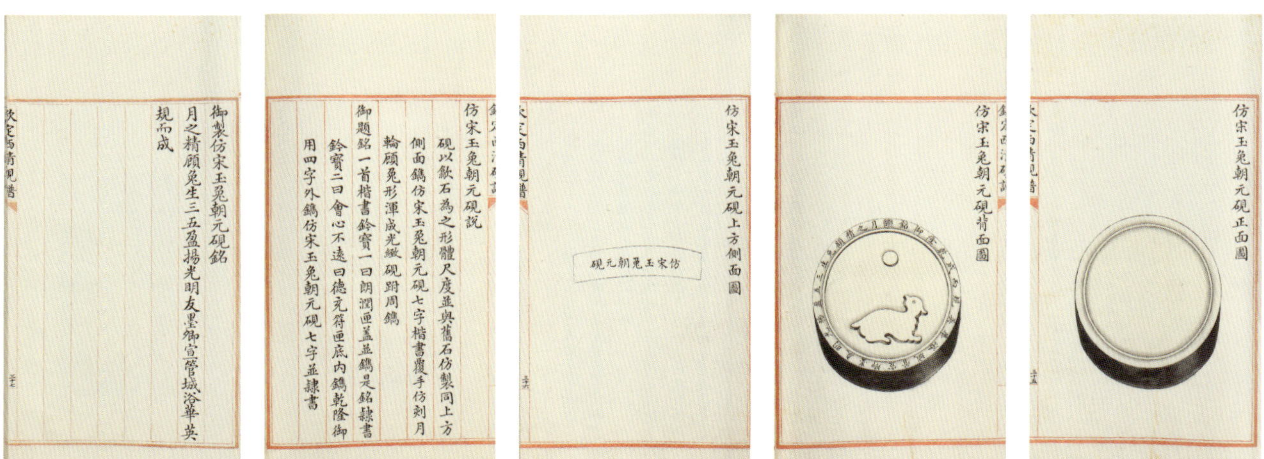

仿宋玉兔朝元硯正面圖

仿宋玉兔朝元硯背面圖

仿宋玉兔朝元硯上方側面圖

仿宋玉兔朝元硯

仿宋玉兔朝元硯說

硯以歙石為之形體尺度並與舊石仿製同上方側面鐫仿宋玉兔朝元硯七字楷書覆手仿刻月輪顧兔形渾成光緻硯跗周鐫

御題銘一首楷書鈐寶一曰朗潤匣蓋並鐫是銘隸書鈐寶二曰會心不遠曰德充符匣底内鐫乾隆御用四字外鐫仿宋玉兔朝元硯七字並隸書

御製仿宋玉兔朝元硯銘

月之精顧兔生三五盈揚光明友墨卿宣管城浴華英規而成

《西清砚谱》卷二十四“仿宋玉兔朝元砚”

“Inkstone with Rabbit Design in the Style of Song Dynasty” in *Xiqing Illustrated Catalog of Inkstones (Xiqing yanpu)*, Vol.24

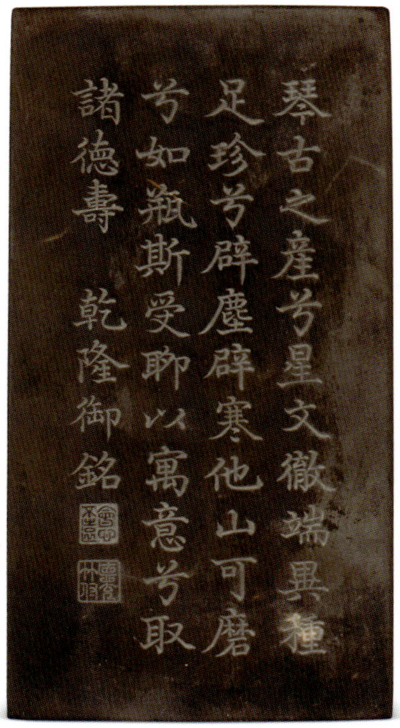

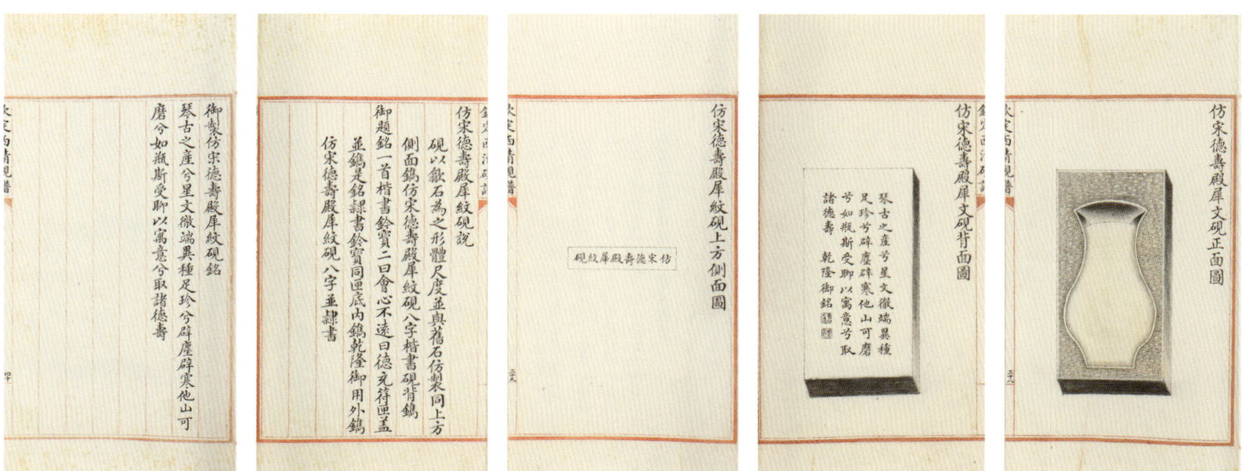

仿宋德壽殿犀文硯正面圖

仿宋德壽殿犀文硯背面圖

琴古之產兮星文徽端異種足珍兮辟塵辟寒他山可磨兮如瓶斯受聊以寓意兮取諸德壽 乾隆御銘

仿宋德壽殿犀紋硯上方側面圖

仿宋德壽殿犀紋硯

仿宋德壽殿犀紋硯說

硯以歙石爲之形體尺度並與舊石仿製同上方側面鐫仿宋德壽殿犀紋硯八字楷書硯背鐫

御題銘一首楷書鈐寶二曰會心不遠曰德充符匣蓋並鐫是銘隸書鈐寶同匣底內鐫乾隆御用外鐫仿宋德壽殿犀紋硯八字並隸書

御製仿宋德壽殿犀紋硯銘

琴古之產兮星文徽端異種足珍兮辟塵辟寒他山可磨兮如瓶斯受聊以寓意兮取諸德壽

《西清砚谱》卷二十四“仿宋德寿殿犀纹砚”

“Inkstone with Texture of Rhinoceros Horn Design in the Style of Song Dynasty” in *Xiqing Illustrated Catalog of Inkstones (Xiqing yanpu)*, Vol.24

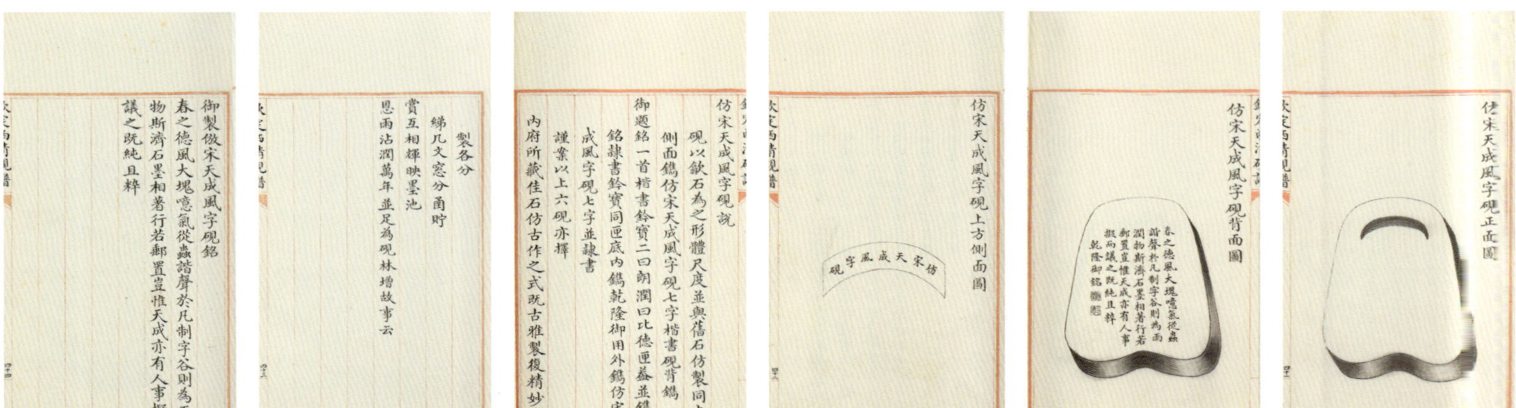

仿宋天成風字硯正面圖

仿宋天成風字硯背面圖

春之德風大塊噫氣從蟲諧聲於凡制字谷則為雨潤物斯濟石墨相著行若郵置豈惟天成亦有人事擬而議之既純且粹
乾隆御銘

仿宋天成風字硯上方側面圖

仿宋天成風字硯

仿宋天成風字硯說

硯以歙石為之形體尺度並與舊石仿製同上方側面鐫仿宋天成風字硯七字楷書硯背鐫
御題銘一首楷書鈐寶二曰朗潤曰比德匣蓋並鐫是銘隸書鈐寶同匣底內鐫乾隆御用外鐫仿宋天成風字硯七字並隸書

謹案以上六硯亦擇
內府所藏佳石仿古作之式既古雅製復精妙與別製各分綈几文窗分函貯
賞互相輝映墨池
恩雨沾潤萬年並足為硯林增故事云

御製倣宋天成風字硯銘

春之德風大塊噫氣從蟲諧聲於凡制字谷則為雨潤物斯濟石墨相著行若郵置豈惟天成亦有人事擬而議之既純且粹

《西清砚谱》卷二十四“仿宋天成风字砚”

“Bucket-shaped Inkstone in the Style of Song Dynasty” in *Xiqing Illustrated Catalog of Inkstones (Xiqing yanpu)*, Vol.24

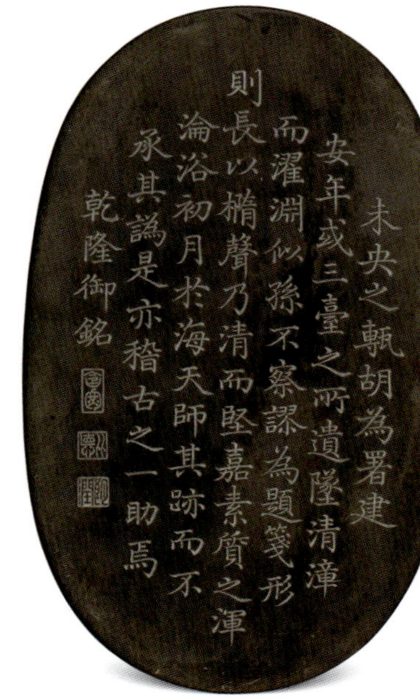

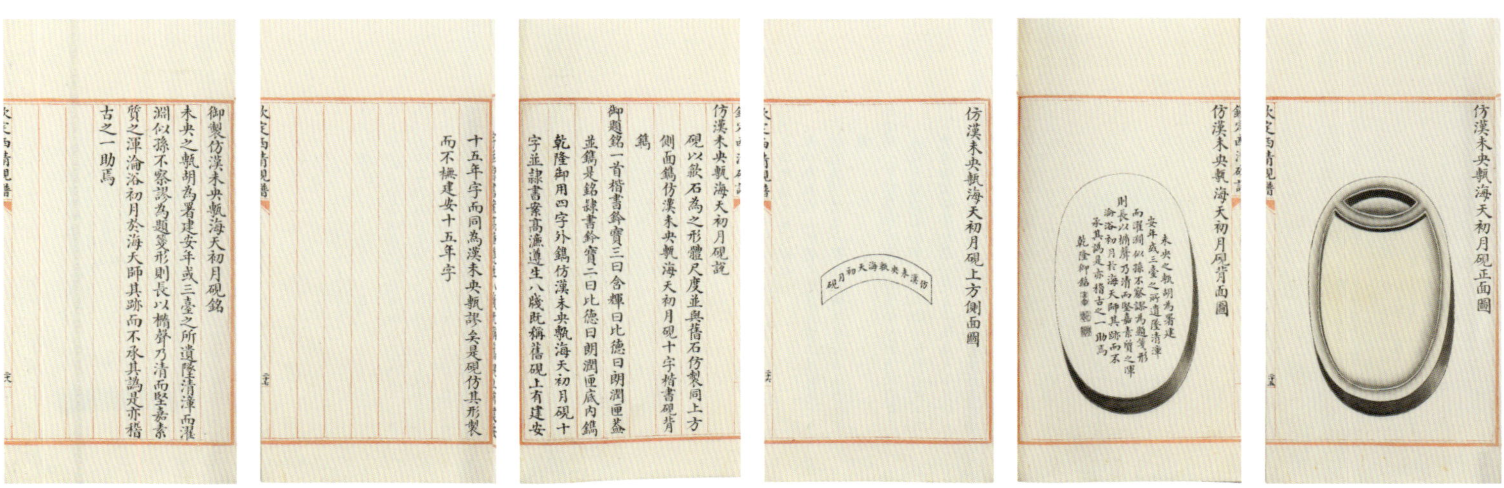
仿漢未央甎海天初月硯正面圖

仿漢未央甎海天初月硯背面圖

仿漢未央甎海天初月硯上方側面圖

仿漢未央甎海天初月硯說

硯以歙石為之形體尺度並與舊石仿製同上方側面鐫仿漢未央甎海天初月硯十字楷書硯背鐫

御題銘一首楷書鈐寶三曰含輝曰比德曰朗潤匣蓋並鐫是銘隸書鈐寶二曰比德曰朗潤匣底內鐫乾隆御用四字外鐫仿漢未央甎海天初月硯十字並隸書案高濂遵生八牋既稱舊硯上有建安十五年字而同為漢未央甎謬矣是硯仿其形製而不槪建安十五年字

御製仿漢未央甎海天初月硯銘

未央之甎胡為署建安年戓三臺之所遺墜清漳而濯淵似孫不察謬為題箋形則長以橢聲乃清而堅嘉素質之渾淪浴初月於海天師其跡而不承其譌是亦稽古之一助焉

《西清砚谱》卷二十四“仿汉未央砖海天初月砚”

“Inkstone with Moon Design in the Style of Han Dynasty” in *Xiqing Illustrated Catalog of Inkstones (Xiqing yanpu)*, Vol.24

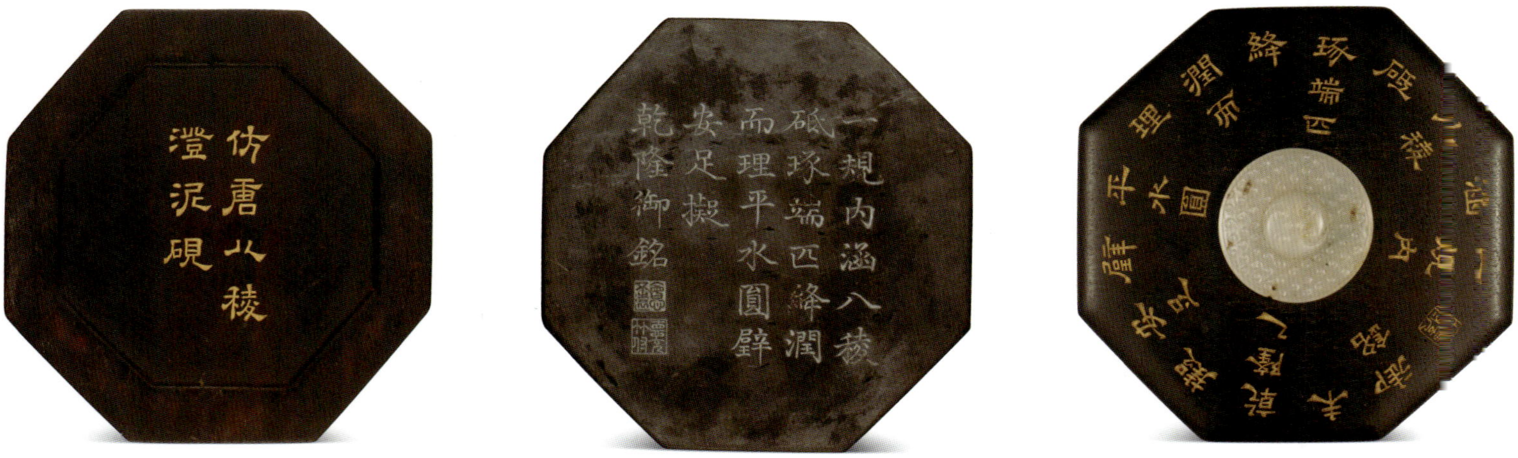

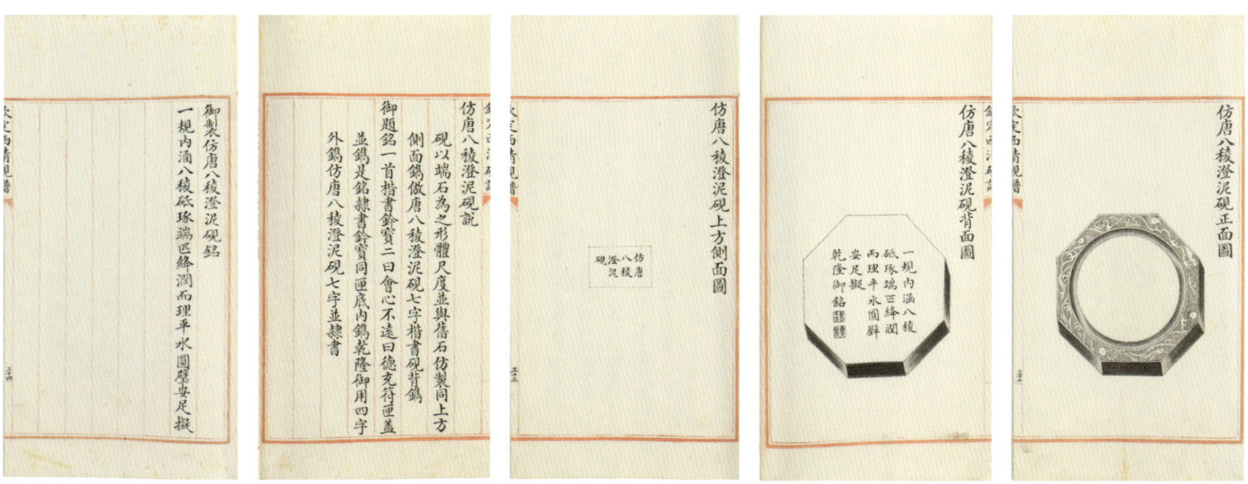
仿唐八稜澄泥硯正面圖

仿唐八稜澄泥硯背面圖

一規內涵八稜砥琢端匹絳潤而理平水圓璧安足擬乾隆御銘

仿唐八稜澄泥硯上方側面圖

仿唐八稜澄泥硯

仿唐八稜澄泥硯說

硯以端石為之形體尺度並與舊石仿製同上方側面鐫倣唐八稜澄泥硯七字楷書硯背鐫

御題銘一首楷書鈐寶二曰會心不遠曰德充符匣蓋並鐫是銘隸書鈐寶同匣底內鐫乾隆御用四字外鐫仿唐八稜澄泥硯七字並隸書

御製仿唐八稜澄泥硯銘

一規內涵八稜砥琢端匹絳潤而理平水圓璧安足擬

《西清砚谱》卷二十四“仿唐八棱澄泥砚”

“Eight-sided-shaped Inkstone in the Style of Tang Dynasty” in *Xiqing Illustrated Catalog of Inkstones (Xiqing yanpu)*, Vol.24

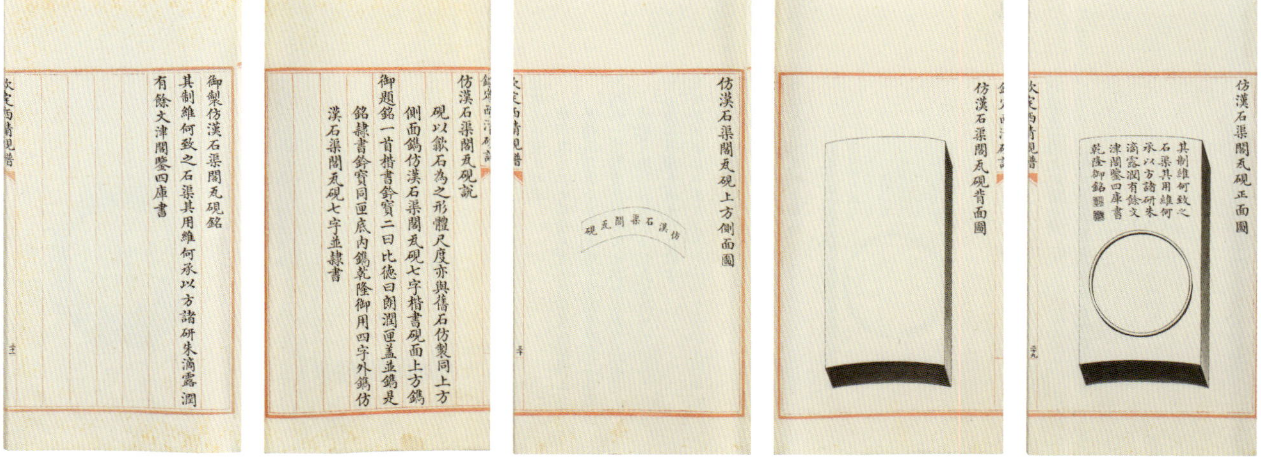
御製仿漢石渠閣瓦硯銘
其制維何致之石渠其用維何承以方諸研朱滴露潤
有餘文津閣鑒四庫書

仿漢石渠閣瓦硯說
硯以歙石為之形體尺度亦與舊石仿製同上方
側面鐫仿漢石渠閣瓦硯七字楷書硯面上方鐫
御題銘一首楷書鈐寶二曰比德曰朗潤匣蓋並鐫是
銘隸書鈐寶同匣底內鐫乾隆御用四字外鐫仿
漢石渠閣瓦硯七字並隸書

仿漢石渠閣瓦硯上方側面圖

仿漢石渠閣瓦硯背面圖

仿漢石渠閣瓦硯正面圖

《西清砚谱》卷二十四“仿汉石渠阁瓦砚”
“Tile-shaped Inkstone in the Style of Han Dynasty” in *Xiqing Illustrated Catalog of Inkstones (Xiqing yanpu)*, Vol.24

66

紫色纱缀绣八团彩云夔龙纹女单龙袍

Women's Purple Gauze Robe Embroidered with Eight *Kui*-dragon Roundels and Cloud Design

清乾隆
全身长 142.3 厘米 两袖通长 180 厘米
袖口宽 18 厘米 下摆宽 120 厘米

Qianlong era (1736–1795) of Qing dynasty (1644–1911)
Full length: 142.3 cm
Arm span: 180 cm
Cuff width: 18 cm
Hem width: 120 cm

龙袍为清代吉服袍中纹饰等级最高的类型。清宫档案中，“龙袍”仅限指皇帝以及皇后、皇太后至妃嫔以上等级的皇室女性成员所使用的带有龙纹的圆领右衽直身式袍。

此件龙袍由紫色二龙戏珠纹暗花纱制作，在袍身的前胸、后背、左右肩部，以及前后下摆的左右两侧，装饰彩云九龙戏珠八团纹样；在领圈、肘部以及袖端，皆以石青色暗花纱地加荷花杂宝纹彩绣进行装饰。根据龙袍上附黄纸签（伤残）并墨书：“紫纱缀绣八团夔龙单袍。乾隆三十年九月二十八日收。”推测其原本使用者可能为乾隆帝的慎嫔拜耳噶斯氏。

清代自乾隆中期以后服饰制度趋于完善。据规定，嫔以上级别皇室女性的八团龙袍皆使用五爪龙纹，嫔则全部或部分代之以夔龙纹样。夔龙纹源于中国上古时期青铜器上所见纹样主题，其特征为身躯类蛇形，呈流畅线条和蜷曲感，是一种头有单角，单或双足的异兽形象，一些衍生变体还具有禽类的头部特征。此件龙袍上的龙形纹样，准确描述应为“二爪夔龙”，风格属于清雍乾时期的一种复古潮流。绣匠对龙首、脊、腹与爪的细节特征进行了精致细腻的表现，龙尾表现为夔龙的卷草状形态。其布局采用一龙居中，八龙围绕，使用姜黄、青绿、深蓝、天蓝以及灰紫五种主色彩来表现九龙躯干，团窠整体呈现别致古雅、熠熠生辉的视觉效果。

清代沿袭并发展了明代承办皇家织造事务的组织机构，在丝织业最为发达的江南地区设置了江宁、苏州和杭州三个织造衙门，隶属内务府广储司。其中，苏州织造主要负责上用刺绣、缂丝以及织锦等高级丝织品的生产制作。这件龙袍所使用的刺绣工艺精致细腻，色彩搭配蕴藉雅致，应出自苏州织造工匠之手。（王鹤北）

技融西东

Fusion of Eastern and Western Techniques

在清代，欧洲玻璃配方、画珐琅原料的引入，西洋透视技法、解剖知识的运用，丰富了仿古艺术的表达语言。与此同时，来自域外的知识与技艺，又借由仿古创作，与中华传统文化血脉相连。画珐琅技术的内化过程可视为典型。它本以铜为载体，经过与中国传统制瓷工艺相结合，创烧出珐琅彩、粉彩等影响深远的瓷器新品种。正是由于博采众长、兼收并蓄的包容性，中华传统文化在与不同文明的交流互鉴中不断焕发新的生命力。

During the Qing dynasty, the introduction of European glassmaking formulas, enamel painting materials, Western perspective techniques, and anatomical knowledge enriched the artistic expression of antique-inspired creations. At the same time, imported techniques and ideas were integrated into traditional Chinese culture through creations of antique-inspired art. A striking example of this cultural fusion is the adaptation of enamel painting, which was originally applied to copper. When combined with traditional Chinese porcelain-making techniques, it gave rise to innovative ceramic styles such as enamel-painted ware and *famille rose* porcelain – creations that made a lasting and far-reaching impact. By embracing and blending ideas from other cultures, Chinese traditions keep renewing themselves, infusing new vitality into the heritage through ongoing cultural exchanges.

画珐琅

画珐琅工艺的出现晚于掐丝珐琅和錾胎珐琅，是清康熙朝受欧洲进口铜胎画珐琅影响而创制。画珐琅原料和技术的引进，不但丰富了中国珐琅器的品种，更与其他材质相结合，在金属胎基础上发展出瓷、紫砂、玻璃等胎体。特别是首先烧成于内府作坊的珐琅彩瓷器，将外来工艺与传统技术完美结合，作品精美绝伦。

随着内府自制国产珐琅料的不断成熟，珐琅原料和生产技术也从宫廷向地方推广普及。在景德镇，结合五彩和珐琅彩工艺的釉上彩瓷新品种——粉彩（洋彩）迅速流行，并在广东、福建等地窑场广泛传播。在广州，从景德镇购进白瓷后，再在当地完成彩绘和彩烧的广彩瓷，融汇传统制瓷工艺与西洋绘画技法，产品远销海外。从铜到瓷，从宫廷到地方，实现了珐琅技术从引进、学习到内化、吸收，再到普及、传播的过程。

67

画珐琅缠枝花纹双耳三足炉

Painted Enamel Tripod Censer with Two Ears and Interlocking Floral Design

清康熙
高 4.4 厘米　口径 6.5 厘米

Kangxi era (1662–1722) of Qing dynasty (1644–1911)
Height: 4.4 cm
Diameter of mouth: 6.5 cm

炉圆形，扁腹，双冲耳，下承三足。炉内施天蓝釉。炉腹以红色珐琅为地，绘缠枝花卉。底部在黄地上绘莲花三朵，中心蓝色双线圆框内施白釉，署蓝色“康熙御制”四字双行楷书款。

此炉由清宫造办处珐琅作制造，器形源自上古的陶、铜鬲，古朴典雅。画珐琅则是清代新兴的品种。该工艺15世纪中叶诞生于欧洲，大约17世纪末由广州传入我国，故又称“广珐琅”。康熙朝末，清宫造办处珐琅作在法国工匠的帮助下，完全掌握了画珐琅技术。不但制品胎体轻薄、釉质细腻、釉色丰富、图案清晰，还将画珐琅工艺从铜胎完美移植到瓷胎、玻璃胎上。雍正朝，画珐琅工艺进一步发展，新釉料的研制极大丰富了器物色彩。清代画珐琅艺术在乾隆朝达到顶峰，造型多变且大器增多，装饰繁缛细密，纹样常见中西合璧。（展梦夏）

68

画珐琅回纹双耳三足洗

Painted Enamel Tripod Writing-brush Washer with Two Ears and Fret Design

清乾隆
高 5.3 厘米　口径 10.2 厘米　宽 12.7 厘米

Qianlong era (1736–1795) of Qing dynasty (1644–1911)
Height: 5.3 cm
Diameter of mouth: 10.2 cm
Width: 12.7 cm

洗敞口，腹部两侧置方柄形双耳，圈足外撇，下接三箭头形立足。附木束腰三足座。通体在仿古铜绿色珐琅釉地上描金为饰。腹部外壁饰三周大小各异的回纹，两面各有两个方形开光，内绘云气纹。圈足外壁绘兽面纹两组，双耳及三立足上亦饰回纹。器内施湖蓝色珐琅釉，足内施白色珐琅珐琅釉，外底中心红色双方框内署“乾隆年制”四字双行楷书款。

传统的青铜簋一般大致呈扁圆形，敞口，鼓腹，圈足，有时还附有耳或座。这件画珐琅洗大致保留了簋的基本形态，但简化了器身的线条，变曲为直，尤其以双耳和三箭足最为明显。这种变化赋予器物既古朴又新奇的风貌。

此洗不仅器形饶有古意，色彩也模仿古铜器铜锈，描金的加入则增添了华丽气息。这种装饰手法在清康熙朝清宫铜胎画珐琅作品中即可见到，但作品极少，在乾隆朝广州粤海关成做的画珐琅中则比较多见。（王蔼）

69

画珐琅兽面纹盖罐

Painted Enamel Lidded Jar with Animal-mask Design

清乾隆
通高 14 厘米　口径 4 厘米　足径 4.2 厘米

Qianlong era (1736–1795) of Qing dynasty (1644–1911)
Overall height: 14 cm
Diameter of mouth: 4 cm
Diameter of foot: 4.2 cm

盖罐仿青铜罍。盖面隆起，盖顶置铜嵌珊瑚宝珠钮。罐身广口，溜肩，腹下敛，肩至腹下部两侧各有一铜鎏金出戟。盖沿、口沿、足沿皆鎏金。罐内施湖蓝色珐琅釉，外壁在浅蓝色釉地上饰回纹锦地，其上采用深浅不一的蓝色描绘纹饰。盖壁中间部位饰一周如意云头纹，近盖沿处饰一周连续回纹。器肩部饰一周蕉叶纹，腹部两侧饰兽面纹。外底施白色珐琅釉，中心处红色双方框内署“乾隆年制”四字双行楷书款。

此件盖罐利用画珐琅工艺模仿掐丝珐琅器的外观，不仅回纹似掐丝一般，纹饰更是采用掐丝珐琅器惯常模仿的青铜器蕉叶纹和兽面纹，加之两侧的出戟，庄重典雅又不失趣味。（王翯）

70

画珐琅开光西洋人物图方觚

Painted Enamel *Gu* Vessel with Western Human Figures Design in the Reserved Panel

清乾隆
高 25.1 厘米　口边长 11.3 厘米　足边长 7.6 厘米

Qianlong era (1736–1795) of Qing dynasty (1644–1911)
Height: 25.1 cm
Side length of mouth: 11.3 cm
Side length of foot: 7.6 cm

觚作方形，撇口，鼓腹，圈足，造型挺拔。腹部四面以蓝色莨苕纹勾勒开光，内部分别绘画两幅西洋男子肖像和两幅西洋妇孺图。颈与足饰花卉及錾刻鎏金的蕉叶纹，颈部上端的四面异形开光内绘胭脂水色西洋风景图，其树木、岩石笔触皆仿同时期西洋铜版画的表现手法。外底中央蓝色双方框内书“乾隆年制”四字双行楷书款。

觚有圆体或方体、出戟或不出戟之分。清宫旧藏一件商代“亚醜”方觚（现藏台北故宫博物院），器呈方形，侈口，高足外撇，四面四角皆出戟，颈部装饰一周蕉叶纹。此件画珐琅花觚与“亚醜”方觚形制十分相似，仅在中段将腹部凸出更甚，突显主要纹饰。

画珐琅器物上描绘西洋人物、风景题材始自乾隆朝，体现出皇帝本人对自己治下珐琅工艺发展的自信。这种新颖的装饰题材与中国传统礼器造型相结合也成为清代宫廷艺术的特色之一。（翟毅）

71

珐琅彩胭脂红地缠枝莲团寿字纹碗

Enamel Bowl with Interlocking Lotus and Circular "Shou" (longevity) Design on Rouge Red Ground

清康熙
高 7 厘米　口径 14.8 厘米　足径 5.7 厘米

Kangxi era (1662–1722) of Qing dynasty (1644–1911)
Height: 7 cm
Diameter of mouth: 14.8 cm
Diameter of foot: 5.7 cm

碗敞口，深弧腹，圈足。内里施白釉，光素无纹。外壁施胭脂红釉为地，上以珐琅料绘四组缠枝莲纹。缠枝莲纹呈对称布局，每组中央为俯视视角的正面莲纹，莲心以变体篆书团寿字点睛，两侧各以侧视莲纹构成“一主双辅”的经典范式。外底双方框内署蓝彩“康熙御制”四字双行楷书款。

清康熙年间，康熙帝对西方所兴起的知识与科学兴趣强烈，并与来华传教士有着密切的互动和交往。西方精美的金属胎画珐琅器正是在这一时期由传教士引入清代宫廷。据意大利传教士马国贤（Matteo Ripa）寄回欧洲的信件，可知康熙帝对欧洲的画珐琅器极为喜爱，这也促使其将画珐琅技术移植至瓷胎。在康熙帝的主导下，内务府造办处设珐琅作，制作研发各类画珐琅器。经过多年的研制，至康熙五十五年（1716年）左右成功烧制出成熟的瓷胎画珐琅器。

康熙朝瓷胎画珐琅器主要模仿自铜胎画珐琅器，多以色地开光纹样作装饰，并以“康熙御制”为款识。据宫廷档案记载，其制作工艺大致为：先在景德镇烧造里白釉外涩胎的瓷坯（个别器物使用宫中所收藏的明代白釉瓷），送进宫中后，再由造办处珐琅作画师遵照谕旨，

在器物外壁涩胎之上以进口珐琅料绘制纹饰，后入窑炉焙烧而成。康熙朝晚期，通过引入多种金属氧化物，珐琅釉色种类扩展至十余种。其中，将氧化金作为呈色剂应用于珐琅釉料，成功研制出胭脂红（洋红）彩。此碗即康熙朝晚期造办处采用新研的胭脂红彩为地，辅以雪青、藕荷等色绘制莲纹装饰而成。其中莲纹花叶处以玻璃白打底，再用彩料晕染设色，表现出花叶明暗，极具西洋绘画的立体效果。

碗外壁莲纹中心处的篆体团寿字纹，则是中国传统纹样。团寿字纹由寿字纹演化而来，其雏形可追溯至汉代瓦当及织锦上的寿字装饰。至宋元时期，寿字纹样与花卉、植物等纹样相结合，并逐渐形成以篆书寿字为中心的圆形纹样，即团寿字纹。团寿字纹寓意“团圆长寿”，明清时被广泛用于陶瓷、织绣、家具等各类材质的装饰之中。明清时期，团寿字纹还被纳入御窑官样纹饰体系，成为御窑瓷器上的常见纹饰。

全器在装饰全新的釉料及绘制技法的同时，纹饰中心处仍采用传统的团寿字纹，既突出器物的“祝寿”功用，也使之成为融创新与传统为一体的典范之器。（蒋艺）

72

珐琅彩西番莲纹兽首衔环耳瓶

Enamel Vase with Passiflore Design and Animal-shaped Ring-holding Ears

清乾隆

高 14.1 厘米　口径 5.5 厘米　足径 6.1 厘米

Qianlong era (1736–1795) of Qing dynasty (1644–1911)
Height: 14.1cm
Diameter of mouth: 5.5 cm
Diameter of foot: 6.1 cm

此瓶造型仿青铜壶，撇口，短颈，圆腹，圈足，肩部两侧各饰兽首衔环。通体珐琅彩装饰，外壁以金彩锦纹为地，颈部饰璎珞纹，肩部至下腹部分布三道描金弦纹，弦纹间饰各种变形花卉纹。瓶内壁、圈足内施松石绿釉，外底双方框内署黑彩“乾隆年制”四字双行篆书款。

珐琅原料早期主要从欧洲进口，康熙晚期，内府作坊已初步掌握炼珐琅彩料技术，不过彩料的质量还不尽如人意。到雍正六年（1728年），造办处自炼珐琅料的色彩种类丰富，甚至已经超过进口料，这在清代珐琅器和瓷器生产史上都具有重要意义。同时，烧造珐琅彩瓷器的材料和技术也由内府作坊向景德镇御窑厂推广普及。

乾隆朝珐琅彩装饰既有中国传统风格，也常结合西洋纹饰和绘画技法。如此瓶所绘璎珞、西番莲、卷草纹等，通过高光、阴影等处理方式，呈现出更加立体的效果，是东西方工艺、文化交流的体现。（董彦卿）

73

洋彩开光牡丹图题御制诗双螭耳抱月瓶

Foreign-style Enamel Moon Flask with Peony-and-poem Design in the Reserved Panel and *Chi*-dragon-shaped Ears

清乾隆

高 16.8 厘米　口径 4.2 厘米　足径 6.8×3.8 厘米

Qianlong era (1736–1795) of Qing dynasty (1644–1911)
Height: 16.8 cm
Diameter of mouth: 4.2 cm
Diameter of foot: 6.8 × 3.8 cm

壶侈口，短颈，腹部呈扁圆形，椭圆形圈足。壶颈部两侧对称各置一螭虎形耳，上以蓝彩绘纹饰细节。腹部两面各作一圆形开光，一面开光内以料彩绘树石牡丹图，画面里粉色、黄色、红色等几丛牡丹和玉兰花开放正盛，配以洞石、树木，一派春日争艳之景。另一面开光内则以黑彩隶书乾隆御制诗《题蒋南沙相国画屏五景 · 苍松牡丹》：“锦绣堂中开画屏，牡丹红间老松青。日烘始识三春丽，岁暮犹看百尺亭。夭矫拿空欣得地，辉煌散彩正当庭。一般都是生生意，坐对从知笔有灵。”诗末以红彩钤画篆书“乾”字白文方印和“隆”字朱文方印。壶颈部及壶身开光外以胭脂红彩为地，上满绘缠枝花果纹。内里及外底均施松石绿釉，外底心以矾红彩书“大清乾隆年制”六字三行篆书款。

瓶外壁通体以洋彩为装饰。洋彩是清乾隆早期由督陶官唐英创制的彩瓷品种，特指使用珐琅彩料运用西洋绘画技法与纹饰的釉上彩瓷。唐英在《陶成纪事碑记》载：“洋彩器皿，本朝新仿西洋珐琅画法，人物、山水、花卉、翎毛无不精细入神。”并将洋彩与传统的“磁胎画珐琅”（珐琅彩）区分开。据学者研究，乾隆朝御窑厂的洋彩器烧造大致集中在乾隆六年至乾隆九年（1741 ~ 1744 年）间，其烧制地点在景德镇御窑厂，装饰以西洋风花卉纹及乾隆御制诗文为特色，且多见相同纹饰的成对器物组合。乾隆朝，洋彩在景德镇御窑厂大规模烧造，并以其华贵瑰丽的装饰、精湛绝伦的工艺，成为清代陶瓷艺术的代表。

此器器形源于陶瓷器中的扁壶，是陶瓷器造型中较为特殊的一类。造型、纹饰各异的陶瓷扁壶历代皆有烧造，但不同时期、不同风格的陶瓷扁壶又各有其渊源。汉魏晋时期，流行穿带扁壶，为模仿青铜及漆器扁壶而来；至辽金、西夏时期，游牧民族结合自身生活习俗，烧制仿皮制饮器的陶瓷背壶；到明永宣时期，受伊斯兰文化影响，模仿西亚铜器造型烧制各式扁壶；清代御窑中的扁壶造型，即直接来源于对明永宣时期陶瓷扁壶的仿烧。因腹部扁圆如满月，此器形在明清时期又称“抱月瓶”或“宝月瓶”。

此瓶即清代御窑厂在传统扁壶造型上融入了洋彩等创新工艺，装饰诗文、西洋花卉、传统花卉等多种纹饰，并缩小了传统器形尺寸，使之玲珑小巧，令人可赏、可玩，成为精美的宫廷陈设之器。（[illegible]艺）

74

葱绿釉菊瓣式盘

Onion-green-glazed Chrysanthemum-petal Plate

清雍正

高 3.3 厘米　口径 17.8 厘米　足径 11.3 厘米

Yongzheng era (1723–1735) of Qing dynasty (1644–1911)
Height: 3.3 cm
Diameter of mouth: 17.8 cm
Diameter of foot: 11.3 cm

盘敞口，浅弧腹，圈足。器身以菊花瓣为原型，均匀分布菊瓣棱线。盘通体施葱绿色釉，釉面匀净，光素无纹。外底圆心内施白釉，青花双圈内书“大清雍正年制”六字双行楷书款。

菊瓣盘形制源流可追溯至宋代漆器，至明代已演变为漆器经典制式。这一经典造型在清雍正朝得到创造性转化。雍正年间，景德镇御窑厂以明代朱漆菊瓣盘为原型，烧造各色釉菊瓣盘。器形虽仿自前朝，但釉色却多出新意。

雍正六年（1728年）唐英被派往景德镇御窑厂督理陶务。在唐英的督造下雍正一朝景德镇御窑厂瓷器烧造多有创新，尤其是颜色釉瓷器，创烧了多种新品类。据《养心殿造办处各作成做活计清档》记载，雍正十一年（1733年）内务府总管年希尧进呈十二色菊花式磁（瓷）盘后，雍正帝亲颁谕旨：“照此样式每色烧造四十件。”钦命景德镇御窑厂照样烧制。档案显示，仅此次烧造即涵盖十二种釉

色，足见对釉色创新的重视。结合故宫博物院所藏来看，实际烧成釉色包括白釉、绿釉系（湖绿、葱绿）、黄釉系（姜黄、米黄、明黄）、蓝釉系（天蓝、洒蓝）以及胭脂紫、酱色、藕荷等釉色。其烧制工艺为先烧好白釉菊瓣盘，然后在白釉上施所需的各色彩釉，再入窑烧成。因有白釉的铺垫，故施彩釉烧成后釉面光洁匀净。

雍正菊瓣盘诸釉色中，如胭脂紫釉、葱绿釉、藕荷等色皆为创新釉色。御窑厂工匠在承袭传统铜绿釉技术体系的基础上，创造性吸收西方珐琅彩金属氧化物呈色原理，通过精准调控铜、铁元素配比及烧成环境，成功创烧出葱绿、湖绿、松石绿等全新的绿釉品类。故宫博物院藏此件葱绿釉菊瓣式盘即为典型例证，其釉色鲜嫩清透，如初春嫩芽新叶。此盘以仿古器形与创新釉色相结合，充分体现了雍正朝御窑“仿古而不泥古”的艺术理念。（蒋艺）

75

粉彩百花纹鼎式炉

Famille Rose Ding-shaped Censer with Floral Design

清乾隆
高 25 厘米　宽 25.3 厘米　口径 14.8 厘米

Qianlong era (1736–1795) of Qing dynasty (1644–1911)
Height: 25 cm
Width: 25.3 cm
Diameter of mouth: 14.8 cm

炉作圆鼎式，盘口，短颈，鼓腹，肩部两侧设朝冠耳，底接三兽蹄足。通体以粉彩为饰，内壁施绿釉，外壁满绘百花纹，口沿处署红彩“大清乾隆年制”六字横行篆书款。

炉外壁所饰百花纹，《饮流斋说瓷》中称为“万花”，俗称“百花不露地”，即用各色花朵将画面填满，不表现植物枝干，也不露出瓷器地釉。其图案繁缛，富丽华美，花团锦簇，各尽其妍，具有很强的装饰效果和视觉冲击力，主要流行于乾隆、嘉庆朝的粉彩瓷器上。

康熙晚期，在传统五彩瓷器基础上，创烧了一种低温釉上彩瓷新品种——粉彩。制作时，先在经高温烧成的白瓷上用墨线起稿，然后在图案内以含砷的“玻璃白”打底，再以所需的色料用芸香油调匀，在玻璃白上进行渲染，最后入炉焙烧而成。明代以来流行的五彩，采用单线平涂，图案生硬，缺乏立体感，而这种新的釉上彩，颜色可形成深浅、浓淡变化，粉润柔和，细致入微。雍正朝粉彩已取代五彩成为景德镇釉上彩瓷器中最主要的品种，其后历朝盛烧不衰。

此炉集仿古造型、外来技法、流行纹样于一器，成为乾隆朝仿古瓷器中颇具代表的一类。其面貌虽与上古青铜器渐行渐远，却因“循古之意而勿泥于古”的时代精神而别出机杼。（安静）

大清乾隆年製

76

广彩制茶图盘

Guangzhou-style Glazed Porcelain Plate with Tea-making Scene

清道光

高 3.3 厘米　口径 18.4 厘米　足径 9.5 厘米

Daoguang era (1821–1850) of Qing dynasty (1644–1911)
Height: 3.3 cm
Diameter of mouth: 18.4 cm
Diameter of foot: 9.5 cm

盘敞口，弧壁，圈足。外壁白釉无纹饰，内壁边沿一周绘花蝶、寿字、戟磬等中国传统吉祥图案。盘沿顶中心部绘一家族徽章，据考证应属苏格兰伍斯特郡考文垂家族。盘心绘制茶图，画中共七人，有人搬运茶叶，有人负责炒茶，有人负责监工，表现了茶叶加工与处理的过程。同主题广彩盘故宫博物院藏品中共有三件，另两件表现的分别是茶叶的包装与运输。清乾隆朝以来，因西方世界的猎奇心理，制茶、耕织等反映中国民俗民风的题材在外销瓷中广为流行，向域外传播了中国文化。

广彩瓷，因器物多在口沿处加饰金彩，装饰精细绚丽，故又称“织金彩瓷”。始于康熙晚期，是一类融合中西方文化与技术的重要外销瓷品种。生产者从景德镇购进白瓷，将传统制瓷工艺与西洋绘画技法结合，在广州完成彩绘和彩烧，并远销海外。其发展得益于广州作为对外贸易港口所具有的有利条件。乾隆二十二年（1757年）皇帝以海防重地为理由规范外商活动，颁令所谓“一口通商”，于是广州成为唯一西洋贸易通商口岸。广彩瓷可谓清代中西交流的重要例证。中国瓷器在不同文明的交流互鉴中不断焕发新的生命力。（郑珣）

玻璃仿古

玻璃的主要成分是二氧化硅和其他氧化物。在古代，世界各地的玻璃配方差异明显。地中海沿岸流行钠钙玻璃，中国自周至汉则多是铅钡玻璃，此后成分多元。因配方和工艺等差异，长期以来，中国玻璃的质量远不及同期的欧洲。

康、雍、乾三朝是中国玻璃发展历史上一个短暂的繁荣阶段。康熙三十五年（1696年），在德国传教士纪理安（Bernard-Kilian Stumpf））等人的推动下，内务府造办处设立玻璃厂，拉开了清宫玻璃生产的序幕。康熙、雍正朝已经可以生产单色玻璃、画珐琅玻璃、套玻璃、刻花玻璃、洒金玻璃、描金玻璃等品种。乾隆朝政局稳定、财政充裕，加之乾隆帝对文化艺术的推崇，使得玻璃发展进入鼎盛时期，大量生活用品、陈设器、文房用品、宗教法器都使用玻璃进行制作，其中不乏仿古器物。特别是在仿玉玻璃、套玻璃、画玻璃等品类中，仿古之风尤为盛行。

套玻璃的原料配方和吹制技术源自西方，纹饰表现则使用了传统的琢玉工艺，造型和纹样更借鉴了同期的官窑瓷器，因此就艺术面貌而言，较多地表现出中国特色。

77

蓝色玻璃方觚

Blue-glass *Gu* Vessel

清乾隆

高 24.9 厘米　口边长 13.2 厘米　足边长 8.4 厘米

Qianlong era (1736–1795) of Qing dynasty (1644–1911)
Height: 24.9 cm
Side length of mouth: 13.2 cm
Side length of foot: 8.4 cm

此觚造型仿商代晚期方觚，撇口，鼓腹，平底，通体为透明宝石蓝色，外底中心阴刻双方框“乾隆年制”四字双行楷书款。从《故宫物品点查报告》的记录来看，此觚原本成对供奉于清宫玄穹宝殿的“北方郁灵玄老五炁天君神牌”前。

此件玻璃方觚系在模具中一次吹制成形。吹制玻璃器以圆形为易，方形器则工艺难度很大。此方觚玻璃质地透亮晶莹，器底沉稳，器壁厚实，口沿处则随形舒展渐薄渐亮，可见工匠对玻璃的热熔特点拿捏精准，吹制技术水平十分高超。（翟毅）

78

白色玻璃龙首带钩

White-glass Belt Hook in Shape of Dragon

清

高 1.75 厘米　长 7.2 厘米　宽 1.3 厘米

Qing dynasty (1644–1911)
Height: 1.75 cm
Length: 7.2 cm
Width: 1.3 cm

此件带钩由半透明玻璃制作，颜色白中闪青，通体采用玉石琢磨技法，作龙首回弯、曲身、背附圆钮的经典式样，风格颇为古雅。

带钩为古人扣接腰带或随身佩挂印章、玉石等小件物品的器具，战国、秦汉时期逐渐风靡，质料多为青铜、金银、玉石等，既实用又美观。此件带钩选用半透明白色玻璃精心琢磨而成，刻意模仿白玉温厚细腻的质感，尤其龙首、棱线处打磨光滑圆润，几可乱真。

以玻璃仿玉在我国有悠久的传统。起初，玻璃即被看作是一种人工玉石。战国楚墓中曾发现大量模仿玉石的玻璃璧、瑗、环、璜、印、蝉等，表明楚国是当时重要的玻璃产区，而以玻璃模仿玉石也是当时流行的做法。汉墓中也出土过仿白玉玻璃兽、蝉、璧、衣片、耳杯等。唐僖宗靖陵中出土了涅白色玻璃带銙、璧、佩等。宋代，仿玉玻璃以“药玉”之名进入舆服制度，用以装饰冠冕、腰带等，而药玉制作的杯盏等酒具也已深入士大夫生活。元代，将作院下设瓘玉局，生产仿玉的玻璃器，苏州曹氏墓所出涅白玻璃圭应即其产品。明代制度，百官朝服四品以下佩“药玉”。清代，或是由于玉料充足的原因，仿玉玻璃制作减少，但仍未断绝。

从外观看，战国至明代的仿玉玻璃色泽青黄，类似常见的青白玉。清代仿玉玻璃则颜色正白，仿佛珍罕的羊脂白玉。其间变化当是由于配方不同所致。赵翼《陔余丛考》卷三十三“琉璃”指出：“俗所用琉璃，皆消融石汁及铅锡，和以药而成。其来自西洋者较厚而白，中国所制则脆薄而色微青。”其说应无大谬。（施磊）

79

黄色地套红色玻璃花卉团寿字纹带盖供碗

Yellow-glass Lidded Ritual Stem Bowl with Red-colored Overlay Floral Design and Circular "Shou" (longevity) Character

清乾隆
通高 17.8 厘米　口径 13.2 厘米

Qianlong era (1736–1795) of Qing dynasty (1644–1911)
Overall height: 17.8 cm
Diameter of mouth: 13.2 cm

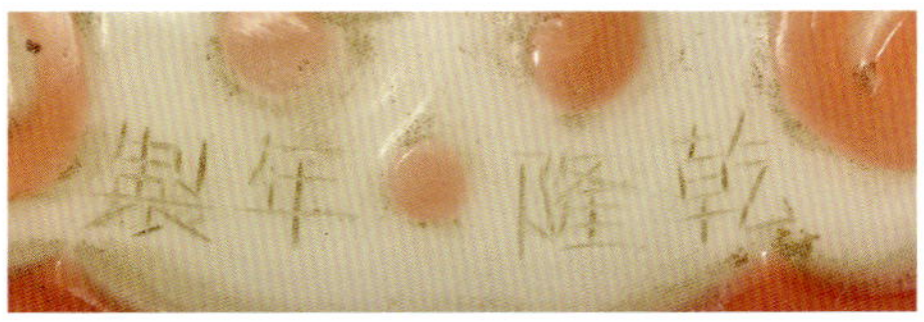

供碗浅黄色玻璃外套红色玻璃。敞口，浅腹，高柄圈足，带盖。足沿一侧阴刻“乾隆年制”四字横行楷书款。盖顶覆莲瓣座宝珠钮。盖面、腹壁碾琢卷草间团寿字纹。柄中部、足面饰缠枝花纹。

供碗造型源自上古时期的豆。已知最早的陶豆发现于浙江萧山跨湖桥文化遗址。这一造型之后逐渐扩散到长江中下游和黄河下游地区，材质有漆木、竹、陶、铜等。商周时期，豆是重要的礼器，并根据材质分化出豆、笾、登等不同类型，用以在祭祀和宴飨时盛放调味品、肉类、谷物、干果等，数量多少具有等级意义。战国末年，作为礼器的豆衰落。

此供碗系以新颖的材料制作古老的造型，并采用流行的装饰。这是乾隆朝仿古艺术的典型做法。（展梦夏）

乾隆年製

80

金星玻璃双夔纹佩

Aventurine Pendent with *Kui*-dragon Design

清
长 9.2 厘米　宽 6 厘米

Qing dynasty (1644–1911)
Length: 9.2 cm
Width: 6 cm

玻璃佩以片状金星玻璃雕琢而成。顶端镂雕精美的螭虎纹，两面浅浮雕双夔纹，夔首相对，中心椭圆形开光内，一面雕“平安”，另一面雕“虎符”。

这类佩饰的造型和装饰源于战国、秦汉时期的玉佩。此佩另设木座承托，表明除佩挂外，还可作陈设之用。

此佩的质料为金星玻璃，古代文献中也称作“温都里那”，译自意大利文Aventurina。这一威尼斯玻璃中的独特品种呈棕红色，玻璃体中布满金属铜的结晶颗粒，光彩夺目如金星闪耀，但其究竟于何时传入中国尚无定论。有西方学者称，1714年，意大利传教士德里格（Theodorico Pedrini）曾写信请求罗马方面向清廷捎来一些铁块、釉料和某种特殊的“闪着金光的红色玻璃”（Emily Byrne Curtis：*Glass Exchange between Europe and China*，Great Britain：Ashgate Publishing Ltd., 1988，p.82），从文中描述的特征分析，后者应当就是金星玻璃。这种玻璃在传入中国后主要流行于乾隆朝，是当时宫廷工匠极力仿造的对象。（施磊）

81

紫檀边座画玻璃山水人物图插屏

Painted Glass Table Screen with Landscape and Human Figures Design in Red Sandalwood Frame

清
高 70.5 厘米　宽 78.5 厘米　进深 23.2 厘米

Qing dynasty (1644–1911)
Height: 70.5 cm
Width: 78.5 cm
Depth: 23.2 cm

插屏紫檀边座，混面双阳线边框，内镶凹面线仔边。屏心为画玻璃山水人物图。光素楠木背板。绦环板透雕绳纹卡子花。披水牙、站牙透雕螭龙纹。

画玻璃，又称“玻璃画”，是在平板玻璃或玻璃镜内侧绘画的工艺，最早出现于意大利。18世纪30年代，广州的画玻璃工艺已经成熟。与此同时，受广州影响，造办处也开始了画玻璃的制作。清宫旧藏的画玻璃常以挂屏、插屏、围屏、宫灯或隔扇窗等传统室内装饰形式呈现，颜料、技法、题材均呈现出中西合璧的特点。18世纪晚期至19世纪初，伴随着欧洲画玻璃的式微，中国的画玻璃异军突起，又大量出口欧美，成为东西方文化交流的又一重要例证。

此件插屏系在玻璃镜背面作画，题材为中国传统山水人物，但描绘手法则参用西洋油画技巧，在表现山岭叠石、树木枝叶、云朵变幻之处，以色彩渲染出明暗变化，与中国绘画注重皴法颇有不同，使得传统题材的画面别具异域风情。（黄剑）

绘画摹古与仿古

绘画中的仿古其来有自，从广义上讲，可以具体分为摹古与仿古两个层次。在缺少照相复制技术的古代，借助画家的双手临摹一幅古画，往往可以起到保存与传播古画的作用。现存的诸多原作为晋唐时期的绘画，如《洛神赋图》《步辇图》等，均借助宋人之摹本得以保存。这种以保存和传播绘画为目的、技术上力求保存原画本来细节面目的方式，可以称为摹古。与之相比，画家在仿古时则是以古人风格为依据，在其中更多糅入个人的创造，能够发挥较强的主观能动性。仿古的绘画基本上在明代才开始大量出现。因为至元末时，艺术史上的诸位大师与流派基本上已经完成了各种个性风格的创造，后世的画家们往往只能依托前代画家名目进行微调，而难有超脱前人窠臼的创造。明晚期的董其昌与清初“四王”强调山水画笔墨本身的形式意义，更是把仿古的实践推向了高潮。

进入清代，以仿古为主要面目的“四王”山水风格凭借王原祁的入朝为官以及统治者的肯定，迅速成为了清宫山水画风格的主流。而摹古绘画依托清宫丰富的收藏资源也有了长足的发展，特别是在雍正、乾隆朝，除了传统的古画临摹外，还发展出了一种将古画中人物形象改换为帝王御容的绘画类型。这种新奇的创作方式是清宫的创造，也体现了清朝满族统治者的艺术趣味。

82

乾隆帝不二图轴

Hanging Scroll of *Qianlong Emperor at a Buddhist Seminar* (*Qianlongdi bu'er tu*)

清乾隆十七年（1752 年）
丁观鹏
纸本设色
纵 118 厘米　横 61.2 厘米

1752 (17th year of the Qianlong era of Qing dynasty)
Ding Guanpeng
Ink and color on paper
Size: 118 × 61.2 cm

丁观鹏（生卒年不详），顺天人（今北京市）。雍正四年（1726年）与其弟丁观鹤入宫供职，列为一等“画画人”，供奉南薰殿，乾隆朝官至七品。乾隆三十五年（1770年）罹病去职。善绘白描人物、山水，尤工释道画像，学同宗丁云鹏笔，有出蓝之誉。以宋人为法，不尚奇诡，亦曾习西洋画法。

是幅作于乾隆十七年（1752年），摹自清宫旧藏本《维摩不二图》，绘文殊菩萨问道维摩诘，原贮存承德避暑山庄。其事见于造办处档案：“着丁观鹏画《维摩不二图》一张，树石着张宗苍画。”可见，该图虽仅落丁观鹏一人名款，实为合绘。丁观鹏曾绘多本《不二图》轴，如乾隆二十一年亦与王炳合绘一本，存盘山行宫。《维摩不二图》与《扫象图》可能于宫中配对张挂。

乾隆帝题：“维摩默然处，文殊曰善哉。是真入不二，不语义已该。拟向默然会，捉影徒成乖。云何俨作图，声闻笑哈哈。乾隆癸酉（1753年）仲秋山庄漫题。”钤“乾”字朱文圆印、“隆”字朱文方印、“几暇临池”白文方印。本幅并钤“妙意写清快”朱文长方印、“乾隆御览之宝”朱文椭圆印、“五福五代堂古稀天子宝”“避暑山庄”朱文方印二方。（喻理）

摹神范影

Replicating the Forms and Capturing the Spirit

根据不同的创作意图与使用需求，仿古艺术呈现出不同层次，展示了不同风貌。各类材质的仿古作品中，有忠于典范者，从主题、面貌到材料、技法尽量做到追摹原型；有采择英华者，于原作基础上略加改造，保留其形貌和精华；更常见的则是但取古意的创作，神韵可觅古典踪影，却又深具时代特质。以“觚”为例，观察不同层次的仿古实践，体会古代艺术在继承中发展，在发展中创新，以更丰富的面貌绵延相继、生生不息。

Antique-inspired art varied in approach and style, depending on creative intent and practical needs, and displayed a range of expressions across different mediums. Some works remained faithful to classical models, meticulously replicating themes, appearances, materials, and techniques to closely emulate the original. Others selectively refined and modified elements from the original, preserving its essence with slight adjustment. The majority of the works, however, focused on capturing the spirit of antiquity, blending subtle classical influences with distinctive characteristics of their era. Through the antique-inspired artistic creation at varied levels, such as *Gu* vessel, artists both preserved and developed tradition, fostering innovation while remaining rooted in the cultural legacy. This ensured that ancient art continued to evolve, thriving across generations and taking even more diverse forms that remained vital and enduring.

觚是一种敞口、长身、细腰、阔底的饮酒器。

在新石器时代晚期良渚文化的遗址和墓葬中已发现有漆木觚，它们具有辨明等级的礼器意义。铜觚始见于早商文化，盛行于商代，西周中期以后罕见。在商代墓葬中，觚、爵常等量配对组合，构成了礼器群的核心。

两宋金石学兴起，商周铜觚除了作为鉴藏的对象、祭礼器的范本外，更逐渐成为案头陈设的雅玩。赵希鹄《洞天清录》载:“古铜器入土年久，受土气深，以之养花，花色鲜明如枝头，开速而谢迟，或谢则就瓶结实。”觚之器身修长、口底阔大，遂成为花器的上上之选。元明清时期，觚更被广泛地用作陈设和花器。古物不足用，又以仿品继之。

这组觚既有商代的原型，也有宋至清历代的仿制品。原型展示了粗体、细体和方形三种样式。仿制品则依据制器者的意图分为了三个层次：以铜为胎，造型、比例皆追三代，纹饰图案以蕉叶纹、兽面纹为主的“忠于典范”；材质并举，造型考究，比例和谐，纹饰在仿古主题里加入了时代风格的“采择英华”；整体仍以觚形呈现，形制创新且不拘一格，纹饰变化多端的“但取古意”。（展梦夏）

但取古意

采择英华

忠于典范

84

青铜兽面纹觚

Bronze *Gu* Vessel with Animal-mask Design

宋

高 26.4 厘米　口径 16.3 厘米

Song dynasty (960–1279)
Height: 26.4 cm
Diameter of mouth: 16.3 cm

85

父己觚

Bronze *Gu* Vessel Named "Fu Ji"

清
高 28.8 厘米　口径 12.9 厘米

Qing dynasty (1644–1911)
Height: 28.8 cm
Diameter of mouth: 12.9 cm

86

青铜兽面纹觚

Bronze *Gu* Vessel with Animal-mask Design

清
高 19.3 厘米　口径 11.6 厘米

Qing dynasty (1644–1911)
Height: 19.3 cm
Diameter of mouth: 11.6 cm

青铜蕉叶纹方觚

Bronze *Gu* Vessel with Banana Leaf Design

清

高 31 厘米　口边长 16.7 厘米

Qing dynasty (1644–1911)

Height: 31 cm

Side length of mouth: 16.7 cm

Height: 25.2 cm
Diameter of mouth: 19.5 cm
Diameter of bottom: 9.4 cm

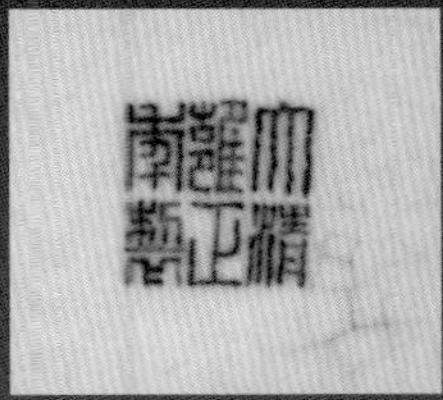

89

掐丝珐琅兽面蕉叶纹觚

Cloisonné *Gu* Vessel with Animal-mask and Banana Leaf Design

清乾隆

高 30.3 厘米　口径 16 厘米　底径 7.8 厘米

Qianlong era (1736–1795) of Qing dynasty (1644–1911)
Height: 30.3 cm
Diameter of mouth: 16 cm
Diameter of bottom: 7.8 cm

90

碧玉兽面蕉叶纹觚

Jasper *Gu* Vessel with Animal-mask and Banana Leaf Design

清乾隆
高 27.8 厘米　口径 16.8 厘米　底径 8.7 厘米

Qianlong era (1736–1795) of Qing dynasty (1644–1911)
Height: 27.8 cm
Diameter of mouth: 16.8 cm
Diameter of bottom: 8.7 cm

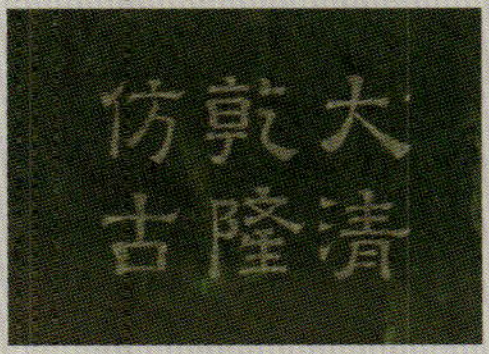

91

铅胎剔红兽面蕉叶纹觚

Lead-bodied Carved Red Lacquer *Gu* Vessel with Animal-mask and Banana Leaf Design

清
高 30.4 厘米　口径 18.8 厘米

Qing dynasty (1644–1911)
Height: 30.4 cm
Diameter of mouth: 18.8 cm

92

孔雀绿釉蕉叶纹觚

Turquoise-blue-glazed *Gu* Vessel with Banana Leaf Design

清嘉庆
高 19.1 厘米　口径 12.2 厘米　底径 6.7 厘米

Jiaqing era (1796–1820) of Qing dynasty (1644–1911)
Height: 19.1 cm
Diameter of mouth: 12.2 cm
Diameter of bottom: 6.7 cm

93

斗彩云龙纹觚

Doucai Gu Vessel with Dragon-and-cloud Design

清嘉庆
高 36.8 厘米　口径 18.6 厘米　底径 11.5 厘米

Jiaqing era (1796–1820) of Qing dynasty (1644–1911)
Height: 36.8 cm
Diameter of mouth: 18.6 cm
Diameter of bottom: 11.5 cm

碧玉兽面蕉叶纹方觚

Jasper Square *Gu* Vessel with Animal-mask and Banana Leaf Design

清乾隆
高 32 厘米　口边长 15.5 × 10.8 厘米
底边长 9.1 × 6.6 厘米

Qianlong era (1736–1795) of Qing dynasty (1644–1911)
Height: 32 cm
Length of mouth: 15.5 × 10.8 cm
Length of bottom: 9.1 × 6.6 cm

96

白釉包袱式如意纹觚

White-glazed *Gu* Vessel with Wrapping Cloth and *Ruyi* Design

清乾隆

高 25 厘米　口径 16 厘米　底径 5.9 厘米

Qianlong era (1736–1795) of Qing dynasty (1644–1911)
Height: 25 cm
Diameter of mouth: 16 cm
Diameter of bottom: 5.9 cm

Diameter of mouth: 13.5 cm
Diameter of bottom: 9.5 cm

98

金地粉彩八宝缠枝莲纹觚

Gu Vessel with *Famille Rose* Eight Auspicious Symbols and Interlocking Lotus Design on Gold Ground

清乾隆

高 23.6 厘米　口径 13.6 厘米

Qianlong era (1736–1795) of Qing dynasty (1644–1911)
Height: 23.6 cm
Diameter of mouth: 13.6 cm

99

画珐琅开光三阳开泰图觚

Painted Enamel *Gu* Vessel with Three-sheep Design in the Reserved Panel

清乾隆

高 26 厘米　口径 13.7 厘米

Qianlong era (1736–1795) of Qing dynasty (1644–1911)

Height: 26 cm

Diameter of mouth: 13.7 cm

100

剔红蕉叶莲纹六方觚

Carved Red Lacquer Six-sided *Gu* Vessel with Banana Leaf and Lotus Design

清
高 24 厘米　口最长 11 厘米

Qing dynasty (1644–1911)
Height: 24 cm
Max. length of mouth: 11 cm

101

青玉带盆景兽面蕉叶龙纹觚

Green Jade *Gu* Vessel with Animal-mask, Banana Leaf and Dragon Design Alongside with a Potted Plant

清
高 20.7 厘米　口径 10.1 × 4.7 厘米
宽 14.1 厘米　厚 4.6 厘米

Qing dynasty (1644–1911)
Height: 20.7 cm
Diameter of mouth: 10.1 × 4.7 cm
Width: 14.1 cm
Thickness: 4.6 cm

102

郎窑红釉觚

Copper-red-glazed *Gu* Vessel, Lang Ware

清康熙

高 42 厘米　口径 20.5 厘米　底径 15.3 厘米

Kangxi era (1662–1722) of Qing dynasty (1644–1911)
Height: 42 cm
Diameter of mouth: 20.5 cm
Diameter of bottom:15.3 cm

103

豆青釉青花釉里红花卉图觚

Light-bluish-green Glazed *Gu* Vessel with Blue-and-white and Underglaze-red Floral Design

清康熙

高 45.5 厘米　口径 20 厘米　底径 15 厘米

Kangxi era (1662–1722) of Qing dynasty (1644–1911)
Height: 45.5 cm
Diameter of mouth: 20 cm
Diameter of bottom: 15 cm

104

青花五彩博古梅花牡丹纹觚

Gu Vessel with Blue-and-white and *Famille-verte* Plum-blossom, Peony and Curios Design

清康熙

高 41.5 厘米　口径 19.1 厘米　底径 12.7 厘米

Kangxi era (1662–1722) of Qing dynasty (1644–1911)
Height: 41.5 cm
Diameter of mouth: 19.1 cm
Diameter of bottom: 12.7 cm

105

瓷胎剔犀云纹觚

Porcelain-bodied Carved Marbled Lacquer *Gu* Vessel with Cloud Design

清康熙

高 44 厘米　口径 21.5 厘米　底径 14 厘米

Kangxi era (1662–1722) of Qing dynasty (1644–1911)
Height: 44 cm
Diameter of mouth: 21.5 cm
Diameter of bottom: 14 cm

多所欣

第三单元

连接时代，走进生活，优秀传统与当世文化相融相通，不仅滋养身心、引领实践，更启发灵感、激励创造。从居室内檐装饰到日用陈设，再到几暇清玩，“古”与“新古”一同出现于各个场域，新老相契，雅俗竞芳。厅堂、书斋、宝盒，慕古之情与求新之念在此汇集，又以物质的形式凝聚展现。新作循古意，古物适宜今，组合使用不仅淡化了每件器物的原本属性，更再造了它们之间的关系。以有限空间贮千年文化，时人在润物无声的日常生活中浸染艺术，感知美好，在岁月沉淀的吉光片羽中抚今追昔，赓续传统。

Unit 3

Bridging Eras, Enriching Life

Connecting eras and integrating into daily life, cherished traditions blend harmoniously with modern culture. This union nourishes the mind and body, shapes practical approaches, sparks inspiration, and stimulates creative expression. From interior decor and everyday furnishings to leisurely collectibles, antique objects and antique-inspired new objects appear across various settings. The old and the new complement each other harmoniously, blending elegance and simplicity in a shared celebration of beauty. In spaces such as halls, studies, and treasure cases, the admiration for antiquity and the desire for innovation come together, finding expression through physical forms. New creations follow the style of antiquity, while ancient objects are adapted to suit modern contexts. They are used together in ways that transcend their original roles, redefining their relationships with one another. Within limited spaces, fragments of a thousand-year cultural legacy are preserved, like rare and precious remnants of the past. In the quiet, unassuming moments of daily life, people immerse themselves in art, experiencing beauty, reflecting on history and cherishing the present. Thus, traditions are carried forward over time.

堂里千秋
Timeless Elegance of the Hall

厅堂作为住宅中的公共空间，适于会宾客、行仪礼，其格局与陈设遵循背实面虚、中轴对称等法则。明清以降，厅堂布置渐成定式。北墙居中悬挂画轴对联，下摆条案。案上陈设的古物或新作，均取大而端美者。焚香具以古鼎为佳，插花器以古铜、古瓷为宜，吉金流芳，旧瓶新蕊。东西墙壁可挂博古题材屏风，色彩斑斓，寓意吉祥。厅堂之上，文人品位与大众审美各有千秋，雅俗共赏，古今辉映。

As the public space within a residence, the hall serves as a venue for hosting guests and conducting rituals, with its layout and decor adhering to principles such as solid backing and open fronts, as well as central symmetry. From the Ming and Qing dynasties onward, hall arrangements became increasingly standardized. A central painting or calligraphic scroll, paired with couplets, is typically hung on the northern wall, accompanied by a table beneath it. The table is adorned with antique or newly crafted pieces, chosen for their grandeur and elegance. Ideally, incense burners are ancient bronze tripods, while flower vases are crafted from old bronze or porcelain, blending the timeless allure of antique materials with the freshness of their contents. Folding screens featuring classical motifs are often hung on the eastern and western walls, adding vivid colors and auspicious symbolism. Within the hall, the refined tastes of scholars and the aesthetic preferences of the public coexist harmoniously. The old and new, the high and popular arts, blend seamlessly, reflecting the enduring dialogue between tradition and innovation.

“中堂”是中国书画陈设的重要形式。在明代，厅堂屏门既可裱糊字画以作装饰，也可直接悬挂“单条”立轴彰显风度。嘉万时期，逐渐出现中堂书画与堂联的组合，至清初，这样的组合方式已广泛流行。厅堂之内，中堂画对与匾额、家具形成轴对称，强化空间秩序，突出厅堂作为礼仪场所的端庄，也暗合儒家的中正思想。

客厅中堂挂画，多见山水题材，营造“可居可游”之境。清代，摹古山水受“四王”等人推崇，演为风尚，既得宫廷喜爱，又获文士青眼。堂联虽为配角，却常任点题之职。客厅画轴所配，多为楷书、隶书，内容则需与画意呼应。中堂下方常设条案，案上可置鼎彝、花器、典籍等，以示“好古敏求”“诗书传家”。（张燕芬）

清　养和精舍厅堂仕女图贴落

Tieluo with Lady in Court Design at Retreat of Cultivating Harmony (*Yanghe jingshe*), Qing dynasty

106

仿黄公望山水图轴

Hanging Scroll of *After Huang Gongwang's Landscape*

清
王鉴
绢本设色
纵 122.7 厘米　横 61.4 厘米

Qing dynasty (1644–1911)
Wang Jian
Ink and color on silk
Size: 122.7 × 61.4 cm

王鉴（1609 ~ 1677 年），初字玄照，后改字元照、圆照，号湘碧、染香庵主，官至廉州太守，世称“王廉州”，江苏太仓人。曾祖父为明代著名文人王世贞。长于摹古，设色清丽秀逸，与王时敏、王翚、王原祁合称“四王”。

此图为王鉴仿黄公望的摹古之作。王鉴早年绘画多受黄公望影响，曾观摩黄公望的名作《秋山图》，并自述“余初学画，即宗子久”。此画以黄公望浅绛设色法为宗，同时融汇其他“元四家”及董源、巨然笔意，皴法纯熟繁密，设色淡雅清新。画幅上方有王鉴本人款识及王时敏题跋，时间均为“庚子仲冬”，即顺治十七年（1660 年），王鉴时年 52 岁。（毛翔宇）

107

隶书七言联

Seven-characters Couplet in Clerical Script

清

阮元

纸本

纵 129 厘米　横 28.5 厘米

Qing dynasty (1644–1911)

Ruan Yuan

Paper

Size: 129 × 28.5 cm

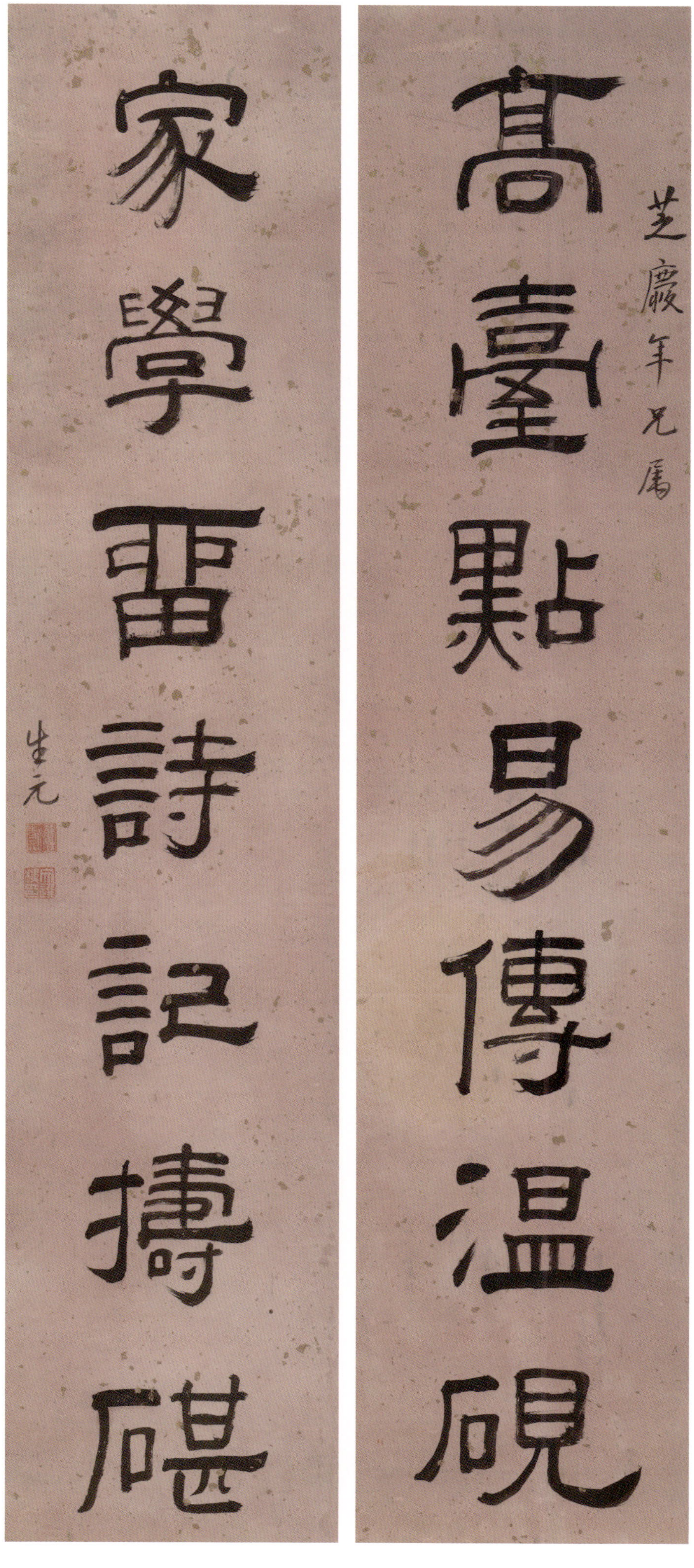

阮元隶书七言联：“高台点易传温砚，家学留诗记捣砧。”上款“芝庆年兄属”，款识“生元”，下钤“节性斋老人”“文选楼印”白文方印二方。

阮元（1764 ~ 1849年），字伯元，号芸台、雷塘庵主、怡性老人，江苏仪征人。乾隆五十四年（1789 年）中进士，后参与编纂《石渠宝笈续编》和《秘殿珠林续编》。阮元在书法上师法北碑，提出尊碑之说，开启碑学风气之先河。阮元精研金石，著述丰富，工诗善书，尤擅隶书。此隶书七言联用笔沉着，细劲雄健，取汉隶之态，又别具新意，灵动秀丽。（魏婧洁）

108

黄花梨双螭灵芝纹翘头案

Huanghuali Wood Long Table with Up-turned Ends, *Chi*-dragon and *Lingzhi* Fungus Design

明

高 81.5 厘米　长 244 厘米　宽 46 厘米

Ming dynasty (1368–1644)
Height: 81.5 cm
Length: 244 cm
Width: 46 cm

案面采用长方形平板式设计，两端饰以精巧的小翘头装饰。牙板保持素雅风格，边缘以阳线勾勒轮廓，牙头处雕琢为卷云纹。四腿采用方材制作，腿面中央饰以两炷香阳线。前后腿足底部设有托泥，托泥与案面之间安装透雕挡板，纹样为双螭灵芝主题，雕工精细流畅。整体造型简洁中见精致，体现了传统明式家具的审美意趣。

翘头案属中国古代案类家具，其特点是在案面两端加上向外上方展开的小翘头而得名，多用于书房陈设和宗教祭祀场所。从传世于今的古代绘画作品里可以看出，翘头案作为书房的承具，其上多陈设文房雅玩、书函卷轴，成为古人书室雅斋里的重要家具。此案整体造型

端庄素雅，简洁明快，没有过于烦琐的雕饰，唯在案面之下的挡板处透雕双螭灵芝纹，古意盎然。

螭纹最早见于商周青铜器上，因其和龙非常接近，故又有螭龙纹之称，其头部结构简单，多无角，作盘曲蜿蜒或匍匐爬行状，体态轻盈修长，蜷转自如，在明代及清早期家具中应用很广。双螭灵芝纹是一种结合灵芝与螭龙造型的纹饰，多见于元代玉器之上。此案挡板上的双螭灵芝纹，两条螭龙盘绕在灵芝周围，双尾缠绕灵芝，双头托举灵芝，造型流畅，线条有力，体现出工匠高超的技艺。（周京南）

109

青铜蜗身龙纹簋式炉

Bronze *Gui*-shaped Burner with Spiral-bodied Dragons Design

清

高 19.6 厘米　宽 37 厘米　口径 27.3 厘米

Qing dynasty (1644–1911)
Height: 19.6 cm
Width: 37 cm
Diameter of mouth: 27.3 cm

侈口，鼓腹，双环耳，圜底，圈足。环耳上端为一兽首，下端饰耳珰。腹部以出戟为间隔装饰两只相向的蜗身龙纹，口部大张，露出尖锐獠牙，周身配以羽状纹补白。圈足饰以一周鸟纹，以短出戟为间隔两两相对。通体纹饰均以云雷纹填地。器底有铭文“子子孙孙作宝用”。配以白玉盖钮紫檀盖。

簋是一种盛食器，是商周时期重要的礼器之一。这件蜗身龙纹簋式炉是清代所做的仿古器，造型采取最为典型的青铜簋式样。该簋的主题纹饰为身体像蜗牛一样蜷缩起来的夔龙纹样，但不同于商周时期纹饰风格的繁复，该纹饰造型简易且夸张，体现出清代匠人对幻想动物纹的独到理解，在崇古之余留下了自己独特的风格。

青铜簋配紫檀盖及玉钮，显然已作香炉之用。古器或仿古器（尤其鼎、簋一类）改作香炉在明清十分流行。根据体量不同，陈设地点亦有别。高濂在《遵生八笺》中记:“鼎之大小有两用，大者陈设于厅堂，小者置之斋室。”

此件簋式炉体型颇大，或放置于厅堂，与其他物品共同营造古今皆宜的理想空间。（哈少川、张燕芬）

Shang dynasty (1600–1046 BCE)
Height: 29 cm
Diameter of mouth: 14.9 cm

觚侈口，深腹，圈足外侈。口沿下是四组仰叶纹，内填倒置兽面纹，下饰一周兽面纹。圈足内阴铸铭文“䎘”。

觚因器形优美，既可作为酒器，亦可为花器，厅堂书斋皆见。《遵生八笺》“论古铜器具取用”一节，指出“觚、尊、觯皆酒器也，三器俱可插花”。《瓶花谱》也说：“铜器之可用插花者，曰尊、曰罍、曰觚、曰壶。古人原用贮酒，今取以插花极似合宜。”（哈少川、张燕芬）

111

青花缠枝花蕉叶纹瓶

Blue-and-white Vase with Interlocking Floral and Banana Leaf Design

清雍正
高 26.5 厘米

Yongzheng era (1723–1735) of Qing dynasty (1644–1911)
Height: 26.5 cm

瓶撇口，粗颈，丰肩，长腹。外壁青花装饰仿明永乐、宣德朝风格，腹部绘缠枝花纹，颈部以及近足处分饰蕉叶纹、仰莲纹。外底青花双圈内署“大清雍正年制”六字双行楷书款。

自明正德年间开始，永宣青花瓷器已被视为楷模进行仿烧，清代御窑厂历朝均有大量仿永宣青花的产品。典型的永宣青花用进口“苏麻离青”料，呈色浓丽凝重，由于其中氧化铁含量高，纹饰中常自然泛出铁锈结晶的斑点。清代御窑厂使用国产的浙料并无此效果，则以人工点染描绘密集的小蓝黑点，以求仿效逼真。

古人讲究对花器的选择，其材质、样式等要因时、因地而异。《瓶花谱》“品瓶”条称：“凡插贮花，先须择瓶。春冬用铜，秋夏用磁，因乎时也。堂厦宜大，书室宜小，因乎地也。贵磁铜，贱金银，尚清雅也。”可见插花之器，斋室要以小为上，厅堂、庭院则以大为佳。《瓶花三说》对厅堂中插花用古器有着更为详细的记录：“如堂中插花，乃以铜之汉壶、大古尊罍，或官哥大瓶如弓耳壶、直口敞瓶，或龙泉蓍草大方瓶，高架两傍，或置几上，与堂相宜。”

此瓶造型端庄、体量较大，装饰又追仿永宣青花，或即用于厅堂。（韩倩）

112

花梨木边漆地百宝嵌博古图挂屏（一对）

Rosewood-framed Hanging Panels with Gem-inlaid Curios Design on Lacquered Ground (A Pair)

清
长 77.2 厘米　宽 110.8 厘米

Qing dynasty (1644–1911)
Length: 77.2 cm
Width: 110.8 cm

挂屏带夔龙捧寿铜倒环，素面双阳线委角屏框，线间浮雕夔龙纹，框内镶回纹仔边。屏心在香色漆地上，以百宝嵌手法做出博古图。

“博，大通也。”“古，故也。”“博古”即通晓古代的知识，清代文献中有时亦写作“百古”。词语由来虽早，但作为一种艺术表现形式的“博古图”，或源自宋代《宣和博古图》。书中收录前代各式青铜器物，按类编排，图文相配，方便考索认知，此后类似的古物图鉴不断刊刻，渐成大观。

明清博古题材不只描绘青铜器，而是表

现为鼎彝之器与琴棋书画、瓷玩玉件、四时花卉等并置，成为被赋予种种美好寓意的流行纹饰，出现在陶瓷、玉石、金属、漆木、牙角、织绣等各种材质的工艺美术上。尤其在“图必有意，意必吉祥”的清代，因清供、杂宝、八吉祥、暗八仙等纹饰的介入，博古图“崇古”意味减弱，吉祥含义愈浓。

此对博古图挂屏，以浮雕形式再现鼎彝、瓶花、盆景、漆盒、玉佩等物，材质不一，造型各异，色彩丰富。观之如睹原物，如同另一种形式的多宝格，既保留了崇古的内涵，又增添了世俗的热闹。（黄剑）

斋中古今

Harmony Between the Past and the Present in the Study

书斋不仅是品藻明悟的私人空间，更是“达古今之宜”的理想天地。晚明以来，赏用古物的观念在此得到充分践行。通过改造形态、变更用途等方式，古物以新面貌、新角色参与当下生活。从书写工具到案头清玩，文人注重典雅含蓄，追求返璞归真，对材料、造型、纹饰的天然质素日益推崇，对古器和仿古佳作日益宝爱。一斋之中，古今和鸣，不仅融入仁人爱物、格物致知的文脉传统，更指引着后世对古代典范的持守与传承。

The study is not only a private space for contemplation and insight but also an ideal realm for harmonizing the ancient and the contemporary. Since the late Ming period, the appreciation and practical use of antique objects have flourished in such settings. Through transformations in form and changes in function, antique objects take on new appearances and roles, becoming a part of daily life. From writing tools to desk ornaments, scholars appreciate elegant subtlety and a return to simplicity, embracing the naturalness of materials, forms, and patterns. They hold both ancient artifacts and skillful reproductions inspired by antiquity in high regard. Within the study, the harmony between the past and the present resonates deeply, integrating the tradition of valuing objects as mediums for insight and understanding. This connection not only preserves cultural heritage but also guides future generations in upholding and continuing the exemplary standards of antiquity.

书斋是文人稽古寄情、遨游天地之所。此间的一物一器，皆以典雅绝俗、古朴天真者为上。斋中家具陈设，“位置有定，贵其精而便，简而裁，巧而自然”（文震亨《长物志》）。案头清玩，或取自前朝旧物，或为仿古时作，或符合文人意趣。明人高濂《遵生八笺》“高子书斋说”条称：“斋中长卓一，古砚一，旧古铜水注一，旧窑笔格一，班竹笔筒一，旧窑笔洗一，糊斗一，水中丞一，铜石镇纸一。”“论古铜器取用”条言：“每有虾蟆蹲螭，其制甚精，古人何用？今以镇纸。”可见，前代的骨董珍玩，无论何种材质，均可直接或略加改造后，进入文具系统。与此同时，工巧拟古、天然质素的时代佳作，亦因符合士大夫仁人爱物的追求而被采纳。通过组合不同时代器物，斋中古今兼备，主人亦可时时与古为徒。（张燕芬）

清　佚名《胤禛行乐图》册

Album of *Yongzheng Emperor at Leisure* by Anonymous, Qing dynasty

113

桐阴清梦图轴

Hanging Scroll of *A Sound Sleep under the Paulownia Tree*

明

唐寅

纸本水墨

纵 62 厘米　横 30.9 厘米

Ming dynasty (1368-1644)

Tang Yin

Ink on paper

Size: 62 × 30.9 cm

唐寅（1470 ~ 1524年），字伯虎，后改字子畏，号六如居士、桃花庵主、逃禅仙吏等，吴县（今江苏省苏州市）人。明代中期书画家、诗人，曾因受科场舞弊案牵连而入狱被贬，后终身寄情于诗画间，与沈周、文徵明、仇英并称为“吴门四家”。

此图用水墨白描手法，画梧桐一株，桐阴坡石处一人仰面闭目，坐于交椅之上，神情适意安然。构图简洁，用笔洗练，风格洒脱，韵致清逸，是唐寅白描人物画佳作。左上方有自题七言绝句一首，根据内容可以判断，此图是他在科场案受打击回苏州后所作，是画家看破尘事，不再追求功名，从此幽居林下的写照。（毛翔宇）

114

紫檀卷云纹平头案

Red Sandalwood Narrow Table with Flat Ends

清

高 82 厘米　长 94 厘米　宽 36.5 厘米

Qing dynasty (1644–1911)
Height: 82 cm
Length: 94 cm
Width: 36.5 cm

平头案紫檀制。案面冰盘沿，格角攒框装心板。面下素直牙条，云头牙子，沿边起阳线为饰。圆材直腿，略带侧脚。此案造型重点集中于云头牙子，全器几乎不加雕饰，仅用简单的线脚做勾勒，简洁平朴，但并不呆板单调，颇有明式家具的风格。

明代自隆庆开关后，紫檀、黄花梨等珍贵硬木自海外输入本土，逐渐被应用于家具制作。当时潮流的策源地在苏州地区，天下以苏州之好尚为好尚，正如王士性《广志绎》所谓："姑苏人聪慧好古，亦善仿古法为之……苏人以为雅者，则四方随而雅之，俗者，则随而俗之……又如斋头清玩，几、案、床、榻，近皆以紫檀、花梨为尚，尚古朴不尚雕镂。"从这件紫檀平头案上，多少也可以感受到这种自晚明以来家具的尚古之风。（黄剑）

115

紫檀勾云纹长方桌

Red Sandalwood Long Table with Hooked-cloud Design

清

高 85 厘米　长 177 厘米　宽 70 厘米

Qing dynasty (1644–1911)
Height: 85 cm
Length: 177 cm
Width: 70 cm

条桌选用上等紫檀料，深邃色泽散发着静谧古朴的韵味。洼堂肚牙板与方材腿足极富清式家具特征，而简约的造型隐约流露出明式家具的余韵。束腰处精雕的勾云纹，与青铜器上蜿蜒流转的窃曲纹有着异曲同工之妙，为整器平添悠远古意。

窃曲纹，这一青铜时代的经典纹样，由庄严的兽面纹、灵动的龙纹和翩跹的凤鸟纹逐渐抽象演化而来，流行于西周至春秋战国时期。其名称始见于《吕氏春秋》："周鼎有窃曲，状甚长，上下皆曲。"代表器物有毛公鼎、晋侯邦父鼎等。（门昕宁）

116

紫檀方香几

Red Sandalwood Square Side Table

清

高 86 厘米　长 40 厘米　宽 40 厘米

Qing dynasty (1644–1911)
Height: 86 cm
Length: 40 cm
Width: 40 cm

方香几以紫檀精制而成，素面，又在牙板、角牙及腿足底端饰以卷云纹与回文，删繁就简的形制暗合宋代文人清雅含蓄的美学追求。方形几面、束腰、内翻腿足和托泥的结合，恰与南宋《听阮图》中的香几架构神似；紫檀幽深的色泽和腿足处细微的角牙装饰，又与北宋《听琴图》中的黑色香几形成审美共鸣。

香几诞生之初多为方形，随时代变迁形状逐渐增多，明人高濂《遵生八笺》记载：“书室中香几之制有二，高者二尺八寸……或四八角，或方，或梅花，或葵花，或慈菰，或圆为式；或漆，或水磨诸木成造者。”以上记述几乎囊括了香几的所有形式。（门昕宁）

117

紫檀方凳

Red Sandalwood Square Stool

清

高 44 厘米　长 38 厘米　宽 38 厘米

Qing dynasty (1644–1911)
Height: 44 cm
Length: 38 cm
Width: 38 cm

此凳凳面方正，攒框镶漆面心，座面边缘二层，上层平素，下层打洼，这种双层的边抹设计并不多见。束腰处雕绳纹，上下有托腮，方腿直足，腿间安横枨。

此凳虽小，但座面边缘、束腰等处精细的制作却体现出宫廷家具的考究。（赵嬴嬴）

118

紫檀棂格门架格

Red Sandalwood Bookshelf with Latticework

清早期
高 186 厘米　长 110 厘米　宽 40 厘米

Early Qing dynasty
Height: 186 cm
Length: 110 cm
Width: 40 cm

紫檀制。通体光素无纹，架格齐头长方式。上下两层为架，四面开敞；中间两层为柜，有棂格，风格相同而错落有致。其前面一侧有门，另一侧无门。四腿直下，下有角牙。此架格有明式风格，但其两扇灯笼锦小门又具明显的清式风格，符合清早期家具尚保留明代遗风的特点。

清代宫廷陈设中的架格材质多样，有紫檀、黄花梨、楠木、洋漆。紫檀架格的制作除下发至清宫内务府造办处木作完成外，或因产地近宜，由地方制作后进贡者居多。据陈设档所载，宫中各殿宇多喜用紫檀材质的架格，而在三山五园则多选用楠木或黑漆描金质地的架格。（刘珊珊）

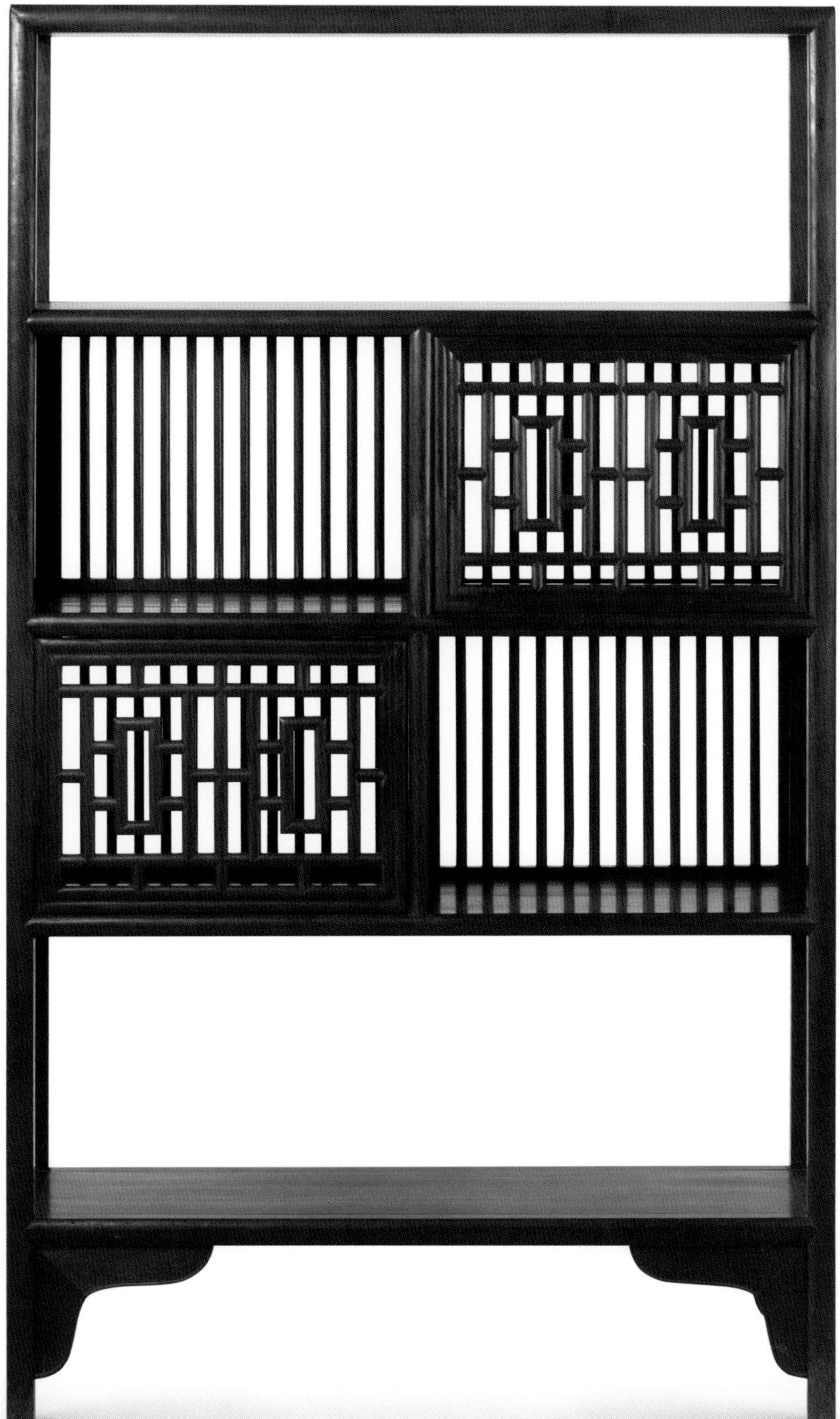

119

掐丝珐琅炉瓶盒三事（一套）

Cloisonné Incense-burning Set

清乾隆
炉：高 6.9 厘米　口径 7.6 厘米　宽 10.8 厘米
箸瓶：高 10.4 厘米　口径 1.2 厘米　腹径 4.3 厘米
盒：通高 3.4 厘米　口径 5.6 厘米　足径 3.9 厘米
罐：通高 7 厘米　口径 2.5 厘米　足径 3 厘米

Qianlong era (1736–1795) of Qing dynasty (1644–1911)
Incense burner:
Height: 6.9 cm
Diameter of mouth: 7.6 cm
Width: 10.8 cm
Bottle:
Height: 10.4 cm
Diameter of mouth: 1.2 cm
Diameter of belly: 4.3 cm
Case:
Overall height: 3.4 cm
Diameter of mouth: 5.6 cm
Diameter of foot: 3.9 cm
Jar:
Overall height: 7 cm
Diameter of mouth: 2.5 cm
Diameter of foot: 3 cm

两宋已降，文士将焚香视为日常雅事。室内香具的发展追求古朴典雅或清秀可爱，尺寸也不大。

此套器物为香具，包括炉、瓶、盒、盖罐、铲、箸、方盘。炉以燃香，盒以贮香，瓶用来插铲、箸。铲、箸铜胎鎏金，以錾刻为饰。其余五件器物均为掐丝珐琅，在天蓝地上饰缠枝莲纹，外底中心阴刻“大清乾隆年制”“宁寿宫第四分”款。

掐丝珐琅大约于元代传入我国，明代发展迅速，自成特色。由于掐丝珐琅器色彩丰富明艳、图案繁缛细密、效果富丽华贵，明初曹昭《格古要论》评价它“但可妇人闺阁中用，非士大夫文房雅玩”。虽然如此，掐丝珐琅仍逐渐被文人士大夫接受，作为文房、香具、陈设等，进入他们的生活。（展梦夏）

120

竹捕鱼图笔筒

Bamboo Writing-brush Holder with Fishing Design

清早期

高 12 厘米　口径 7.3 厘米　底径 7.4 厘米

Early Qing dynasty

Height: 12 cm

Diameter of mouth: 7.3 cm

Diameter of bottom: 7.4 cm

笔筒圆体，三矮足。筒身去地浅浮雕一渔翁腰悬鱼篓，正于水中以筌笼兜鱼。其弓身侧首的动作拿捏颇为准确，手足均未做刻画，神态却已活灵活现。人物束髻小巾巾角微扬，与岸边柳条飘拂正相呼应，熏风和暖中的田园野趣跃然而出。

渔樵耕读为传统社会中有代表性的四业，又是士大夫阶层寻求精神自由的隐逸生活的象征，在工艺美术品上多有表现，竹刻亦不例外。此作画面简洁，饶有韵味，去地浅浮雕技法精熟。这种技法在竹刻史上被称作“薄地阳文”，由清初嘉定著名竹人吴之璠创制，影响深远。而主体纹饰之外，笔筒边缘隐起的云气与山峦、阴刻的人物须髯、朦胧依约的柳丝、凹凸变化精微的水纹等局部，与大面积的留白一起，形成对比与衬托，在很小的浮雕高度内显出清晰的层次关系。此作虽无款识，但艺术水平不俗，当出自吴之璠一脉嘉定竹刻名家之手。（刘岳

121

竹留青古佩纹臂搁

Bamboo Wrist Support with Pendant Design in Reserved Bamboo Skin

清中期
长 24 厘米　宽 6.7 厘米

Mid-Qing dynasty
Length: 24 cm
Width: 6.7 cm

臂搁长方形，覆瓦式。器表以留青、浅浮雕及阴刻技法表现纹饰，边缘及三个转角为变体夔凤纹，中间布排三组仿古玉佩及玉饰纹，每组两件或三件，有绦带缠绕。清乾嘉时期金石考据之风在知识群体中颇为盛行，反映到竹刻领域，则出现了摹刻青铜器文字、碑版、古钱币及各种古代器物的装饰题材。不过这种仿古有时并不严谨，仅取若干要素加以杂糅，正如此作所刻画的玉饰，并不能坐实为某一种历史上曾出现的器物。

此臂搁所用之留青工艺，又称皮雕，是在竹筒的表皮层上刻出纹饰，然后去掉其余部分，露出竹肌为地，表现为极浅的阳文，而竹皮色浅而滑润，竹肌色深而具纵向丝纹，且时间愈久，色调与质感的差别愈大，可以说是一种根据竹材的自然属性而创造出的独特工艺。此作可以视为留青工艺效果的一个范例，通过竹青与竹肌部分的纹饰对比来划分主次、位置关系，特别是位于下部的一组三件，用竹青的全留、少留与不留，显示叠压与空间透视，且在一定程度上体现出玉器的质感与肌理，形成了突出的装饰效果，是整体纹饰的最佳代表。

此臂搁留有清室善后委员会接收清宫遗存时编订的千字文编号，依据《故宫物品点查报告》可知此器当时存放于懋勤殿，为一木橱中所藏“各种雕刻竹臂搁十个”之一。（刘岳）

122

仿官釉笔山

Writing-brush Stand in Guan-style Glaze

明

高 3.8 厘米　长 12.3 厘米

Ming dynasty (1368–1644)
Height: 3.8 cm
Length: 12.3 cm

笔架呈山形，通体施青灰釉，釉面匀润，有黑褐色开片。

“笔山”专用以搁置毛笔，宋代始逐渐演化为文人书房雅玩。其山峦叠嶂的形态融合了文人“案头山水”的意趣。宋代笔山多见水晶、石、铜等材质，至明代则大量出现陶瓷材质笔山。（蒋艺）

123

白玉双螭纹墨床

White Jade Ink Rest with Two *Chi*-dragons Design

清

高 1.5 厘米　长 8 厘米　宽 4.5 厘米

Qing dynasty (1644–1911)
Height: 1.5 cm
Length: 8 cm
Width: 4.5 cm

玉质温润，散布人工皮色，颇增古趣。造型简练，作卷几式，顶面平整，可承放墨块。两端各浮雕一个螭龙攀附其上，左右相望，生动活泼。墨床侧面浮雕勾云纹。下承木座，与其形成色、质对比。

墨床虽有实用功能，但亦可作为文房雅器陈设案头。螭龙纹和勾云纹均为战汉时期玉器常用纹饰，显示此例仿古之趣。（刘梦媛）

124

端石抄手砚

Duanxi-stone Inkstone in Chaoshou Style ("Inserting the Hand")

明

长 22.2 厘米　宽 13.7 厘米　厚 9 厘米

Ming dynasty (1368–1644)
Length: 22.2 cm
Width: 13.7 cm
Thickness: 9 cm

端石以密度适中、发墨不损毫等独特优点位居四大名砚之首，因其产于端州（今广东省肇庆市），故有此名。端石制砚始于唐而盛于宋，宋人《端溪砚谱》中即有“石性贵润，色贵青紫”之说。此砚石质细腻温润，色如紫玉，石上有天然胭脂晕纹理，为端石佳品。

抄手式砚源于五代，流行于宋代，其砚背开斜通式深槽，可以手抄之，体轻且便于移动。（于倩）

125

青铜兽形砚滴

Bronze Animal-shaped Water Dropper

汉

通高 7.2 厘米　长 16.5 厘米　宽 8 厘米

Han dynasty (206 BCE–220 CE)
Overall height: 7.2 cm
Length: 16.5 cm
Width: 8 cm

砚滴整体呈瑞兽形，作蹲踞状，衔一耳杯作吐水用。背上有一短柱形突起，注水用，其上附盖，取下可作滴管。

砚滴的出现与笔墨的使用及书画的兴起有关。早期注水器皿的水流量难以控制，致使墨的浓淡程度受到较大影响。砚滴水流细缓，便于控制，又因造型多样、古雅别致，颇具赏玩价值而深受古人喜爱。

汉朝砚滴以实用功能为主，多以蟾蜍、龟等瑞兽为题材，寄托了古人祈望祥瑞的美好愿望。宋朝崇尚雅致生活，因此越来越注重器物的观赏功能与审美价值，砚滴也在实用功能的基础上衍生出了浓厚的审美情趣，成为文人士大夫阶层竞相追捧的文玩新宠。到了清代，砚滴题材蔚为广泛，题材也更加走向世俗化与生活化。（哈少川）

126

碧玉牺形砚滴

Jasper Sacrificial-animal-shaped Water Dropper

清乾隆

高 11 厘米　长 13.5 厘米　宽 4.8 厘米

Qianlong era (1736–1795) of Qing dynasty (1644–1911)

Height: 11 cm

Length: 13.5 cm

Width: 4.8 cm

砚滴碧玉质，玉中带有糖色。圆雕一似牺之动物，驴耳，牛鼻，短尾，四蹄。眼眉、鼻梁深处和尾部均有各种回纹及变形云纹。内膛较小，滴注上刻饰两圈绳纹。底部刻"乾隆年制"四字双行篆书款。

砚滴是注水入砚的文房用具，也称为水滴、水注。此器造型仿清宫旧藏青铜牺尊，可视为牺尊的微小化改造，以碧玉制作，更好地模仿了青铜的颜色。整体构思巧妙，意趣盎然，为乾隆朝仿古玉器中的精品佳作。（徐琳）

仿官釉三足洗

Tri-legged Writing-brush Washer in Guan-style Glaze

清雍正
高 5.5 厘米　口径 16 厘米　底径 15.3 厘米

Yongzheng era (1723–1735) of Qing dynasty (1644–1911)
Height: 5.5 cm
Diameter of mouth: 16 cm
Diameter of bottom: 15.3 cm

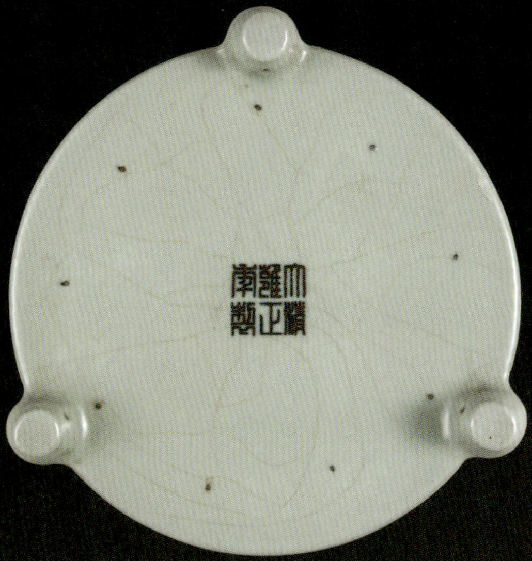

宋瓷因造型典雅、釉色含蓄、质感温润，被后世奉为美学圭臬。经过明代文人的鉴藏活动、著述推广，宋瓷遂与古铜器并列。官窑、哥窑、定窑之笔洗、水丞是文人钟爱的品类，深具单纯简练之美，亦被反复模仿、再现。

此件三足洗，器形仿宋代汝窑样式，但釉色却非汝窑的天青釉，而是仿宋官窑的粉青釉。洗敞口，短直腹，平底，下承以三蹄足。足底平。外底有九个细小芝麻钉痕。足内有青花“大清雍正年制”六字三行篆书款。内外施青釉，釉面开大小纹片。器底的细小芝麻钉也是仿宋代汝窑的支烧工艺特征，只是支钉痕数量增加，以防器底变形下塌。

雍正仿官釉是唐英成功仿古釉瓷器品种之一。《陶成纪事碑记》中记录为“仿铁骨大官釉”，为唐英“仿古采今”五十七种釉彩之一，《陶成纪事碑记》中将“仿铁骨大官釉”位居仿古釉品种的前列，并将“仿铁骨大官釉”釉色分为月白、粉青、大绿等三种，此件应属粉青釉。（郑宏）

128

白玉双鱼纹洗

White Jade Writing-brush Washer with Double-fish Design

清

高 4.5 厘米　口径 15.7 厘米　足径 9.6 厘米

Qing dynasty (1644–1911)
Height: 4.5 cm
Diameter of mouth: 15.7 cm
Diameter of foot: 9.6 cm

洗敞口，弧壁，圈足。内外壁光素，仅口沿处碾琢弦纹。内底雕刻双鱼，其形象及构图并非承袭唐宋以来金银器、瓷器中常见的首尾相衔的游鱼，而更接近汉代青铜洗所刻画的双鱼风貌，显然是有意追摹。

笔洗作为书房不可或缺的文具，自然也受到文人关注。明人高濂在《遵生八笺》提出，笔洗可用前代青铜小盂、小釜、小卮、匜，赋予了古物新的功能。他还指出玉质笔洗，无论是钵盂形、长方形，还是玉环形，无论简素或雕饰花纹，"工巧拟古"者最可取，宣示了文人的审美趋向。

此洗造型简洁，面貌敦朴，纯以温润质地取胜。玉洗配有木束腰圆形座，便于陈设，两者材料、色彩、触感的反差，又给使用者增添了审美的愉悦。（张燕芬）

129

紫檀镶青玉蚕纹璧座屏

Red Sandalwood Table Screen with Green Jade *Bi* Disc and Silkworm Design

玉璧：战国
径 12.2 厘米　厚 0.6 厘米
屏：清
高 24 厘米　宽 17.7 厘米　厚 10.5 厘米

Green jade *bi* disc: Warring States period (475–221BCE)
Diameter: 12.2 cm
Thickness: 0.6 cm
Table screen: Qing dynasty (1644–1911)
Height: 24 cm
Width: 17.7 cm
Thickness: 10.5 cm

紫檀插屏所镶为战国青玉璧，玉璧有褐色沁斑，双面琢蚕纹。至晚在明代，文人就以前代玉件作为笔屏装饰。高濂《遵生八笺》“笔屏”条称：“宋人制有方玉、圆玉花板，内中做法，肖生山树禽鸟人物，种种精绝。此皆古人带板、灯板，存无可用，以之镶屏插笔，觉甚相宜。”这样的“二次利用”不仅被清代继承，还进一步扩大使用范围，从笔屏到小屏风再到宝座等，均有前代玉片的身影。

此件紫檀插屏正面浅雕变形夔纹，屏心玉璧孔处有圆形固定木，上阴刻乾卦及双夔龙，隐含“乾隆”之意，暗示乾隆帝承天启运。背面圆形开光内刻御制诗《咏汉玉谷璧》：“莫莫复沉沉，精华蕴内心。惟其湛于古，是以贵乎今。无物持为比，有光葆则深。土华合玉质，久泯迹相侵。”末署“乾隆丙申新春御题”，并“几暇怡情”“得佳趣”朱文方印。诗见载《清高宗御制诗四集》卷五十一。类似嵌玉璧插屏清宫留存不少，反映了皇帝对此式古璧再设计的喜爱。（张燕芬）

130

青铜错金银提梁凫尊

Bronze Water-fowl-shaped *Zun* Vessel with Gold-and-silver Inlay and Loop-handle

明

高 13 厘米　长 14 厘米　宽 5.5 厘米

Ming dynasty (1368–1644)
Height: 13 cm
Length: 14 cm
Width: 5.5 cm

尊体呈站立野鸭形，昂首曲项翘尾。自凫背部耸起处为尊的口、颈部，尊口外侈，宽唇，束颈。一提梁沿凫首方向纵贯于口沿两端。颈部向下饰连珠纹与同心圆纹相间分布，通体纹饰施以错金银工艺。

尊作为一种盛酒器，流行于商周时期，体型多较大。后人承袭古代礼制而多有仿古制作，器物用途也有所改变。玲珑巧致的小型器物，或加之盖，或配以座，置于书桌案头，便于观赏，亦可把玩，尽显文人雅意。（哈少川）

131

犀角山水人物图杯

Rhinoceros Horn Cup Carved with Landscape and Human Figures Design

清早期
高 11 厘米　口长 16.7 厘米　底长 4.6 厘米

Early Qing dynasty
Height: 11 cm
Length of mouth: 16.7 cm
Width of bottom: 4.6 cm

杯依犀角原形设计，为典型的敞口小底之制。外壁高浮雕及镂雕纹饰，宛如画卷，徐徐铺陈，山岩松柏，石梁流泉，屋舍掩映，人物分作几组，布排其间。景物层次丰富，两侧较疏朗而口、足、柄部较繁密，尤其杯柄斜伸而出的镂空巨岩，其上树木丛生，探入杯口，将各面及内外联系起来，构图颇为讲究。人物虽小，身份、性别仍清晰可辨，他们或立或坐或攀谈，神态可掬，成为画面的点睛之笔。杯底刻水波与石纹，隙地有减地浮雕篆书“直生”“尤侃”连珠印章。下配木嵌银丝镂雕松竹梅纹四足座，座底阴刻隶书“明尤直生制人物山水犀角杯，雪庵藏”。

明清时期，各式杯、盏成为犀角制品的主要类型。它们是士大夫阶层生活方式演变的一种反映，更与宴饮娱乐的时尚紧密相关。因材质珍稀，犀杯在酒宴过程中一般不是作为普通酒具，而是更多作为“劝杯”，承担着劝酒的功能。

据《无锡县志》等材料，该地有尤某，以善刻犀角闻名，称“尤犀杯”，康熙年间曾被征召入宫。从传世署款实物的质量和数量来看，尤侃的确是一位工艺水平相当高的犀雕工匠，但是否即为“尤犀杯”，则还有待更多证据来证明。（刘岳）

132

紫檀嵌玉水仙纹长方盒

Red Sandalwood Case with Jade-inlaid Chinese Narcissus Design

清

通高 10.8 厘米　长 25.3 厘米　宽 16 厘米

Qing dynasty (1644–1911)
Overall height: 10.8 cm
Length: 25.3 cm
Width: 16 cm

盒天覆地式，边沿刻回纹。盖面以白玉、碧玉嵌水仙二株，四壁以减地浮雕技法表现相同题材，整体文雅工致。水仙因“清香自信高群品”而受文人喜爱，又因寓意美好、形象俊逸，常见于日用装饰。此式紫檀匣盒多陈设于书斋，用以盛装手卷、册页。（张燕芬）

133

紫檀镶“秋山”玉圆盒

Red Sandalwood Case with Jade-inlaid Pine-and-deer Design

清

通高 3.5 厘米　口径 15.7 厘米

Qing dynasty (1644–1911)
Overall height: 3.5 cm
Diameter of mouth: 15.7 cm

盒紫檀制，体扁圆，子母口。通体光素，仅于盒盖中心镶嵌一片小巧的圆形“秋山”玉。秋山题材源自辽代四时捺钵制度，秋季行营围猎多射鹿、虎、熊等，这些野兽生活在山林，故驻地亦须近山，故称“秋山”。

此件木盒虽制作于清代，但镶嵌的秋山玉却是元末明初旧物。玉质纯洁莹润，雕刻流畅分明，双鹿卧于松林之下，一大一小，一公一母，公鹿头顶芝角，母鹿口衔枝条，二者回首相望，温馨可爱。清人将其镶嵌于素雅木面，大片留白，紫檀的温实沉着，映衬玉石的冷静鲜明，既有质料的对比，又有色彩的呼应。整件作品琢磨考究，且毫无清代工艺美术的繁缛堆砌之弊，蕴精致于平朴，展示了宫廷古物再设计的简约风貌。（张燕芬）

134

铜兽首衔环耳壶

Bronze *Hu* Vessel with Animal-shaped Ring-holding Ears

汉

高 37 厘米　口径 12.2 厘米

Han dynasty (206 BCE–220 CE)
Height: 37 cm
Diameter of mouth: 12.2 cm

直口，束颈，扁圆腹，圜底，高圈足。肩上饰四周凸弦纹，两侧分饰兽首衔环二，腹部及腹下通饰多条凸弦纹。

腹内附有一铜质内胆，内胆呈圆筒状，口部外侈附盖，盖上有六处插孔，中孔圆大，外侧环列五叶形小孔，直腹平底。内胆筒身满刻篆书铭文，内容节选自御制诗《咏宣德窑无当尊》：“官汝之次称宣成，世代愈降制愈精。轮辂拙巧递变更，欲返其初嗟孰能。是器本拟尊罍瓶，胡为无当水难盛。抑别具义得试评，堂溪公对昭侯曾。贱者瓦瓦贵玉瑛，注浆漏或不可乘。则用瓦矣玉在库，叁复洁矩将毋惊。瓷无款识留标名，中含铜胆生绿青。底书宣德贻大明，相依表里如弟兄。阅数百岁犹联并，神物守之语信诚。可以贮水簪群英，掞辞绎义静六情。”末署“乾隆壬辰新春下浣御题”，钤“乾”“隆”二印。

将古代礼器或前代瓷器配以附件改变功能，是崇古活动中较为常见的一种做法。通过御制诗可知，乾隆帝对自己改造汉青铜壶与宣德无当尊之举，颇为自得。（哈少川）

135

博古图轴

Hanging Scroll of *Antiques*

清
佚名
纸本设色
纵 126.4 厘米　横 56.1 厘米

Qing dynasty (1644–1911)
Anonymous
Ink and color on paper
Size: 126.4 × 56.1 cm

明清文人雅好博古，书画器玩均崇尚仿古，绘画中“博古清供图”逐渐流行。博古清供图是将盆景、瓶插时令花木、水果、奇石、古物等组合于同一画面，取其吉祥寓意，以表达人们美好愿望的绘画类型。

图绘插有松枝与梅花的立耳三足罐形铜鼎、菖蒲灵芝盆景、插着菊花的蓝色浮雕龙纹长颈瓶。前景处陈三足器物，同型器可见于《西清古鉴》，为汉龙首鐎斗。鐎斗是古代的温酒器，亦可用于夜间敲击报更。图中松枝、梅花、菖蒲皆为文人喜爱的花木品种，灵芝与菊花有长寿的寓意。

此图为清宫旧藏，无作者款印，器形刻画准确，设色古朴淡雅，应出自宫廷画家之手。（蒋彤）

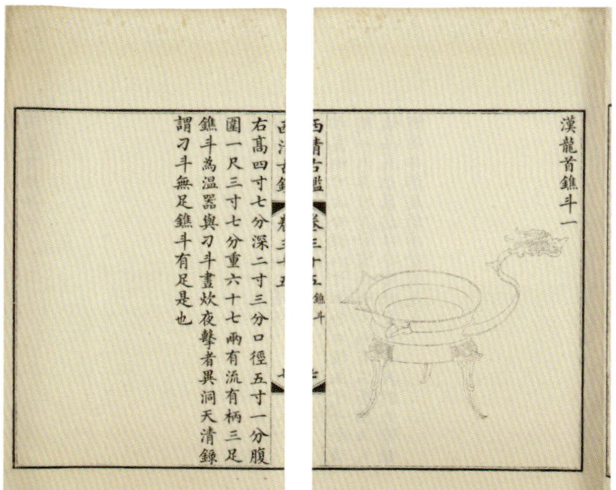

漢龍首鐎斗一

西清古鑑　卷三十五　鐎斗

右高四寸七分深二寸三分口徑五寸一分腹圍一尺三寸七分重六十七兩有流有柄三足

鐎斗為温器與刁斗晝炊夜擊者異洞天清錄謂刁斗無足鐎斗有足是也

《西清古鉴》卷三十五“汉龙耳鐎斗一”
“*Jiaodou* Vessel with Dragon-shaped Ears of Han” in *Xiqing Illustrated Catalog of Ancient Bronzes (Xiqing gujian)*, Vol. 35

盒有烟霞

A Box of Boundless Wonders

古物与时玩既可开架陈设，也可装匣清赏。这些荟集的珍宝，少则数件，多可百件，共同收贮于设计精巧的格柜或箱盒之中，成为“百什件”。“百什件”既是一种独特的贮藏形式，也是清人宇宙观、历史观的外化。盒中珍玩，有品类相对单一者，更多的则是不同材质、时代、地域兼而有之，可谓“东西十万里，上下五千年”。匣盒不过方寸之地，却可由此遍览今昔，纵观中外，照见天地。

Antique objects and contemporary collectibles can either be displayed openly on shelves or stored in cases for private appreciation. These treasures, ranging from just a few to hundreds, are often meticulously arranged in intricately designed cabinets or cases, forming what is known as a *baishijian* (“a collection of a hundred diverse objects”). This unique storage style reflects the worldview and historical perspective of the Qing people. The items within these cases may belong to a single category, but more often they encompass a rich variety of materials, eras, and regions, embodying the breadth of “ten thousand miles across the world and five thousand years through time.” Though the space within a case is limited, it offers a vast journey through the past and the present, across cultures and civilizations, capturing the essence of the universe in miniature.

136

紫漆百宝嵌岁朝图八方百什件盒

Octagonal Treasure Case with Gem-inlaid Design of the New Year's Auspicious Beginning on Purple Lacquer Ground

清

通高 13 厘米　长 37 厘米　宽 37 厘米

Qing dynasty (1644–1911)
Overall height: 13 cm
Length: 37 cm
Width: 37 cm

紫漆百宝嵌岁朝图八方百什件盒　台北故宫博物院藏

Octagonal Treasure Case with Gem-inlaid Design of the New Year' s Auspicious Beginning on Purple Lacquer Ground, Collection of the Palace Museum in Taipei

盒天覆地式，木胎髹紫漆。盒盖立面满饰描金西番莲纹。盖面以玉、玛瑙、玻璃、碧玺、蜜蜡、珊瑚、绿松石、黄杨木、染牙等各色材料镶嵌岁朝清供图。居中为大吉葫芦瓶，瓶内插南天竹、蜡梅；其左为剔红盘，内有两株盛开的水仙；其右是一缸金鱼；背后有一枝松柏；前方则放置葡萄、柿子、石榴和磬。均为年节应景陈设。

此式紫漆百宝嵌盒为一对，两岸故宫各有一件。北京故宫博物院所藏原为永寿宫之物，根据《故宫物品点查报告》可知，1925年时盒内物品已不完整，仅留有4件御笔春帖。台北故宫博物院的一件原属养心殿，盒内分层分格，有各色文玩十余件，为一套百什件。清宫百什件装配，多喜成对成双，由此可推测永寿宫这件也极可能是百什件外盒。

百什件融合了文人趣味与宫廷文化，是清宫品古鉴今活动的附丽，也是见微知著却又通俗有趣的独特门类。不仅内在琳琅万象，外在亦不同寻常，可谓“秀外慧中”。其外盒外箱多为漆木材质，这之中又以传统的剔红、百宝嵌与莳绘工艺最为精彩夺目。（张燕芬）

大
吉

大
吉

137

莳绘牡丹纹长方百什件盒

Maki-e Rectangular Treasure Case with Penoy Design

江户时代
通高 15 厘米　长 31.8 厘米　宽 23.9 厘米

Edo Period (1603–1868)
Overall height: 15 cm
Length: 31.8 cm
Width: 23.9 cm

漆盒日本制，莳绘工艺，精美华丽。表面运用金粉、银粉、色粉，综合莳绘工艺中的梨子地、研出莳绘、平莳绘、薄肉高莳绘等技法，绘制了小溪蜿蜒流淌于牡丹、菊花、百合丛中的景致，画面优美自然，充满诗意，是莳绘漆器常用的装饰题材。运用多种技法，呈现华丽的装饰效果，是江户时代莳绘漆器的典型特征。

制作精良的日本莳绘漆器在康熙、雍正、乾隆三朝大量进入清代宫廷，足见帝王对莳绘漆器的喜爱。它们之中有不少被选为百什件外盒，为便于收纳取放，盒中布局多精心设计，通常是盒中安屉，屉中分格。据《故宫物品点查报告》载，此件漆盒原藏皇极殿，1925年点查时，盒内有“各式小表十五支”。（邢娜、张燕芬）

138

莳绘团凤纹长方百什件盒

Maki-e Rectangular Treasure Case with Coiled Phoenix Design

江户时代
通高 13 厘米　长 21.8 厘米　宽 15.2 厘米

Edo Period (1603–1868)
Overall height: 13 cm
Length: 21.8 cm
Width: 15.2 cm

漆盒日本制，表面装饰精美绝伦，莳绘工艺依次累加，在满铺金粉的沃悬地工艺上饰卍字锦纹，在卍字锦纹上又饰团凤纹。匣内是莳绘漆器中经常运用的地莳工艺，盒内原有一盘，饰日式人物图。另有一木匣，为清宫后加，后加屉上的各式凹槽证明，此漆盒在进入清代宫廷后，成为收藏文玩的百什件装匣。（邢娜）

139

“福寿宝胜”百什件

Fushoubaosheng Treasure Cabinet

清乾隆装配
剔红盒：通高 29.8 厘米　口径 35.7 × 19.5 厘米　底长 40.7 厘米
底宽 24.7 厘米

Stuffed in the Qianlong era (1736–1795) of Qing dynasty (1644–1911)
Cavved red lacquer cabinet:
Overall height: 29.8 cm
Dimension of mouth: 35.7 × 19.5 cm
Length of bottom: 40.7 cm
Width of bottom: 24.7 cm

此套百什件收纳于一件三层带盖剔红提梁盒中。盒外壁浮雕缠枝花卉纹及双蝠捧寿纹，盒内髹以黑漆，每层皆配有锦匣。盒底刻“大清乾隆年制”年款及“福寿宝胜”四字款识。

盒内贮藏玉器、漆器、珐琅、象牙、卷轴等各式珍玩33件。其中数件玉器器形仿自商周青铜器，或将旧玉琮加以内胆，成为造型古雅的香熏器，赋予其新的功用。镂雕象牙盒上嵌有螺钿或玛瑙，精工细做，应为乾隆朝广东牙匠之绝技。金漆长方盒应受到日本风格影响，而玳瑁镶画珐琅盒则明显受到西洋风格影响。

《养心殿造办处各作成做活计清档》中或将此类文物称为“百什件”“百事件”，乾隆十八年（1753年）的“活计档”中即有关于此套“福寿宝胜”的记载，可知乾隆帝常亲自参与“百什件”的装配。

此百什件盒空间设计灵活，其内所收清玩包罗万象、横贯东西，材质丰富多样，技艺卓绝，反映出清代宫廷重视文物组合、收藏、传承的新风尚。（于倩）

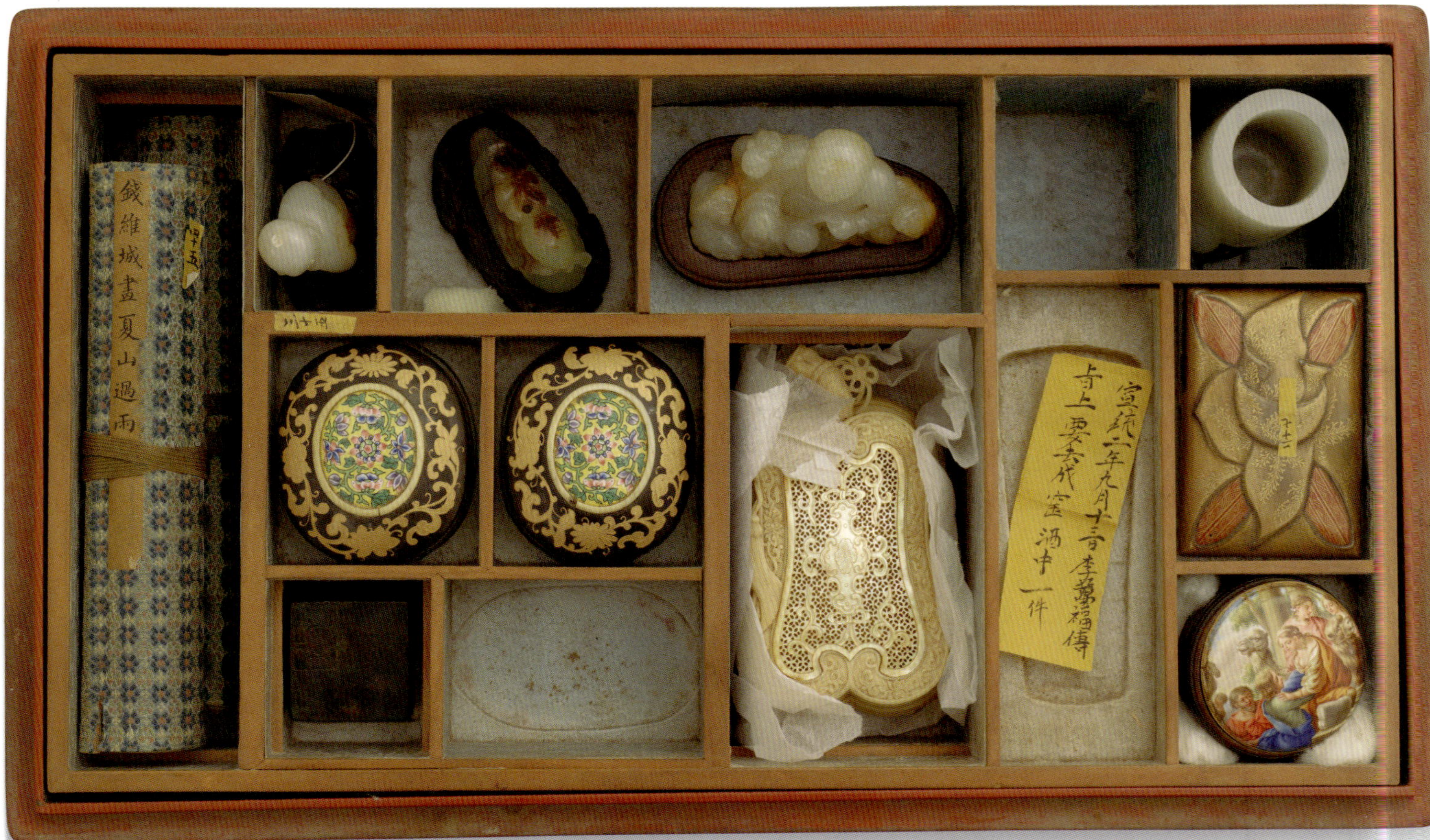

御制和江文通杂拟诗册

Album of *Composed Poems in Response to Jiang Wenyong's Zani Shi*

清乾隆

于敏中

长 8.9 厘米　宽 5.4 厘米　厚 1.8 厘米

Qianlong era (1736–1795) of Qing dynasty (1644–1911)

Yu Minzhong

Length: 8.9 cm

Width: 5.4 cm

Thickness: 1.8 cm

青玉戏狮罗汉

Green Jade Arhat Playing with the Lion

清

高 3.7 厘米　长 6.6 厘米　宽 2.5 厘米

Qing dynasty (1644–1911)
Height: 3.7 cm
Length: 6.6 cm
Width: 2.5 cm

青玉三足筒式炉

Green Jade Tri-legged Cylindrical Censer

清

高 6.2 厘米　口径 3.7 厘米　底径 2.5 厘米

Qing dynasty (1644–1911)
Height: 6.2 cm
Diameter of mouth: 3.7 cm
Diameter of bottom: 2.5 cm

金漆花卉纹长方盒

Golden Lacquer Case with Floral Design

清

通高 1.3 厘米　长 7 厘米　宽 4.8 厘米

Qing dynasty (1644–1911)
Overall height: 1.3 cm
Length: 7 cm
Width: 4.8 cm

玳瑁镶画珐琅西洋人物故事图盒

Tortoiseshell Case with Painted Enamel-inlaid Human Figures Design

清

通高 1.7 厘米　口径 4.4 厘米　底径 4.6 厘米

Qing dynasty (1644–1911)
Overall height: 1.7 cm
Diameter of mouth: 4.4 cm
Diameter of bottom: 4.6 cm

象牙镶螺钿锦纹盒

Ivory Case with Mother-of-pearl Inlay

清

通高 3.5 厘米　长 9.9 厘米　宽 6.4 厘米

Qing dynasty (1644–1911)
Overall height: 3.5 cm
Length: 9.9 cm
Width: 6.4 cm

玉蝉

Jade Cicada

明

长 6 厘米　宽 2.5 厘米　厚 0.7 厘米

Ming dynasty (1368-1644)
Length: 6 cm
Width: 2.5 cm
Thickness: 0.7 cm

春江放棹图卷

Handscroll of *Boat Tour during Spring*

清乾隆

董邦达

纸本墨笔

纵 14.4 厘米　横 65.7 厘米

Qianlong era (1736–1795) of Qing dynasty (1644–1911)

Dong Bangda

Ink on paper

Size: 14.4 × 65.7 cm

夏山过雨图卷

Handscroll of *Rain Scene in the Mountains during Summer*

清乾隆

钱维城

纸本墨笔

纵 14.4 厘米　横 65.7 厘米

Qianlong era (1736–1795) of Qing dynasty (1644–1911)

Qian Weicheng

Ink on paper

Size: 14.4 × 65.7 cm

青玉童子

Green Jade Kid

明

高 5.8 厘米　宽 2.5 厘米

Ming dynasty (1368–1644)

Height: 5.8 cm

Width: 2.5 cm

青玉鹅

Green Jade Goose

明

高 3.1 厘米　长 4.9 厘米　宽 2 厘米

Ming dynasty (1368–1644)

Height: 3.1 cm

Length: 4.9 cm

Width: 2 cm

乾隆御书题画诗卷

Handscroll of *Poems for Painting by Qianlong Emperor*

清乾隆

纸本墨笔

纵 3.5 厘米　横 65.2 厘米

Qianlong era (1736–1795) of Qing dynasty (1644–1911)

Ink on paper

Size: 3.5 × 65.2 cm

铜飞马纹方碟

Copper Square Saucer with Horse Design

清

高 0.5 厘米　长 3.4 厘米　宽 3.4 厘米

Qing dynasty (1644–1911)

Height: 0.5 cm

Length: 3.4 cm

Width: 3.4 cm

黑漆描金镶画珐琅缠枝莲纹椭圆盒（一对）

Black Lacquer Case with Gold-painted Interlocking Lotus Design and Painted-enamel Inlay (A Pair)

清

通高 3 厘米　长 5.9 厘米　宽 5 厘米

Qing dynasty (1644–1911)

Overall height: 3 cm

Length: 5.9 cm

Width: 5 cm

匏制镶玳瑁缠枝莲纹椭圆盒

Gourd Case with Tortoiseshell Brim and Interlocking Lotus Design

清中期

通高 1.8 厘米　径 7.7×6 厘米

Mid-Qing dynasty

Overall height: 1.8 cm

Diameter: 7.7 × 6 cm

象牙花鸟纹火镰盒

Ivory Fire Pricker with Flower-and-bird Design

清中期

长 5.9 厘米　宽 4.3 厘米　厚 0.9 厘米

Mid-Qing dynasty

Length: 5.9 cm

Width: 4.3 cm

Thickness: 0.9 cm

铜弦纹方斗

Copper Square *Dou* Cup

清

高 1.8 厘米　口径 3.5×3.4 厘米　底径 3.2×3.1 厘米

Qing dynasty (1644–1911)
Height: 1.8 cm
Diameter of mouth: 3.5 × 3.4 cm
Diameter of bottom: 3.2 × 3.1 cm

海螺壳（两件）

Trumpet Shell (2 Pieces)

清

高 0.5 厘米　长 1.3 厘米　口径 0.8 厘米

Qing dynasty (1644–1911)
Height: 0.5 cm
Length: 1.3 cm
Diameter: 0.8 cm

剔红独占鳌头图圆盒

Carved Red Lacquer Case with Human Figure Stand on Ao's Head Design

明

通高 2.3 厘米　口径 3.2 厘米　底径 2.7 厘米

Ming dynasty (1368–1644)
Overall height: 2.3 cm
Diameter of mouth: 3.2 cm
Diameter of bottom: 2.7 cm

象牙嵌玛瑙蝠纹石榴形盒

Ivory Pomegranate-shaped Case Inlaid with Agate Bat Design

清

通高 3.5 厘米　口径 8.4×4.7 厘米
底径 9.9×6.3 厘米

Qing dynasty (1644–1911)
Overall height: 3.5 cm
Diameter of mouth: 8.4 × 4.7 cm
Diameter of bottom: 9.9 × 6.3 cm

茄楠香山石形座

Agarwood Hillstone-shaped Stand

清

高 1.5 厘米　长 5.5 厘米　宽 3.2 厘米

Qing dynasty (1644–1911)
Height: 1.5 cm
Length: 5.5 cm
Width: 3.2 cm

青玉琮

Green Jade *Cong* Tube

汉

高 2.4 厘米　长 4.7 厘米　宽 4.5 厘米

Han dynasty (206 BCE–220 CE)
Height: 2.4 cm
Length: 4.7 cm
Width: 4.5 cm

铜盖罐

Copper Lidded Jar

清

通高 3.9 厘米　口径 2.5 厘米
腹径 3.7 厘米　足径 2.5 厘米

Qing dynasty (1644–1911)
Height: 3.9 cm
Diameter of mouth: 2.5 cm
Diameter of belly: 3.7 cm
Diameter of foot: 2.5 cm

松壑朝烟图卷

Handscroll of *Pined Valley in Morning Mist*

清乾隆
董邦达
纸本墨笔
纵 10.7 厘米　横 64.4 厘米

Qianlong era (1736–1795) of Qing dynasty (1644–1911)
Dong Bangda
Ink on paper
Size: 10.7 × 64.4 cm

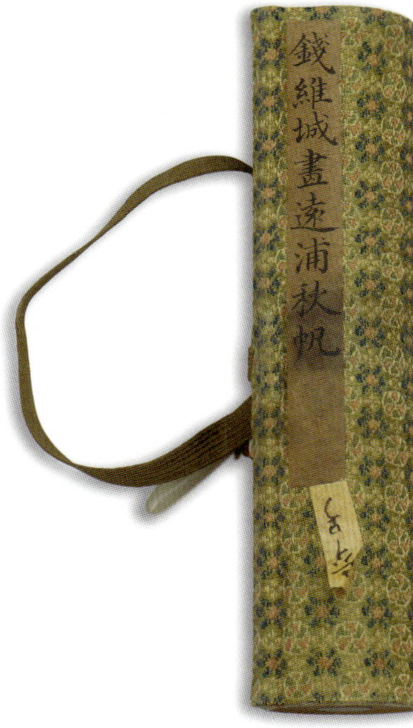

远浦秋帆图卷

Handscroll of *Landscape and View of Ships during Autumn*

清乾隆
钱维城
纸本墨笔
纵 10.7 厘米　横 64.3 厘米

Qianlong era (1736–1795) of Qing dynasty (1644–1911)
Qian Weicheng
Ink on paper
Size: 10.7 × 64.3 cm

御笔写生册（附盒、盘）

Album of *Imperial Sketching from Life Brush Works* (With Case and Plate)

清乾隆
册页：长 7.1 厘米　宽 4 厘米　厚 0.8 厘米
长 14 厘米　宽 6.3 厘米　厚 0.6 厘米
盒：通高 3 厘米　长 13.8 厘米
宽 6.6 厘米　口径 13.2×6 厘米

Qianlong era (1736–1795) of Qing dynasty (1644–1911)
Album: Length: 7.1 cm Width: 4 cm Thickness: 0.8 cm
Length: 14 cm Width: 6.3 cm Thickness: 0.6 cm
Case: Overall height: 3 cm Length: 13.8 cm Width: 6.6 cm
Diameter of mouth: 13.2 × 6 cm

莳绘花卉纹盒（两件）

Maki-e Case with Floral Design (2 Pieces)

清中期
通高 1 厘米　长 8.1 厘米　宽 4.9 厘米

Mid-Qing dynasty
Overall height: 1 cm
Length: 8.1 cm
Width: 4.9 cm

春江放棹图卷

Handscroll of *Boat Tour during Spring*

夏山过雨图卷

Handscroll of *Rain Scene in the Mountains during Summer*

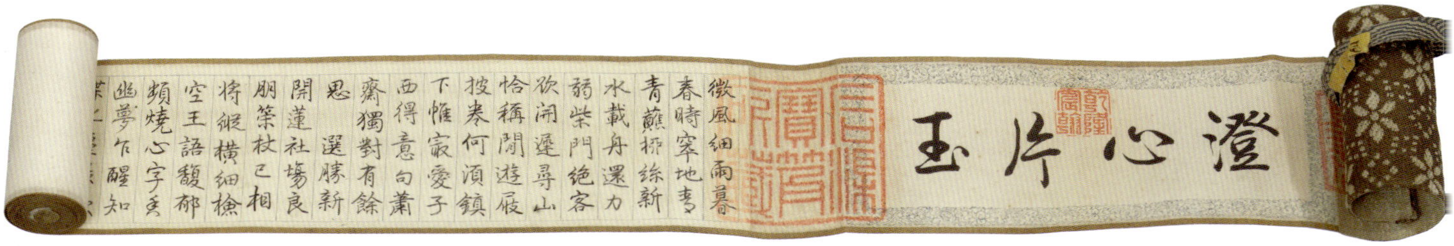

乾隆御书题画诗卷

Handscroll of *Poems for Painting by Qianlong Emperor*

松壑朝烟图卷

Handscroll of *Pined Valley in Morning Mist*

远浦秋帆图卷

Handscroll of *Landscape and View of Ships during Autumn*

御笔写生册（附盒、盘）

Album of *Imperial Sketching from Life Brush Works*
(With Case and Plate)

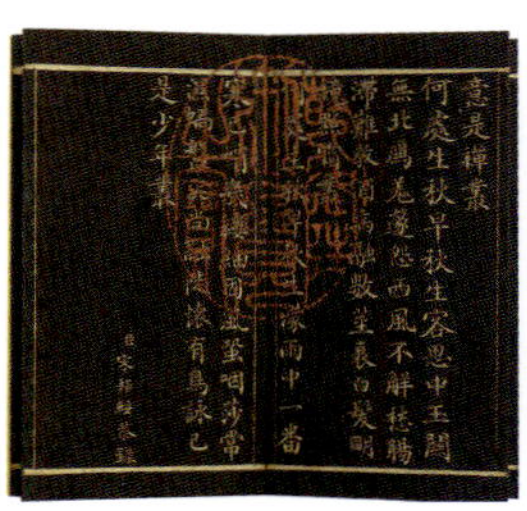

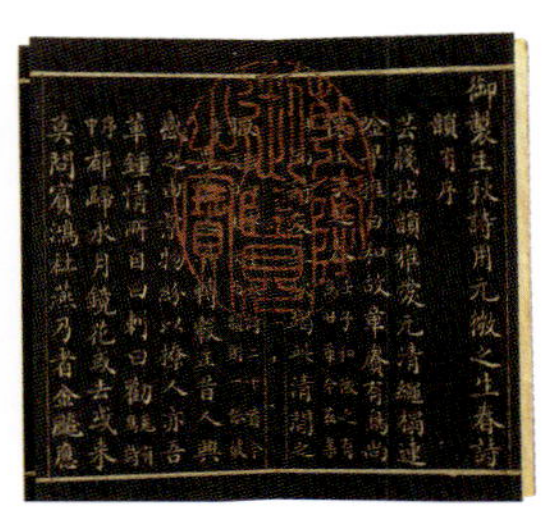

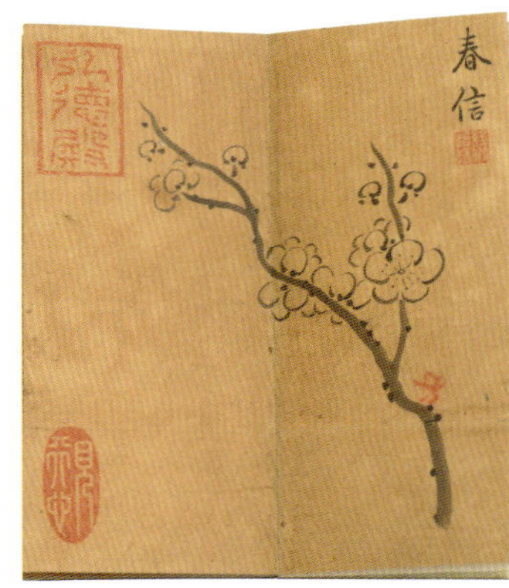

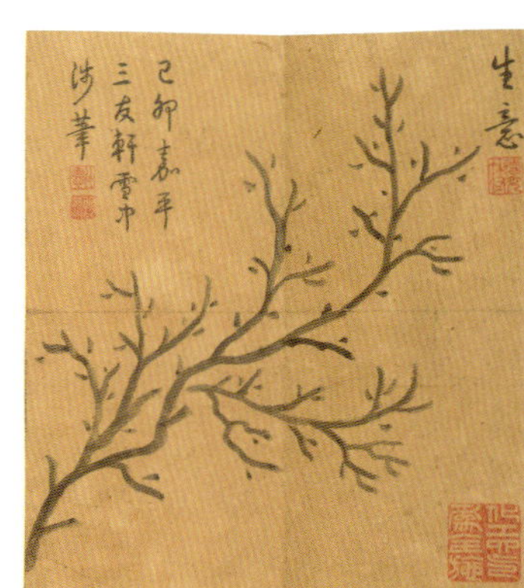

140

“琳琅笥”百什件

***Linlangsi* Treasure Cabinet**

清乾隆装配
通高 50 厘米　长 65 厘米　宽 50 厘米

Stuffed in the Qianlong era (1736–1795) of Qing dynasty (1644–1911)
Overall height: 50 cm
Length: 65 cm
Width: 50 cm

琳琅为美玉，笥为一种竹制容器，亦有装、藏之意。“琳琅笥”是乾隆帝收藏玉器的一套百什件的名字。

琳琅笥初装于乾隆九年（1744年）。据造办处活计档记载，乾隆九年八月二十四日，乾隆帝曾命太监胡世杰把琳琅笥交给造办处匣作制作，当时乾隆帝摆了44屉玉器，共498件，并要求把玉器按照他摆的样款制作木胎并落槽，并面糊月白绫，其槽内要平地糊宣纸写画等。此后，其中的玉器也有填补或换下。到清末时琳琅笥内共盛装玉器511件。

琳琅笥外箱为一件日本黑漆描金的长方盖箱，内盛装9层可抽拉屉匣，除了第一层为一个大屉匣外，其他各层都被分为2 ~ 8个大小不等的屉匣。每个屉匣均以所在层位数字为头字，做四字命名。如第一层为“一统车书”，第二层有“二曜同辉”，第三层有“三才定位”“三光协顺”等，均有美好寓意。每个屉匣内盛装数量不等的玉器，每件玉器均有自己的雅称，如白玉螭纹佩命名为“紫云玦”，白玉龙钮觿式佩命名为“飞华”等。每件玉器都依形落槽，槽内或书或画，屉内覆盖双层锦，一面绘本匣内玉器图画，另一面绘山水或花鸟画。

琳琅笥的玉器多为古玉及仿古玉，年代可上至新石器时代，下至清代。因受限于内匣的高度，琳琅笥玉器多为片状小件，器形有璧、环、璜、佩、剑饰等。时代较早的如玉谷纹龙首璜，其龙首和谷纹均为战国时期的典型纹饰，后世也多有模仿。另外乾隆帝也会仿制古玉并安置在琳琅笥箱内，如乾隆十年（1745年）四月十二日，乾隆帝曾下令造办处玉作按照琳琅笥内的一件汉玉钩环，照样做一件白玉钩环并补入琳琅笥内。再如白玉兽面纹佩和白玉龙钮觿式佩均为清代仿制古玉佩，其造型有所变化，纹饰也更加精细。

琳琅笥堪称一部小型的中国古代玉器史，它不仅是美玉的荟萃，更是清代宫廷独特鉴藏思路的体现，通过巧妙的设计装配，汇集古今，巧用中外。（张林杰）

五色相宣

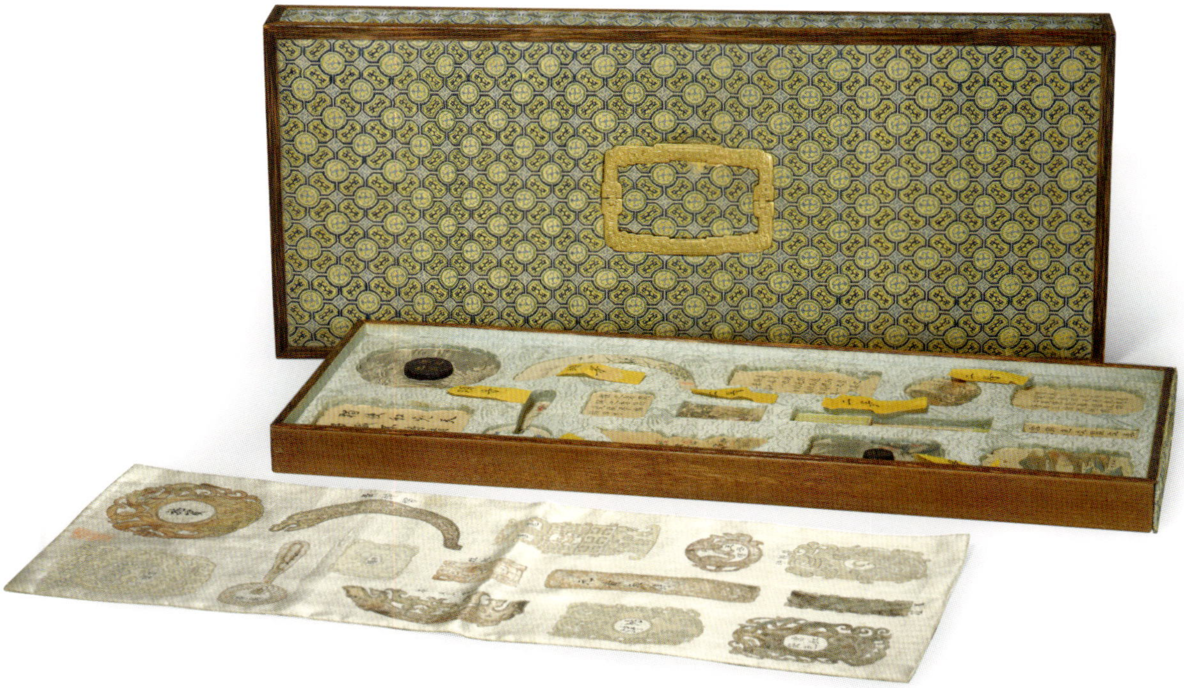

“二曜同辉”屉盒、随屉锦片及部分玉件
“Eryao tonghui” Tiered Case with Brocade Mats and Jade Artifacts

白玉螭纹佩（小玦）
White Jade Pendant
with *Chi*-dragon Design(Xiao Jue)

汉
长 4.5 厘米

Han dynasty (206 BCE–220 CE)
Length: 4.5 cm

玉双凤纹鸡心佩（春水初泮）
Jade Heart-shaped Pendant with Two Phoenixes Design
(*Chunshui Chupan*)

清
长 9 厘米　宽 6 厘米　厚 0.7 厘米

Qing dynasty (1644–1911)
Length: 9 cm
Width: 6 cm
Thickness: 0.7 cm

玉凤首觿（结蕊）
Jade Phoenix-headed Bodkin (*Jie Ru*

南北朝
长 9.8 厘米　宽 2.4 厘米

Northern and Southern dynasties (420–589)
Length: 9.8 cm
Width: 2.4 cm

黄玉龙纹璜（唼萍）
Yellow Jade Dragon-shaped *Huang*
Semicircular Pendant (*Sha Ping*)

汉
长 9.3 厘米　宽 1.7 厘米

Han dynasty (206 BCE–220 CE)
Length: 9.3 cm
Width: 1.7 cm

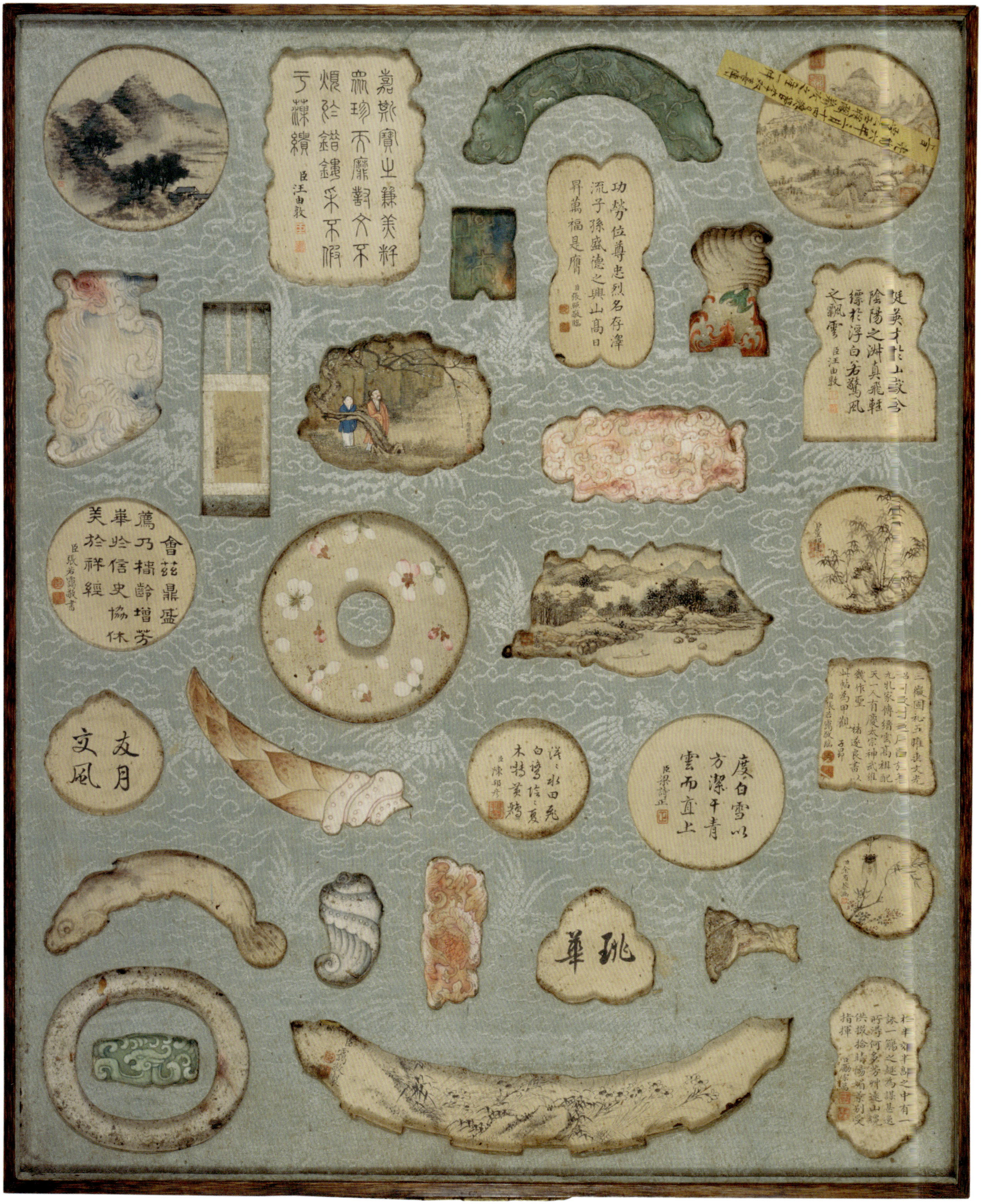

玉龙形佩（玉龙）
Jade Dragon-shaped Pendant (*Yu Long*)

战国
长 10.3 厘米　宽 5 厘米　厚 0.5 厘米

Warring States period (475–221 BCE)
Length: 10.3 cm
Width: 5 cm
Thickness: 0.5 cm

白玉云凤纹鸡心佩（半峰）
White Jade Heart-shaped Pendant with Phoenix-and-cloud Design (*Ban Feng*)

南北朝
长 6.6 厘米　宽 2.4 厘米　厚 0.3 厘米

Northern and Southern dynasties (420–589)
Length: 6.6 cm
Width: 2.4 cm
Thickness: 0.3 cm

白玉三螭纹连环佩（珠网）
White Jade Pendant in Shape of Three Intertwined *Chi*-dragons (*Zhu Wang*)

清
径 5.6 厘米

Qing dynasty (1644–1911)
Diameter: 5.6 cm

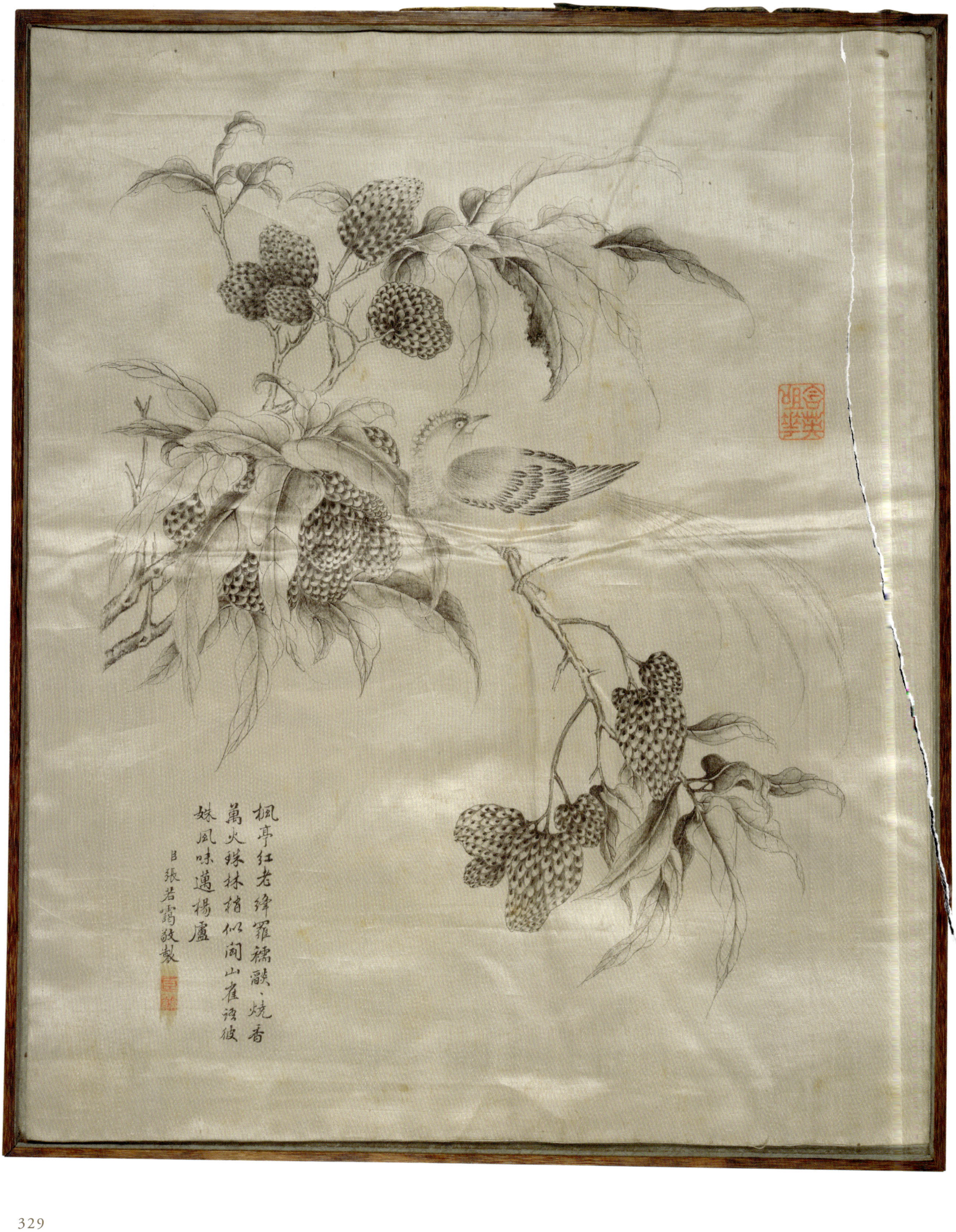
枫亭红老绛罗襦獻、烧香
萬火珠林梢似闽山雀语彼
姝風味邁楊盧
臣張若靄敬製

"三才定位"屉盒、随屉锦片及部分玉件

"Sancai dingwei" Tiered Case with Brocade Mats and Jade Artifacts

330

白玉绳纹环（中央圈）
White Jade Ring with Cord Design (*Zhongyang Quan*)

汉
外径 4.6 厘米　内径 2 厘米　厚 0.6 厘米

Han dynasty (206 BCE–220 CE)
Outer diameter: 4.6 cm
Inner diameter: 2 cm
Thickness: 0.6 cm

白玉凤鸟纹佩（鸣球）
White Jade Pendant with Phoenix Design (*Ming Qiu*)

战国
长 7 厘米　宽 5.1 厘米　厚 0.4 厘米

Warring States period (475–221 BCE)
Length: 7 cm
Width: 5.1 cm
Thickness: 0.4 cm

黄玉双螭谷纹璧（双飞）
Yellow Jade *Bi* Disc with *Chi*-dragons and Grain Design (*Shuang Fei*)

明
外径 8 厘米　厚 0.8 厘米

Ming dynasty (1368–1644)
Outer diameter: 8 cm
Thickness: 0.8 cm

黄玉蚩尤夔首璜（春山藏）
Yellow Jade *Huang* Semicircular Pendant in *Kui*-dragon Shape (*Chun Shan Cang*)

清
长 20.4 厘米　宽 3 厘米　厚 0.8 厘米

Qing dynasty (1644–1911)
Length: 20.4 cm
Width: 3 cm
Thickness: 0.8 cm

釣艇煙波外經樓雲
岫間遥知漁父樂占
得老僧閒
臣允禧恭製

嗜古
守身如玉
守口如瓶

白玉龙首璜（清韵）

White Jade Dragon-headed *Huang* Semicircular Pendant (*Qing Yun*)

南北朝

长 7.5 厘米　宽 2.5 厘米　厚 0.5 厘米

Northern and Southern Dynasties (420–589)
Length: 7.5 cm
Width: 2.5 cm
Thickness: 0.5 cm

玉蟠虬形佩（瑞马）

Jade Pendant in Shaped of Coiled *Qiu* Dragon (*Rui Ma*)

清

长 7.4 厘米　宽 5.4 厘米　厚 0.6 厘米

Qing dynasty (1644–1911)
Length: 7.4 cm
Width: 5.4 cm
Thickness: 0.6 cm

白玉兽面纹佩（截肪）

White Jade Pendant with Animal-mask Design (*Jie Fang*)

清

长 9.3 厘米　宽 5.7 厘米　厚 0.7 厘米

Qing dynasty (1644–1911)
Length: 9.3 cm
Width: 5.7 cm
Thickness: 0.7 cm

白玉螭纹佩（紫云玦）
White Jade *Chi*-dragon Pendant (*Zi Yun Jue*)

西周
长 7.9 厘米　宽 4.4 厘米

Western Zhou dynasties (1046–771BCE)
Length: 7.9 cm
Width: 4.4 cm

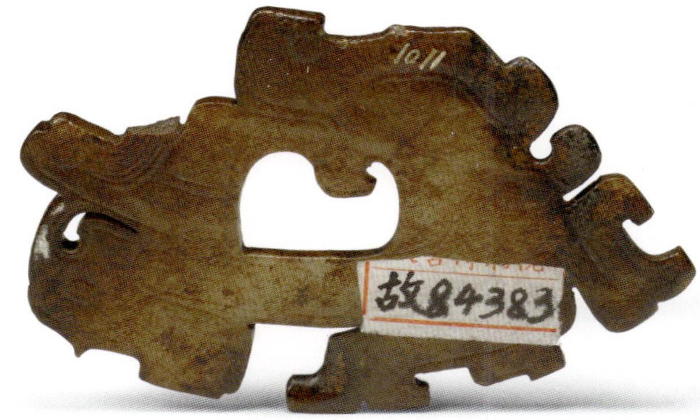

黄玉蟠螭形佩（华虫）
Yellow Jade Pendent in Shape of Coiled *Chi*-dragon (*Hua Chong*)

清
长 4.3 厘米　宽 3.1 厘米　厚 0.7 厘米

Qing dynasty (1644–1911)
Length: 4.3 cm
Width: 3.1 cm
Thickness: 0.7 cm

白玉蟠螭形佩（双蟠佩）
White Jade Pendent in Shape of Coiled *Chi*-dragon (*Shuang Pan Pei*)

清
长 6.5 厘米　宽 4.3 厘米　厚 0.5 厘米

Qing dynasty (1644–1911)
Length: 6.5 cm
Width: 4.3 cm
Thickness: 0.5 cm

“三光协顺”屉盒、随屉锦片及部分玉件

“Sanguang xieshun” Tiered Case with Brocade Mats and Jade Artifacts

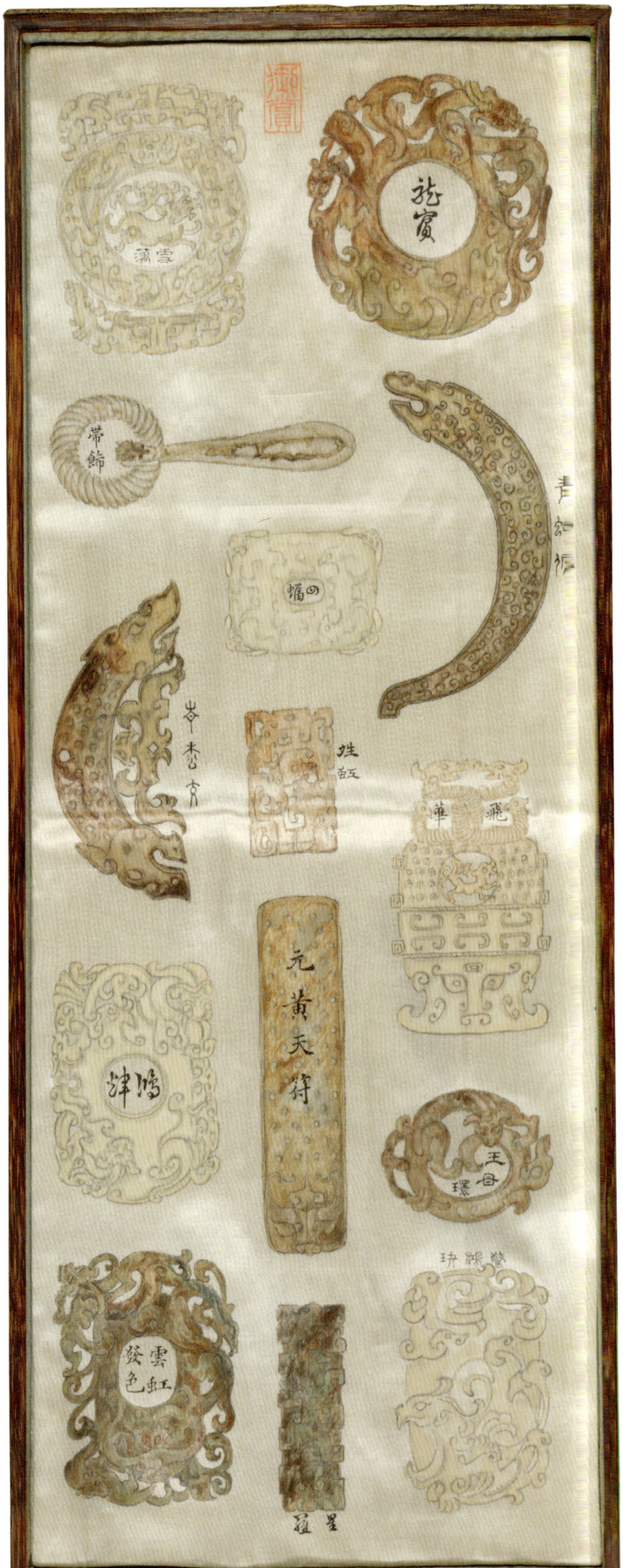

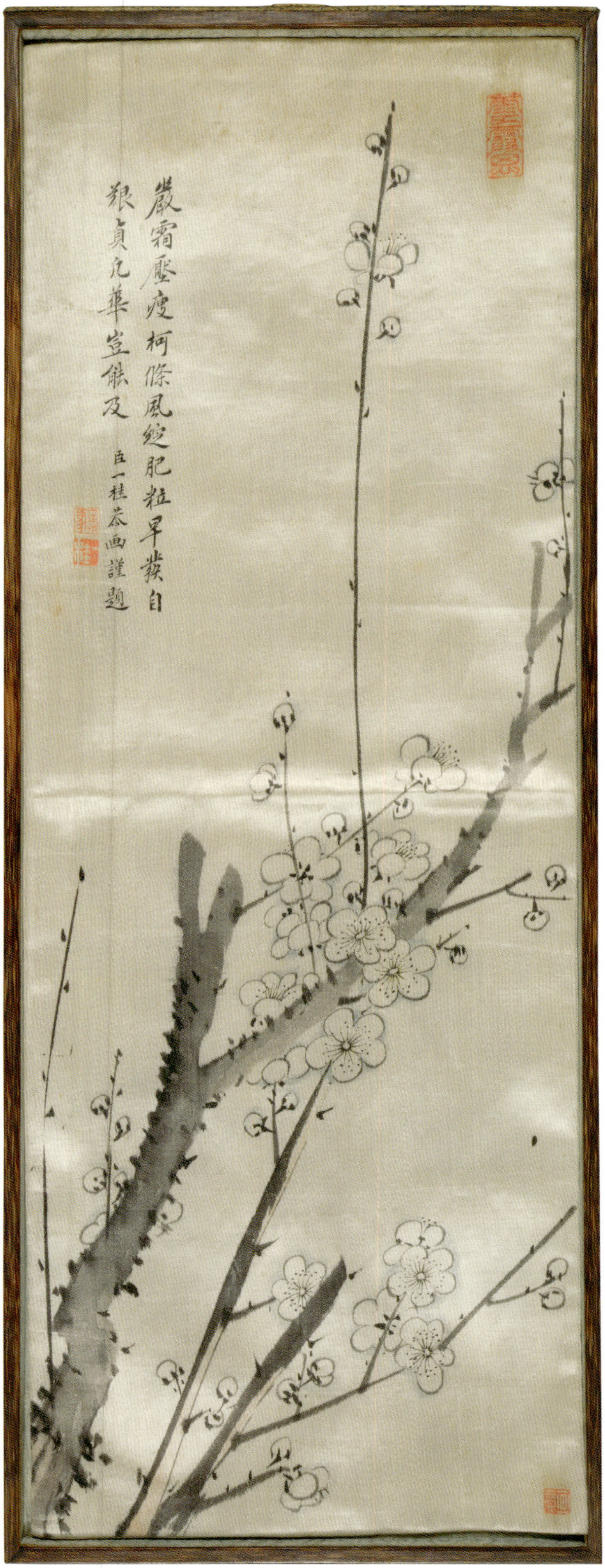
嚴霜壓瘦柯條風綻肥粒早蕤自艱貞凡華豈能及
臣一桂恭画謹題

獨使紅先天子識不將清韻世人知
臣張照敬書
即之也溫
握之者潤佩之者昌受茲景福綏四方
美哉璠璵遠而望之煥若也近而視之瑟若也一則理勝一則孚勝
臣勵宗萬
仙餌

白玉螭凤纹佩（晴虹）
White Jade Pendant with Stylized Phoenix Design (*Qing Hong*)

明
长 4.4 厘米　宽 2.7 厘米

Ming dynasty (1368–1644)
Length: 4.4 cm
Width: 2.7 cm

白玉螭纹鸡心佩（云虹发色）
White Jade Heart-shaped Pendant with *Chi*-dragon Design (*Yunhong Fase*)

魏晋
长 7.6 厘米　宽 5.1 厘米　厚 0.5 厘米

[Cao] Wei and Jin dynasties (220–420)
Length: 7.6 cm
Width: 5.1 cm
Thickness: 0.5 cm

玉谷纹龙首璜（古松文）
Jade Dragon-headed *Huang* Semicircular Pendant with Grain Design (*Gu Song Wen*)

战国
长 9.3 厘米　宽 3.8 厘米　厚 0.5 厘米

Warring States period (475–221 BCE)
Length: 9.3 cm
Width: 3.8 cm
Thickness: 0.5 cm

白玉蚕纹虬首璜（青蛇佩）

White Jade Dragon-headed *Huang* Semicircular Pendant with Silkworm Design (*Qing She Pei*)

战国

长 11 厘米　宽 1.7 厘米　厚 0.7 厘米

Warring States period (475–221 BCE)
Length: 11 cm
Width: 1.7 cm
Thickness: 0.7 cm

白玉龙钮黼式佩（飞华）

White Jade Axe-shaped Pendant with Dragon (*Fei Hua*) Knob

清

长 8 厘米　宽 4.6 厘米　厚 0.5 厘米

Qing dynasty (1644–1911)
Length: 8 cm
Width: 4.6 cm
Thickness: 0.5 cm

141

弘历是一是二图贴落

Tieluo of Emperor Qianlong Appreciating Antiques (Shiyi shier tu)

清乾隆
佚名
绢本设色
纵 193 厘米　横 243.5 厘米

Qianlong era (1736–1795) of Qing dynasty (1644–1911)
Anonymous
Color on silk
Size: 193 × 243.5 cm

此图为表现清宫室内陈设之景的贴落。画幅正中为一带脚踏宝座，上有黄色缠枝花卉蝠纹座垫。宝座背后墙上绘《是一是二图》。清宫有多幅同类题材作品，均仿自清宫旧藏宋人绘《人物图》册页。图绘中年乾隆帝着宋人衣，左手持卷，右手执笔，半跏趺倚坐于榻上，侧身鉴赏古物。身后屏风上悬挂乾隆御容轴，与本人容貌无二，均梳莲花髻戴乌纱帽，却斜视相对，镜像成趣。对比《人物图》，屏上画山水岸亭，取代江洲芦雁，周身陈设家具、器物均替代为乾隆朝宫廷所有者。画幅右上乾隆帝御题“是一是二，不即不离，儒可墨可，何虑何思。养心殿偶题并书。”宝座右侧为一过道，表明尚有其他空间。画家在创作该件作品时采用了西洋透视与明暗技法，物象逼真，立体感强，营造出了如临其境的虚幻空间。（毛翔宇）

是一是二不
即不離儒
可墨可何
慮何思
養心殿偶
題并書

斋中古今 盒有烟霞

——清宫古物的装配与再设计

张燕芬

宋代以降，鉴古、藏古成为中央至地方重要的文化潮流，崇古、仿古亦成为艺术创作的自觉选择。在宋明文人（尤其是晚明文人）的推助下，上古礼器从国家重器走入现世生活。清代更是集古今之大成，在皇帝的提挈下，以之为首的儒臣“考古集团”，不仅完成了追摹三代的礼乐制作，交出了流传后世的鉴藏著述，还将古物彻底融入宫廷生活。同一时空中，古器、仿古制作以及古董的再设计得以并陈，从而真正实现“达古今之宜”。

本文从观察清宫对古物的整理装配、二次设计入手，诠释它们的新身份、新功能。

一 百什件装配思路

清代宫廷是历朝古董最大的占有者。至晚在康熙后期，古物的使用已有直接开架陈设与汇合装箱盒（或匣，下同）把玩两种方式[1]。这些汇集在一起的珍宝，少则数件，多达百件，共同收贮于设计精巧的格柜或箱盒之中，成为清宫造办处档案与陈设档常提到的“百什件”（也作“百式件”“百事件”）。

需要说明的是，此类组合物品的箱盒并非清人发明，两岸故宫均有学者指出这来自晚明游山具的直接影响[2]。文震亨在《长物志》中提到一件三格文具，他认为：“古玩中有精雅者，皆可入之，以供赏玩。”[3]不妨将这样的文具盒视作百什件的前身，清宫踵其事而增其华，一箱一盒，采纳荟萃，游戏空间，成为通俗有趣却又见微知著的独特门类。

箱盒既是古物的重要归宿，也是帝王鉴藏理念的外化。乾隆帝尤其热衷，几乎是时时有灵感，月月有旨意。检视清宫档案与遗存实物，“琳琅笥”“集琼藻”等中小型百什件赐有专名，可见天子宝爱。根据《清宫内务府造办处档案总汇》（下文简称《总汇》）等资料，梳理“知名”箱盒的收藏内容、藏品时代、装配（重装）时间、陈设地点（表1），可进一步理解当年宫廷赏玩、品鉴古物的思路。

盒中庋藏，或基于功能汇集，或根据材质归纳，涉及中外珍奇。

以功能集结者，可引“采挹流霞”为例。箱中现存成化陶瓷酒杯67件，有斗彩、青花、白釉。据余佩瑾研究，这次文物装配活动始于雍正七年（1729年），最初有74件杯子。乾隆六年（1741年），乾隆帝赐名“采挹流霞”，乾隆十六年（1751年）因虫蛀等原因更换包装[4]。清宫旧藏中，不少盛装文房用具的箱盒也属此类，不过其中收存的既有古玩，也有时作。

依材质归纳者颇普遍，其中又以铜器、瓷器、玉器最受青睐。“埏埴流光”“范金作则”（图1）“燔功彰色”“观象在镕”“珍陶萃美”“吉范流辉”“精陶韫古”“吉金耀彩”等成对的铜器和瓷器匣可为典型。因匣中附画册，并详细记录器物尺寸、鉴赏观点，且钤有印章（图2），更具稽古藏珍之意。这样的设计恐怕不是偶然，因为此类匣盒的首次装配时间，正是《西清古鉴》的成书时间，即乾隆二十年（1755年）。不仅随匣册页的品评意见参考了《西清古鉴》，古物与图文二者相互映照的装配形式也与《西清古鉴》相似，二者显有渊源。乾隆五十五年至乾隆五十七年（1790 ~ 1792年）间，乾隆帝又下旨配搭了八件（四对）铜器和瓷器匣，依然是每匣装10件，着如意馆画谱册。完成之后，将一对送热河避暑山庄，一对交盘山，一对往香山，另一对则留在宁寿宫乐寿堂西梢间[5]。比对陈设档与造办处档案（表2），可知陈设于乐寿堂的正是“精陶韫古”与“吉金耀彩”。这类带有画册且记录鉴定意见的铜器和瓷器，从选品、命名再到装配，分明均有乾隆朝成熟的谱录编修工程作为基础。不过，其学术意味已明显减弱，更像是乾隆帝“考古大业”的生活化呈现。

表1　清宫旧藏部分“知名”百什件的装配与陈设

名称	收藏类别	藏品数量[6]（件/种）	器物时代	装配时间	重装时间	晚清陈设地点[7]	参考文献
采挹流霞	成化瓷杯	74	明成化	雍正七年至十二年	乾隆十六年	养心殿?	《总汇》第10册第71～72页；《总汇》第18册第158～159页
琬琰集	珍玩	177（光绪二年）	历代(中外)	乾隆元年	乾隆八年	重华宫	《总汇》第1册第235页
琅玕聚	珍玩	58（道光十九年）	历代(中外)	乾隆三年	乾隆八年	养心殿	《清宫瓷器档案全集》卷一第344页；《总汇》第11册第650页
瑾瑜匣	珍玩	201（道光十九年）	历代(中外)	乾隆三年	乾隆八年	养心殿	
天府球琳	珍玩	61（嘉庆七年）	历代(中外)	乾隆三年	乾隆八年	养心殿	
清玩阁	珍玩	337（嘉庆七年）	历代(中外)	乾隆三年	乾隆八年	静怡轩	《总汇》第8册第305页
天球合璧	珍玩	66（嘉庆七年）	历代	乾隆三年	乾隆八年	重华宫 养心殿	《总汇》第8册第210页
集琼藻	珍玩	71（同治二年）	历代(中外)	乾隆五年前	乾隆八年	斋宫	《总汇》第9册第435页
琼瑶薮	珍玩		历代(中外)	乾隆五年前	乾隆八年	敬胜斋	《总汇》第9册第437页
万宝箱	珍玩		历代(中外)	乾隆六年前	乾隆八年	翠云馆	《总汇》第9册第770页
琳琅笥	玉器	511（宣统十四年）	历代	乾隆九年		养心殿	《总汇》第12册第564页
璆琳笥	珍玩	155（光绪二年）	历代(中外)	乾隆二十一年		重华宫	《总汇》第22册第59页
珣琪宇	玉器	511（乾隆二十七年）	历代	乾隆二十九年		养心殿	《总汇》第29册第55页
埏埴流光	瓷器（配图册）	10	宋、明	乾隆二十年		建福宫	
范金作则	铜器（配图册）	10	周、汉	乾隆二十年		建福宫	
燔功彰色	瓷器（配图册）	10	宋、明	乾隆二十二年			《总汇》第22册第186～187页
观象在镕	铜器（配图册）	10		乾隆二十二年			
珍陶萃美	瓷器（配图册）	10	宋、明	乾隆五十一年		阅是楼	《总汇》第22册第186～187页
吉范流辉	铜器（配图册）	10		乾隆五十一年		阅是楼	
精陶韫古	瓷器（配图册）	10	宋、明	乾隆五十五至五十七年		乐寿堂	《乐寿堂陈设档》（光绪年抄本），《总汇》第52册第277～280页
吉金耀彩	铜器（配图册）	10	周、汉、唐	乾隆五十五至五十七年		乐寿堂	

图1　“范金作则”木匣与内装青铜器　台北故宫博物院藏

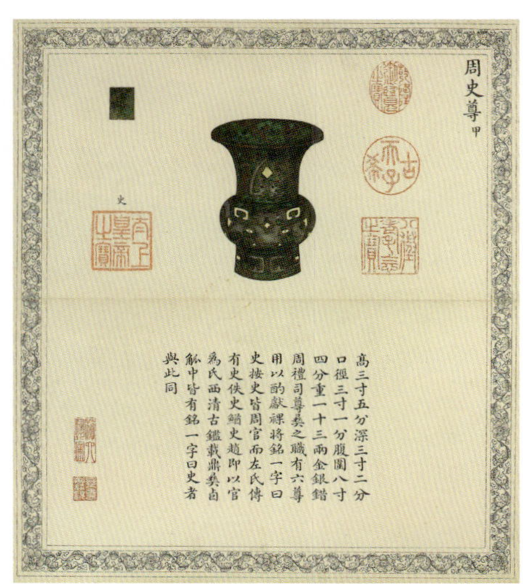

图2《范金作则》册之“周史尊”　台北故宫博物院藏

表2 陈设档与造办处档案中的“精陶韫古”与“吉金耀彩”

精陶韫古		吉金耀彩	
《乐寿堂陈设档》（光绪年抄本）	乾隆五十五年十一月八日，广木作（第四匣）（《总汇》第52册第277～280页）	《乐寿堂陈设档》（光绪年抄本）	乾隆五十五年十一月八日，广木作（《总汇》第52册第277～280页）
《精陶韫古》一册		《吉金耀采》一册	
宋哥瓷葵花碗一件（紫檀座 乙）	镶铜口哥窑葵花洗一件（木座 乙）	青绿周子尊一件	青绿周子尊一件（木座）
宣德窑霁青盘一件（乌木座 甲）	霁青瓷盘一件（无座）	青绿周弦纹爵一件	青绿周弦纹爵一件（木座）
明宣德窑霁红碗一件（紫檀座）	霁红瓷碗一件（木座 乙）	青绿汉弦纹觯一件	青绿汉弦纹觯一件（木座）
宋龙泉釉素洗一件（紫檀座 甲）		青绿汉素鍑一件	青绿汉素鍑一件（木架座）
明万历窑盘一件（紫檀座）	万窑白地青喇嘛字碟一件（无座）	青绿汉舞铙一件	青绿汉舞铙一件（木座）
仿宋窑花瓶一件（铜口）	镶铜口白瓷瓶一件（木座 乙）	青绿周绳耳壶一件（俱紫檀座）	青绿周绳耳壶一件（木座）
仿明官窑匜一件（紫檀座 甲）		青绿周史奁一件（紫檀盖座玉顶）	青绿周史奁一件（木座，盖上嵌白玉荷莲炉顶一件）
仿宋哥窑奁一件（紫檀座）		青绿周牺耳舟一件（耳有补，紫檀座）	青绿汉牺耳舟一件（木座）
仿定窑葵花碗一件（紫檀座）		青绿周子孙觯一件（楠木座）	青绿周子孙觯一件（木座）
仿象窑瑞草尊一件（铜胆 紫檀座 乙）	定瓷渣斗花囊一件（铜胆，无座）	青绿唐夔纹彝一件（紫檀座）	青绿唐夔纹彝一件（木座，盖上嵌白玉蟠螭炉顶一件）
	均釉盆一件（木座 甲）		
	定瓷花浇一件（木座 乙）		
	镶铜口定瓷铙碗一件（木架座 甲）		
	哥窑有盖瓷炉一件（木座 乙）		

乾隆帝爱玉，故乾隆一朝制玉发达，收藏亦无出其右。以陈设于养心殿西暖阁的“琳琅笥”百什件箱为例（图3），可一窥清宫藏古玉数量之宏富、收纳方式之精妙。“琳琅笥”装配于乾隆九年，有黑漆描金外箱[8]，箱内有玉器9层44屉，计498件（随磁青纸细目折）。皇帝还特地叮嘱：“此玉器照朕摆的样款换木胎落槽，不可错乱。面糊月白绫，其槽内要平地糊宣纸写画。仍用旧锦棕竹边。”[9]“琳琅笥”所有盒屉按“一”至“九”分层命名，数字愈小，尺寸愈大。每件玉器也都有专名（表3）。这些名称多采自诗文经典，不仅浪漫隽永，还极意贴合神貌。如“五色相宣”屉中有“文犀”“欢见颜色”“涵

图3-1 “琳琅笥”百什件箱 故宫博物院藏

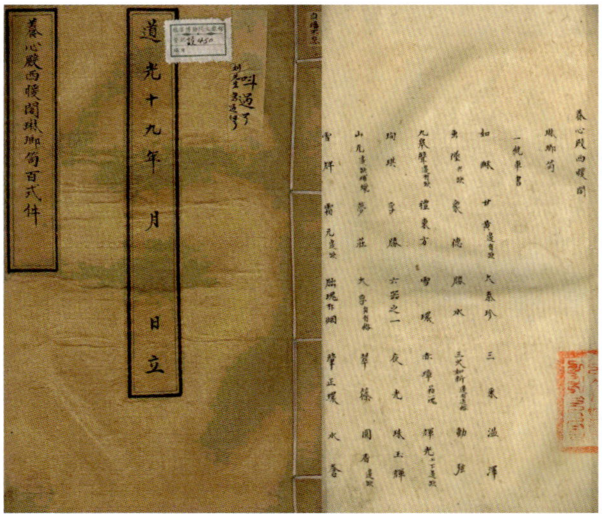

图3-2 “琳琅笥”陈设档书影 故宫博物院藏

表3 “琳琅笥”盒屉及玉件名称（根据道光十九年《养心殿西暖阁琳琅笥百式件》整理）

匣屉	玉件
一统车书	如酥 甘黄 大秦珍 三采 温泽 垂坠 象德 胜水 三火如新 动弦 九皋声 礼东方 雪环 赤璋 辉光 珣琪 孚胜 六器之一 夜光 珠玉辉 山元 梦庄 大孚 翠筱 圆香 雪脾 霜元 腓瑰升烟 肇正环 水苍
二仪有象	花鬘 传响 朝日辉 鸡舌 泠然 逗秋雨 缟螭 回风 毛锥 碧羽 梨云 清度 小环 霜花 蜂翔 黄初宝 雪池 翠藻佩 素珠 月半亏 宝丝网 螭方 源出方流 结秀 绀月 明水之灵 秋水汲 随身 润色
二曜同辉	瑜次之产 鸣球 四喜 紫珠 五都 采枝 小玦 火螭 玉绦 卧雪 玉龙 赭环 一片云 珠网 霞痕 中央圈 半峰 春山藏 春水初泮 淡然 双飞 结蕊 天下白 截舫 服之寿康 修月 云中雪 霍山灵 唼萍 气吹温室 绛烟
三山胜境	潜光 青莲花 媚川珠 涵冰 翠凤 荆山之片 余霞 霜钩 紫结 水晶环 飞龙佩 雪螭 龙马负图 虎符
三才定位	清韵 截肪 葵心 瑞马 紫云玦 暖香 双螭佩 半琅 花蕊 挂月钩 元贡 代指 梨锋 寒光 蕴德 奇光 积雪 文龙
三春丽景	楚宝 抑而不挠 一掬 虚中 凫掌 珠落盘 和采 扬辉 延嬉 龙衔 耀景 以柔和刚 若水之精 溜冻 落叶
三光协顺	龙宾 青蛇佩 飞华 王母环 惊鸿玦 四蝠 晴虹 元黄天符 星罗 雪藕 带饰 古松文 鸿辉 云虹发色
匹序调和	碧轮 青蛟 如意绦 绿波霞影 福寿玦 韫灵 睇泽 朝日辉 霜缕 鸣环
四海永清	昭华琯 白鳞 秋晓 鹤羽 沉明 重轮 石发圈 素衣 墨渊 川渎含漪
四灵呈瑞	夫余三斗 碧流 花斑 水珠 乌蛟 点睛飞 凤珍 一元 鸣秋 黄中 小璧 三桑产 枝斯之英 墨精 浮河 延年玦 连丝 谷祥 延寿
四时佳兴	雷琥 镇驼 凤喙 鸿球 苔古色苍痕暖 若镂 赤凫 梨云一片 琼马玦
四表光华	气如虹 龙舌 却寒 偃月 清耳 绛雪轮 浮渚 云和 雪艳
王行顺布	青麒髓 白麒麟 圆苍 染红 云在意迟 浸骨寒光 半天绮 洒白 盈手冰痕
五采章施	丹虚 不受暑 吐冰 绿云清切 饫眼红 绿遏盟 金钩 綷霞 浸月
五星联珠	冰映寒轮 秋臂 黑核 孕明 清贞 含粹 腾虹笏 文则 瑶碧 佩元 尧光 中曲
五色相宜	文犀 欢见颜色 汲星 钟繇玦 日月合璧 孕素 德辉 缚丝 荆璆 不去身
五字长城	一片荧光 青晖 鸣霞 方镇 从云佩 琢雪 云鳞 火莲华 映日
五云多处	代光 嘶风 龙侯 抱苍 养素 冰纹 鱼腹匿 朵云 孤光盈手暖生烟
五典慎徽	青气 焕若蜺 一握云 华阳白屑 苇绡朵 紫烟 碧琳 琅玕螭
六龙时乘	烟润 方虎 鸣泉 真质腾精 从云玦 潜颖 挺英 翡翠纽 茈碧 小华 流韵
六琯和声	水中霞 传素心 朱勾 耀金铺 焕藻 青阳 余音 延喜 精晖 古色苍痕
六府孔修	章峨 墨方 符惕 大咸 胭脂片 朝旭 随波 音带舜弦 耿光
六艺芳润	鹤羽凌风 鸣弦 太阶平 月影孤 蕊兮 辉汲黼黻 发丸 蹑波
六符清泰	降福 龙负 冰轮 束指 孤光盈手碧 珂雪 来风
六出飞花	一缕烟 盘秋 紫云方 蹲碧 古贽 焕若 紫荆璆璧 吟霓 落水珠
六合为家	天禄光华 龙辅 太乙光 坐龙 逗声 罗汉影 拱日 浮香元 宝笏
六街洞达	小回纹 刚斧琢 脂光 掌珠 濯水精 凝涛 素网 桃花雨 天孙云锦

续表

匣屉	七签琼笈					七贤芳躅						七宝金绳					七德咸宣					七襄云锦						七政均齐					
玉件	春云	水影	澄素光	镜影虚澄	双元	天规	历紫汉	宫花笑日	秋浦月	香云	握春	水影月香	方珠	万象腾文	展国容	一方青	素华	半梳	元霜	方虹	绀香	玉指甲	罗秋旻	凌烟虹	元角	内外重光	海影	精瓶	略求形似	束指	一勾霜	[illegible]	洁华
	朝霞	阳艳	花雨	思晓月	方平	冰声	粲若林	辉皇仪	霞想	月窟	墨伴	连香	蓬壶	龙吟	披云		扬蕤	衔芝	垂辉千春	仙人掌	佳气青葱	珠圈	斜云	素玦	滴珠	君子佩	清辉娱人	半璧丹	香云	青牛卧	波中龙影	[illegible]	水月容

匣屉	八千为春					八风从律									八音克谐				八瀛被泽								
玉件	心太平	吟天风	绿昌明	天蜺	储洁	韬照	清规	罩云	茗花	活色生香	喷雪	管领春风	宿冻	澄波	调神	清味	抱冲	饮香	吟月	通仙灵	活色静生香	掠凉	欲逗秋雨色	闪红	瞬龙	小方	清啸忘机
	坐云	坐忘	唐唐春	瑞晴	綷绀香痕	落晖	溅花	借助香	积慎	云亦好	认春	切梦	冰兔	烟欲语	见天真	清冰出壑	话白云	凫花	点素	纤魄	筛寒	太古雪	冻云	团翠	一碧残霞	荡春	吟来风

匣屉	九皋清韵				九重春色					九成仙奏			九苞凤彩					九州攸同				九河既道				九畴咸叙					九霄湛露		
玉件	卧雪	青蛾眉	清辉照月	无缁磷	碾朱	笑春红	穆清风	乌笏	乐过千春	冻玻璃	雪彩冰姿	垂碧	红髮骕	万年甲子	霏珠	火鸢	帖雪凝霞	清味	春芝	鸳鸯妒	玉杵光	翠容	云螭	遥海上月	春晖	无垢	结信	天香生	清虚心	澄碧	悬心碧	[illegible]	一抹斜晖
	红采	汁光	六月寒		摇清波	敌金光	迷花	寂照	鸣秋声	湛秋	色可掬		千秋雪	雕华	白羊肠	一片胆		烛花偏	紫环	指上红	镂魄	追琢雪痕	紫烟客	秋霜		扶桑朱影	银丝	钓璜	吐芳		冰拂人	[illegible]	

星”“钟繇玦”“日月合璧”“孕素”“德辉”“缚丝”“荆璆”“不去身”。夔龙首尾相衔，即是“欢见颜色”；绳结交缠盘绕，便为“缚丝”；带钩用于连接鞶革，自然是“不去身”。屉盒挖有随形卧囊（图4），易于取放。屉中还附有一块丝绸画片。画片正面绘有这些玉器的小像（图5），小像边上落有不同书体的名称，既有传统博物谱录的风雅，又方便赏玩者按图索骥。画片背面则是邹一桂所绘花鸟小品。相比评鉴较为严谨的“精陶韫古”等作品，“琳琅笥”的装配设计因充满诗情画意，多了一分文人的自娱。

乾隆二十七年至乾隆二十九年（1762 ~ 1764年），清宫装配了与“琳琅笥”有着相同设计思路的玉器箱“珣琪宇”[10]，箱内有宋锦裱封屉9层45只，贮玉器511件，亦陈设在养心殿西暖阁。

集拢古今中外的百什件，是清宫的收藏风尚，最具时代特点。至晚在雍正朝，皇帝已有意将域外珍玩入百什件。雍正七年四月“郎中海望持出西洋玻璃鸡一支、西洋玻璃鸭子二支（随紫檀匣）。奉旨：着配玻璃罩送进百事件内用”[11]。乾隆帝继位后，便着手组合或调整此类百什件。从陈设档记录以及两岸故宫的留存来看，“琬琰集”“琅玕聚”“天府球琳”（图6）“集琼藻”等均是古今交融、中外合璧的设计（见表1）。

古物不再是唯一重点。这些箱盒之中，还包含清人制作与舶来品。舶来品中有西方怀表、画珐琅盒、日本漆器，甚至还有外国钱币（图7）。整体而言，此类百什件似乎完全脱离了考古正乐、学古有获的装配目的，它们更像是皇帝几暇娱情、玩赏古今的百宝箱。

这种海纳百川、不拒古今的收藏思路，不仅出现在宫廷，还见于文人集团。如六舟所制《百岁图》（图8），包含多类金石小品墨拓，有历代珍泉名印，有清代生肖花钱，甚至还有一枚来自1808年的卢布[12]。画面众多题跋中，可发现六舟一段自题，开篇是“不薄今人爱古人，千秋今古喜同春”，可以说是借杜甫之口，吐露了创作心境。

二　古物再设计[13]

古物可以入匣收贮，也可略加设计，赋予它们新功能、新角色，使其直接参与当下生活。当然，这种改造并非清人原

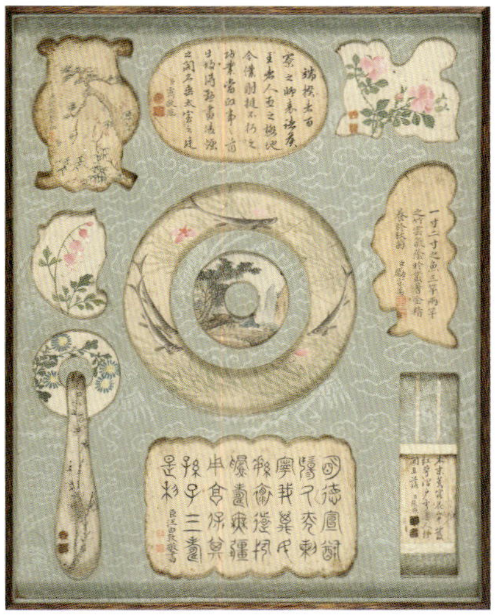

图4 “五色相宜”屉　故宫博物院藏

图5“五色相宜”覆屉丝绸画片（正反面）　故宫博物院藏

图6-1　“天府球琳”百什件箱　台北故宫博物院藏

图6-2　明　玉犬

台北故宫博物院藏

图6-3　清　玉兽面纹卣

台北故宫博物院藏

图6-4　17世纪　画珐琅人物怀表

台北故宫博物院藏

图7　18世纪　金币

台北故宫博物院藏

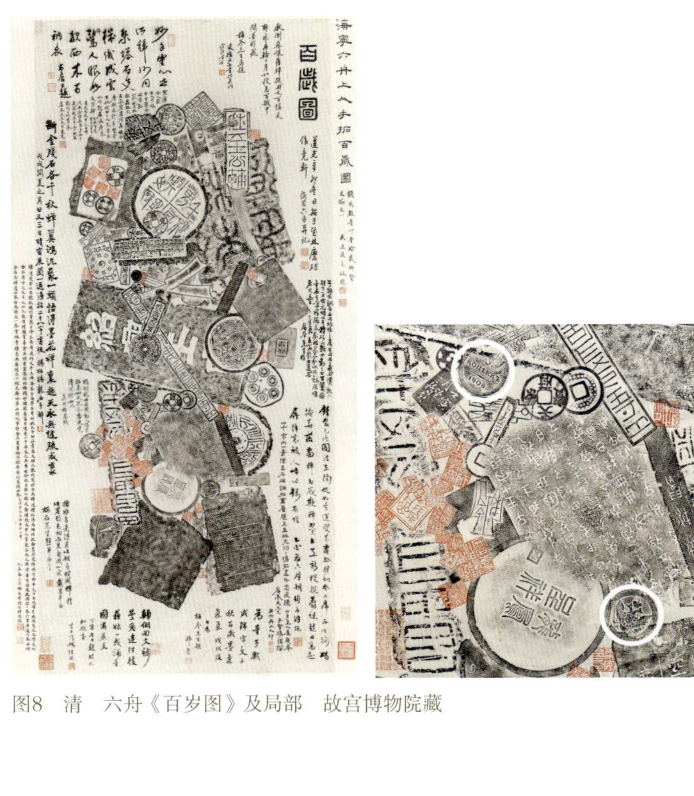

图8　清　六舟《百岁图》及局部　故宫博物院藏

图9　玉琮花插（玉琮：新石器时代；内胆：清）　故宫博物院藏

图10　玉琮花插（玉琮：良渚文化；内胆：清乾隆）　故宫博物院藏

图11　玉琮花插（玉琮：新石器时代；内胆：清）　故宫博物院藏

图12　玉琮花插（玉琮：新石器时代；内胆：清）　故宫博物院藏

图13　青花无当尊花插（无当尊：清；内胆：清乾隆）　故宫博物院藏

图14　玉筒花插（玉筒：明；内胆：清乾隆）　台北故宫博物院藏

图15　半截玉觚花插（玉觚：明末清初；内胆：清乾隆）　台北故宫博物院藏

创，晚明文人早已颇有心得。如高濂认为古铜觚、尊、觯三者原是酒器，但都可以插花，还指出觚、尊口敞，插花散漫，需打锡套管入内，收口作一小孔，以管束花枝不令斜倒[14]。又称古人玉带花板存无可用，“以之镶屏插笔，觉甚相宜”[15]，墨匣、图书匣也可以之装饰[16]。明人将这些古物转变为花器、文具，或用于案头清供，或服务翰墨丹青。

清宫古物的再利用、再设计大抵可分为两类。一是给古物增加附件，延展功能；二是将古物作为装饰，使其成为附件。

先说添加附件。紫禁城中有不少搭配内胆的古铜、瓷、玉，下文以玉琮为例。自视精于品评鉴赏的乾隆帝，认为玉琮等中通的筒形玉器为汉代（或更早）遗留的珍宝，并深信它们是固定车轮的“辋头”（也写作“杠头”），相关释名考订可参见《咏古玉杠头瓶有序》[17]等御制诗。玉琮因少有雕饰且虚怀中空，被赋予君子之质[18]，屡屡歌咏。不仅如此，乾隆帝对玉琮的二次利用也十分关注。他在诗文中称辋头所改笔筒是天然的文房清供，感慨“拈毫砚北摛新句，望古犹余言外情”[19]，更赞许前人“作有底之铜胆器置其中，以盛水育花”[20]。天子的关注与青眼，令琮形花插、花囊成为清代宫廷的日常陈设。

玉琮虽依循前代样式，清人却并非没有新意，变化在于搭配的内胆。铜胆之外（图9），还有精美的掐丝珐琅内胆（图10～12）。这样的变化依然由乾隆帝倡导。大约自乾隆二十三年（1758年）始，造办处陆续将玉琮的银质、铜质内胆更替为掐丝珐琅。翌年，皇帝下令将一件“汉玉杠头”的铜镀金胆毁去，另配“五孔掐丝珐琅胆”[21]。他在《咏汉玉辋头瓶》中写下“珐琅铸胆堪盛水，恰合随时簪砌英”[22]，可见对这个“小发明”的自得与愉悦。推而广之，乾隆三十九年（1774年），珐琅作领旨为三件青花无当尊配制内胆，且要照已有的款式[23]。故宫博物院藏青花无当尊花插应是其中之一[24]（图13），内

图16　清　紫檀镶“春水”玉如意　故宫博物院藏

图17　清　紫檀镶仿古玉如意　故宫博物院藏

图18　清　攒竹丝镶古玉百宝嵌花卉图宝座　故宫博物院藏

胆顶部有五孔，底部有双龙乾卦纹，暗指乾隆，胆身作冰梅地纹。尊顶部、内胆均刻嵌御制诗[25]。原诗有自注“宣德铜胆既不可多得，因用景泰珐琅法为胆代之，以慎无当之消”[26]，且二者组合还有“景泰兼资识宣德”的巧妙。这样的珐琅内胆还见于明代仿古玉筒（图14）、玉觚（图15）等，可见其在乾隆朝的流行。它们不仅是具有时代特色的功能性附件，也是乾隆帝考古收获的纪念。

一般而言，体量较大、形貌俱佳的古物，在二次设计中也多作主角，清人添加的附件虽然精美，也只是从属，整体面貌始终是古大于新。而体量小巧的骨董，更多时候以配角出现，附丽于时作，成为点缀，整体面貌则是新大于古。其中玉带、玉佩是使用范围最广的，因其形状多为薄片，尤适镶嵌如意、箱盒等，通过好的设计，可与清代制作浑然一体。

如意是紫禁城中处处可见的陈设，材质多样，款式丰富。时作若以古玉镶嵌，则更添典雅。乾隆帝在《咏汉玉檀柄如意》道：“汉玉香檀接柄长，两端仍汉玉为相。居今慕古思恒永，得一含三趣可详。荷叶缀头似芝朵，辟邪承趾足征祥。期如意岂易如意，难是屡绥万宝穰。”[27]“居今慕古思恒永”传达了审美趣味，“得一含三趣可详”则表明了三镶如意的形制特点，即如意的首、身、尾三处均镶玉件。紫檀木质坚密，色泽深沉，是制作三镶式样的良材，所谓“檀玉相连结，三才宛一身”[28]。

古玉三镶如意常有佳作，如有嵌“春水”玉者（图16）。春水题材源自辽代四时捺钵（即帝王的行营）制度，多描绘春季围猎海东青捕天鹅之景，天鹅逐水而居，故称“春水”。这件紫檀三镶如意以金元时期“春水”玉带扣嵌作首部，柄身中部玉饰由剑璏改制，尾部嵌半球形透孔玉件。紫檀柄上嵌金片制八卦符号，背面又嵌银丝双钩隶书“符箟瑞辑德可挹”并“乾隆御赏”“内府珍秘”印章二方。乾隆十二年（1747年）五月初十日，皇帝命“将白玉海青天鹅紫檀木如意一柄交如意馆，面上商金片八卦，背面商银丝字、银丝宝”[29]，指的应该就是此件。其设计既有金元“春水”的生动优美，又有清宫的精致华贵，可谓古今辉映。此外，为表崇古之情，宫中也有不少以仿古玉件装饰的如意（图17）。

晚明文人将前代玉板嵌于砚盒墨匣，是契合书斋的雅事。清宫蹈袭明人，并扩展使用范围，小至镇纸，大至宝座（图18），皆有镶嵌，古物进一步融入日常生活。箱盒之属更是花样百出，或恬静，或俏皮，时常令人生“买椟还珠”之想。

古朴恬静者，如一件镶嵌“秋山”玉的紫檀圆盒（图19）。“秋山”题材亦源自辽代，表现秋季行营围猎鹿、虎、熊

图19　清　紫檀镶“秋山”玉圆盒　故宫博物院藏

图20　清　紫檀镶犀角云龙纹圆盒　故宫博物院藏

图21　清　紫檀镶“春水”玉百宝嵌鱼藻纹委角长方盒　故宫博物院藏

图22　清　紫檀镶玉百宝嵌螭龙纹委角盒　故宫博物院藏

图23　清　紫檀镶仿古玉百宝嵌螭龙纹圆盒　故宫博物院藏

等野兽的场景。此件“秋山”玉约元末明初制作，玉质纯洁莹润，雕刻流畅分明。双鹿卧于松林之下，一大一小，一公一母，回首相望，温馨可爱。清人将其嵌于光素的木面中心，作大片留白。紫檀的温实沉着映衬玉石的冷静鲜明，既有质料的对比，又有色彩的呼应，且毫无堆砌之弊，蕴文雅于平实，十分美妙。

不过，富丽华美者更具时代特点。如一件紫檀嵌犀角圆盒（图20）。盒面外圈浅雕云气为地，流云间饰泥金团寿蝙蝠纹，盒中央犀角为明朝遗物，暗红有黑沁，雕作盘龙。观其设计，繁复高贵中透露着雍容威严。盒内盛放《秩禋鉴古》册页，乃金士松为祭历代帝王礼成而书。

论精致绚丽，古玉与百宝嵌的结合更为典型。以饰“春水”玉的紫檀盒（图21）为例，玉佩嵌于盒盖中央，四周以银丝嵌成流水，微波粼粼中，又以螺钿、玳瑁、染牙、寿山石等雕嵌游鱼落花。此件“春水”玉为元代旧物，表现的是天鹅被海冬青啄落后坠入莲丛的情状。经过清代匠人的再设计，天鹅之死的素净悲壮与落花游鱼的多彩欢腾得以汇合，形成强烈对比。这类设计的影响还在于，在有的器物镶嵌时，清人改用新玉（图22）。构图、纹样、色彩都更加自由，工艺也得到全面展示，面貌也随之热烈花哨。古今贯通，滋养了新的艺术风貌。

结语

古物可资日常取用，这一观念并非朝夕形成。北宋时，世人“非敢以器为玩”。南宋以降，古物逐步走下神坛。至晚明，文人书斋已随处可见扮演新角色的各式古物。到清代，古物的使用空间日益扩大，利用方式也更加多元。乾隆帝更认为改造古物是化无用为有用，颇以为豪，每每题诗作文。

清代宫廷，无论是以鉴藏为目的的百什件，还是以展示为主的单件古物，影响装配或设计思路的，始终是“古”与“新”在同一件作品中的比例关系。若重心在古，新作虽精美却绝不会喧宾夺主，如玉琮之珐琅内胆。若着眼于新，则古物也须泯然，如紫檀镶仿古玉百宝嵌螭龙纹圆盒（图23）。

明晰的观念、充沛的资源、优越的技术，三者汇聚康乾盛世。以帝王为首的宫廷，坐拥最宏富的库藏，驾驭最出色的工匠，将考古收获与思古之情以实体形式呈现，同时也令清宫古物的组合装配、二次设计得以超越前人。

随着古物与日常生活的融洽无间，清人得以在润物无声之中与古为徒，继承传统，呼应前人。古物因此具有时代特色，拓展了物质史与艺术史的意义。

注释

1 余佩瑾：《皇帝的多宝阁》第12页，台北故宫博物院，2022年。

2 刘岳：《皇帝的小玩意　清宫中的“百什件”》，《紫禁城》2014年第2期。

3 （明）文震亨《长物志》第121页，辑入《中国艺术文献丛刊·长物志 考槃余事》，浙江人民美术出版社，2011年。

4 余佩瑾：《采撷流霞——乾隆皇帝收藏的成化官窑器》，（台北）《故宫文物月刊》2018年第12期。

5 《总汇》第52册第277～280页，乾隆五十五十一月八日“广木作”。

6 百什件内藏品数量根据清宫陈设档统计。如，根据光绪二年《重华宫球琳笥、琬琰集百什件》统计“琬琰集”收藏物品 177件。

7 百什件陈设地点根据清宫陈设档确定。

8 （道光十九年）《养心殿西暖阁琳琅笥百式件》，故宫博物院藏。

9 《总汇》第12册第564页，乾隆九年八月二十四日“匣作”。

10 《总汇》第21册第148～164页，乾隆二十七年十二月二十日“百什件”；《总汇》第29册第55页，乾隆二十九年十二月十日“记事录”。将造办处档案记录的玉器体量、玉件更换情况以及洋漆箱内抽屉的层数，与道光十九年《养心殿西暖阁珣琪宇百式件》账目比对，推测乾隆二十九年十二月装配的洋漆百什件箱，即为“珣琪宇”。

11 《总汇》第3册第540页，雍正七年四月二十日“匣作”。

12 陆易：《视觉的游戏——六舟<百岁图>释读》，《东方博物》2011年第4期。

13 本文讨论的古物再设计，不包括简单的功能挪移，比如将古代青铜小兽当做镇纸、把带钩用来挂画，均不在讨论之列。

14 （明）高濂：《遵生八笺》卷十一《燕闲清赏笺》（上）“论古铜器具取用”第538页，浙江古籍出版社，2016年。

15 （明）高濂：《遵生八笺》卷十二《燕闲清赏笺》（中）“论文房器具”第619页，浙江古籍出版社，2016年。

16 （明）高濂：《遵生八笺》卷十二《燕闲清赏笺》（中）“论文房器具”第629、627页，浙江古籍出版社，2016年。

17 （清）爱新觉罗·弘历：《乾隆御制诗文全集》第十册《咏古玉杠头瓶有序》：“呼此瓶为辋头者不知起于何时，内府最多，不可屈指数。今查辋字，不载字典，类其韵，盖杠字之讹，字典音冈去声，亦作平声，又字林称捎与杠皆舁也。盖古时舁辂辇，或以此饰竿头，其无底而通亦一证也。今定为杠头，旧讹为辋者亦不必更易。”第475页，中国人民大学出版社，2013年。检视清高宗御制诗文，可知癸丑年之前，弘历多称玉琮为“辋头”，此诗为其“正名”后，则多写作“杠头”。

18 （清）爱新觉罗·弘历：《乾隆御制诗文全集》第八册《题汉玉辋头》：“辋头古辂饰，称朴弗称文。雕琢自何代，精神宛运斤。千年缛华土，四面蔚卿云。不识空空腹，可怀冥漠君。”第86页，中国人民大学出版社，2013年。

19 （清）爱新觉罗·弘历：《乾隆御制诗文全集》第四册《咏汉玉辋头》第70页，中国人民大学出版社，2013年。

20 （清）爱新觉罗·弘历：《乾隆御制诗文全集》第十册《咏古玉搁头瓶有序》第475页，中国人民大学出版社，2013年。

21 《总汇》第24册第289页，乾隆二十四年十二月八日“珐琅作”。

22 （清）爱新觉罗·弘历：《乾隆御制诗文全集》卷九《咏汉玉辋头瓶》第246页，中国人民大学出版社，2013年。

23 《总汇》第37册第187页，乾隆三十九年十月十七日“珐琅作”。

24 单莹莹：《试论乾隆皇帝对瓷无当尊人文内涵的赋予与改造》，《南方文物》2021年第4期。

25 青花无当尊所刻内容为："官汝之次称宣成，世代愈降制愈精。轮辂拙巧递变更，欲返其初嗟孰能。是器本拟尊罍瓶，胡为无当水难盛。抑别具义得试评，堂溪公对昭侯曾。贱者瓦卮贵玉瑛，注浆漏或不可乘。则用瓦矣玉在屏，三复洁矩将毋惊。瓷无款识留标名，中含铜胆生绿青。底书宣德贻大明，相依表里如弟兄。阅数百岁犹联并，神物守之语信诚。可以贮水簪群英，掞辞绎义静六情。"原文载《乾隆御制诗文全集》第七册第236页。掐丝珐琅内胆所刻内容为："一窑成器必不少，其式相同应亦多。铜胆置之诗咏彼，瓷尊肖也例从他。两端皆坦云为簇，中孔惟穿月作窠。景泰兼资识宣德，韩非诫语义无磨。"原文载清高宗《御制诗文全集》第七册第590页。

26 （清）爱新觉罗・弘历：《乾隆御制诗文全集》第七册《咏宣德窑无当尊》第590页，中国人民大学出版社，2013年。

27 （清）爱新觉罗・弘历：《乾隆御制诗文全集》第六册《咏汉玉檀柄如意》第753页，中国人民大学出版社，2013年。

28 （清）爱新觉罗・弘历：《乾隆御制诗文全集》第七册《咏檀玉如意》第672页，中国人民大学出版社，2013年。

29 《总汇》第15册第347页，乾隆十二年五月十日"如意馆"。

The Assembly and Redesign of Antiquities in the Qing Palace

Zhang Yanfen

Abstract: From the Song dynasty onward, the appraisal and collection of antiquities became a significant cultural trend from the imperial court to local regions. Reverence for antiquity and the conscious emulation of ancient styles became intentional artistic pursuits. With the advocacy of Song and Ming literati – especially those of the late Ming – ancient ritual vessels once regarded as ceremonial vessels of the state gradually permeated the fabric of daily existence. The Qing dynasty represented the culmination of this tradition, where, under imperial leadership, a Confucian scholarly-archaeological group not only recreated the ritual and musical instruments of the three dynasties (Xia, Shang, and Zhou), but also produced influential works on connoisseurship and collection. More importantly, antiquities were thoroughly integrated into palace life. Within the same historical context, original ancient objects, archaistic creations, and redesigned antiques coexisted, truly achieving harmony between the past and the present.

This paper begins with the Qing court's processes of organizing, assembling, and redesigning antiquities, examining how these objects acquired new identities and performed new functions. A clear conceptual framework, abundant resources, and superior craftsmanship converged during the Kangxi and Qianlong reigns. Led by the emperors, the court possessed the richest collections and employed the most outstanding artisans, presenting archaeological findings and a deep nostalgia for antiquity in tangible forms. This enabled the Qing court's work in assembling and redesigning antiquities to surpass that of previous dynasties. As these objects were seamlessly integrated into daily life, Qing people could silently commune with the ancients, inherit traditions, and echo the ethos of their forebears. Consequently, antiquities came to embody the spirit of the times, expanding the significance of both material culture and art history.

Keywords: Qing Palace, assembly, redesign

从仿古瓷看清代御窑厂的组织造作

王照宇

仿古是清代瓷器生产的重要现象，其普及程度是时人崇古思想的有力物证，其丰富面貌更代表了清代制瓷技术和艺术的杰出成就。仿古瓷器以服务于宫廷的御窑厂产品最具代表性，是集器物之美、工艺之精于一体的典范，也因此备受学界关注。对于御窑厂生产的仿古瓷器研究，或关注设计所反映的皇帝个人意趣、时代审美风尚[1]，或探讨成品所取得的艺术成就[2]，而对仿古瓷器从领取旨意到成品上交之间的组织造作环节的关注较少。本文以清代仿古瓷器生产为切入点，分析造作环节中构成要素的作用，以此来探究清代景德镇御窑厂组织运作的基本模式和重要特征。

一　组织造作环节的地位及构成要素

清代景德镇御窑厂生产仿古瓷器一般可分为意图制定、组织造作、成品验讫三个环节。

《养心殿造办处各作成做活计清档》载："（乾隆二十年七月）二十九日，员外郎金辉、副催总舒文来说，太监胡世杰传旨：淡怀堂西案现设磁陈设二件，照北边陈设之粗细、南边陈设之高矮做朝冠耳鼎样一件，要做古花纹，不要款，先做样呈览。钦此。于本年八月初五日，员外郎金辉、副催总舒文将画得双耳朝冠鼎纸样一张持进，交太监胡世杰呈览。奉旨：照样准做，另做木样发往江西，烧造青花白地双耳朝冠鼎一对，不要款。钦此。于本年九月二十六月，将炉木样交伊家人卢四领去。于乾隆二十一年八月初七日，员外郎金辉将江西送到青花白地双耳朝冠鼎一对持进，交太监张永泰呈进讫。"[3]

以上档案中的意图制定环节主要解决烧什么的问题，即乾隆帝准备烧造青花朝冠耳鼎。鼎的造型和大小要参照淡怀堂所陈设的两件鼎，且对纹样和款识等有所规定。在该环节，"样"的作用较为重要，其形式除"画样"外，还有"木样"。组织造作环节在该档案中语焉不详，其解决的是仿古瓷鼎的生产问题，即将设计意图落实到器物层面的重要环节。成品验讫环节通常包括成品的运输、呈进和验讫等。通过以上档案，可提炼出仿古瓷器在组织造作环节的构成要素主要有资金、人员和技术。

值得注意的是，在意图制定、组织造作和成品验讫环节中，"样"是贯穿三者的重要媒介。具体而言，皇帝的意图通常以各种样的形式下达（图1、图2），组织造作环节所依照的重要标准也是样，最后成品的验讫环节也少不了样。关于清代御窑厂瓷器烧造的官样制度已有学者进行详尽论述[4]，需要指出的是，在仿古瓷器的生产过程中，"样"既有普遍性，又有其特殊性。因为仿古瓷器生产的实物样通常由清宫旧藏的古器物充当，其中又以宋、明时期的瓷器为主[5]。因此，对这些充当"样"的"古物"，势必有着相对特殊的处理方式，表现为更加谨慎的提用和更加严格的收讫[6]。

二　仿古瓷器的组织造作

组织造作是接续意图制定的下一个环节，即从皇帝下达旨意始。其基本内容包括领旨者领取旨意、明确意图，根据实际情况使用资金、组织人员、应用技术进行瓷器生产。其中，明确旨意意图是仿古瓷器组织造作之后顺利验讫的重要前提，而资金、人员和技术是组织造作的根本保障。

图1　清同治　黄地粉彩“万寿无疆”碗　故宫博物院藏

图2　清　黄地粉彩“万寿无疆”碗纸质画样　故宫博物院藏

（一）旨意的下达与执行

一般而言，生产者要严格按照旨意组织仿古瓷器的造作。但存在一道旨意是否给予领旨者一定自主决定空间的问题。

《养心殿造办处各作成做活计清档》载：“（雍正五年九月）二十八日，郎中海望持出官窑梅瓶一件。奉旨：此瓶系官窑的，尔将此瓶发与年希尧看，若照此釉水胎古烧造得来，烧造些，其梅瓶的款式不甚好，不可独照此梅瓶烧造，别样器皿亦烧造些，尔再照陈设的官窑小缸样旋一木样交年希尧烧造。钦此……”[7]“（雍正七年三月）二十日，郎中海望持出白定窑磁小瓶一件。奉旨：比此瓶大些的、小些的、或官釉、或别样釉水，照此样交怡亲王着年希尧做。钦此。”[8]“（乾隆三年五月）初六日……传旨：着将龙泉釉糖锣洗交与唐英，照此釉水烧造，另改花样……”[9]“（乾隆三年六月）二十五日……传旨：着交与烧造磁器处唐英……宣窑青香草灯台一件照样烧造，花样改画好花样……”[10]

以上旨意的共性是总体上明确，细节上规定不多。如第一个实例中，雍正帝拟照前代官窑瓶胎釉和造型烧造瓷器，但是否烧造取决于胎釉能否仿烧得好，这种情况需要领旨者根据当时实际情况做出相应决定。在可以仿烧前代官窑瓶的前提下，再烧些除梅瓶外的其他造型，烧什么造型同样需要领旨者自主决定。第二个实例中，领旨者需要自主决定依照此件前代定窑瓶烧造哪些不同体量、釉色的仿古瓷器。第三个实例中，领旨者需要在依照前代龙泉釉的前提下，自主决定“花样”，此“花样”既可以是造型，又可以是纹样。第四个实例中，领旨者需要以明宣德“青香草灯台”为样，自主决定改绘花样后进行烧造。

值得关注的是，由于存在领旨者可自主决定的空间，这为我们根据烧成的仿古陶瓷器来探讨、追溯皇帝的仿古意图时提供了另一个维度，烧成成品和烧成意图之间并非均视为相同，因为中间环节存在除皇帝之外，还有领旨者、组织执行者，甚至造作工匠也有参与设计生产的可能性。换句话说，从这个层面我们可以看出，在清代御窑厂生产陶瓷时，参与设计的人员并非只有皇帝一人，还有其他人员参与，这种多阶层、角色人员的参与甚至互动，会给当时的御窑设计、生产带来更加蓬勃的生命力（图3、图4）。

（二）资金的来源与使用

御窑厂烧制仿古瓷器需要有相应的资金支持。其中最基本的费用为制价用银，包括材料费和工匠费两部分，不同品种、器类通常涉及具体名目，以道光朝钧釉杏元瓶（即窑变釉贯耳瓶，图5）为例：

《九江关造送道光二十九年份大运琢、圆瓷器名目件数及用过价银清册》：“均（钧）釉四方杏元双琯（管）瓶，上口围圆一尺一寸三分、下身围圆二尺零六分、高九寸五分、底径一寸九分。每件折宽一寸、长十五尺四寸二分。共造过坯胎五十九件：上色十件、次色三十二件、破十七件，共折长九百零九尺七寸八分。每尺用泥土银六厘、釉料银一分二厘七毫、做坯工饭银七厘二毫、做细工饭银三分二厘四毫、杂用人夫工饭银一分七厘七毫、二次柴价银一分零四毫、杂项器具家伙银二厘一毫、镶方工饭银一分八厘、每件款字银五厘、印接双琯（管）耳工料银五分，共银一百两一钱三分六厘五毫七丝。”[11]

根据以上信息，结合有关学者统计的道光二十九年御窑厂烧造大运瓷器制价用银[12]，笔者重新计算并制作出道光

图3　宋　官窑青釉弦纹瓶　故宫博物院藏

图4　清雍正　仿官釉弦纹瓶　故宫博物院藏

图5　清道光　窑变釉贯耳瓶　故宫博物院藏

二十九年杏元瓶单件成本和年度大运瓷器平均成本表（表1）。

表1　道光二十九年杏元瓶单件成本和年度大运瓷器平均成本表

名目		单件银两费（两）	年度大运瓷器各名目平均单件银量费（两）
材料费	泥土用银	92.52	97.18
	釉料用银	195.834	192.083
	二次柴价用银	160.368	218.426（柴价用银）
	杂项器具家伙银	32.382	49.156
	印接双琯（管）耳工料银	5	-
工匠费	做坯工饭银	111.024	232.447
	做细工饭银	499.608	631.877
	杂用人夫工饭银	272.934	362.411
	镶方工饭银	277.56	110.62
	书写款字银	0.5	49.6

可知，生产此类杏元瓶的单件成本和该年度所生产瓷器的平均单件成本相比，材料费相差并不大，至于柴价的成本，由于该件存在二次烧成的柴价费用，故对比性不强。工匠费则普遍有较大的不同，主要体现于该件器物的“做坯工饭银”“做细工饭银”“杂用人夫工饭银”“书写款字银”均普遍低于平均成本，而“镶方工饭银”则高于平均成本一半。究其原因，该件瓷器器身需拼接而成，拼接主要需要“镶方工”，致使“镶方工饭银”费用较高，同时需要做坯、拉坯的费用会相应减少。此外，该件器物为刻楷体“大清道光年制”款识，相比蘸釉料、彩料的写款，以及其他文字的书写，刻款的费用是相对较低的。

需要指出的是，瓷器生产成本的细化和量化同时也有利于所生产瓷器的核销。乾隆十二年奏明遵行的《烧造瓷器则例章程册》和《奏为议定烧造瓷器章程》对烧造御用瓷器所用经费细则及核销提供了相对标准的依据。其中《烧造瓷器则例章程册》为时任督陶官的唐英根据实际情况重新制定的，章程册记载了烧造各类圆器、琢器等方法和计费详则。可“按照造法、尺寸，分别贵贱、高次，逐一详察，核造制价”[13]。

烧造经费除上述最基本的制价用银外，还至少包括祭祀、办公、包装等杂项用银，运输瓷器的解费用银，御窑厂办事人员的辛费用银等[14]。至于烧造瓷器所用费用的来源，一般认为清代御窑厂的生产资金主要从淮安、九江关等关税收入中支

图6　清乾隆　仿古铜彩蕉叶纹出戟觚　故宫博物院藏

图7　清乾隆　斗彩婴戏图玉壶春瓶　故宫博物院藏

出[15]。具体而言，清初沿袭明代旧制，从地方正项财政中支出[16]。雍正五年至乾隆四年，改为从淮安关盈余银两中支出[17]。乾隆四年之后，又改为从九江关盈余银两中支出[18]。

从《九江关造送道光二十九年份大运琢、圆瓷器名目件数及用过价银清册》名称中可知，上文提到的“均（钧）釉四方杏元双琯（管）瓶”的造办性质为大运瓷器。所谓大运瓷器，通常指清代景德镇御窑厂生产的，烧造时间相对固定、数量普遍较多、品种和用途较为齐全的瓷器。而烧造时间相对灵活的瓷器，绝大多数属于传办瓷器，即于清代晚期多为皇家烧制婚丧嫁娶、坛庙祭祀等，烧造数量品种灵活，多有烧制时限的瓷器。大运瓷器和传办瓷器的费用从雍正五年起均来源于淮安、九江关等关税收入。

值得注意的是，档案中还见有在景德镇御窑厂烧制的，但其性质有别于大运瓷器和传办瓷器，如乾隆十六年十二月十七日，时任管理九江关务的惠色在其《进单》中有一件“仿古铜厂官釉描金美人觚”[19]，清宫旧藏有类似器物（图6）。又如乾隆四十五年三月二十六日，时任九江关监督的额尔登布在其《进单》中有一对“仿旧成窑五彩玉壶春”[20]，清宫旧藏亦有类似器物（图7）。

从以上实例可知，这种自下而上的瓷器生产进呈模式，即贡瓷，与大运瓷器和传办瓷器性质不同。而贡瓷的经费来源，有时是有别于大运瓷器和传办瓷器的。如“自旧年十月内以及本年三月间……烧造钱粮岁有定额，复不敢擅用，以致靡费，故所有新样，皆奴才自出工本试造进呈，仰祈鉴定”[21]，可知贡瓷的资金来源尚有督陶官自行出资的形式。

由此可见，清代御窑厂烧造瓷器的资金来源实际上较为多样，除从地方正项财政中支出、淮安关盈余银两中支出、九江关关税收入中支出之外，还有督陶官自行出资等形式。御窑厂资金的来源是决定其御用属性的重要依据之一，督陶官自行出资的形式并不会对属性判断产生过大的影响，不过，这种出资方式却为资金管理体系相对完备的清代御窑厂在某种程度上提供了相对灵活的运作模式。

（三）人员的分工与协作

仿古造作中涉及的人员，大体分为两类，一类为相对专门化的人员，跟仿古造作关系密切的；另一类为一般人员，除了参与仿古瓷器的造作，还参与大量其他类型瓷器的生产。

“仿古作”是相对专门化的人员在造作环节所属的具体组织机构之一。《景德镇陶录》载“为陶务作二十有三……曰仿古作”[22]。可知“仿古作”曾为御窑厂二十三个陶务作之一。“仿古作”的具体位置，根据《浮梁县志》《景德镇陶录》所记载的“又东迤南各有门，又东为官署，为东西大库房，为仪门。为鼓亭，为督工亭，为狱房，今废。为陶务作二十有三”，可知其位于仪门外。另外，根据首都博物馆所藏青花御窑厂图桌面所绘图案判断[23]，“仿古作”可能位于仪门内两侧。资料所示“仿古作”位置的不同，是否与时代早晚抑或是资料本身有关，暂时还没有足够证据支撑。关于清代御窑厂“仿古作”的设置时间，目前档案尚无明确记载，但可以作以下推论。明确出现“仿古作”记载的有关御窑厂的文献，应为成书于嘉庆三年的《景德镇陶录》，又因为乾隆三十九年《陶说》所载二十三作中无“仿古作”之名，可知“仿古作”设置时间应不晚于嘉庆三年，于乾隆晚期至嘉庆初年设置的可能性较大。关于“仿古作”人员及其配置情况，虽然目前同样无明确档案记载，但是由于其为陶务作中的一作，关于作的人员配置，档案记载每作“一名经理”[24]，为该作负责人，也是御窑厂的真正司事人员。此外，每作还有人数不等的“匠役”[25]，为瓷器的实际生产者。所以“仿古作”的人员及其配置也应大体如上。这种分工较为明确、从事相对专一工作的作坊除“仿古作”外，还有“大器作”“小器作”“雕镶作”“印作”“画作”“创新作”“锥龙作”“写字作”“色彩作”“漆作”“匣作”“染作”“泥水作”“大木作”“小木作”“船作”“铁作”“竹作”“索作”“桶作”“东碓作”“西碓作”[26]等，大量专业化作坊的设置、专业人员的配置，为御窑厂在集约化生产中提供了更为高效、合理的运作方式。

从事仿古生产工作的人员，除了专业化人员，还有大量普遍性人员，这些人员不仅参与仿古瓷器造作，还负责御窑厂平时正常工作的开展。这些人员可大体分为督陶官员、驻厂官吏、窑厂司事人员、驻京人员和役夫工匠等五类，而在御窑厂的不同发展时期，其人员及其构成也会有所变化[27]。

综上，从“仿古作”的设置及其人员组织形式来看，其与仿古瓷器生产关系较为密切。御窑厂还设置有大量和“仿古作”相类似的作坊，这些作坊分工相对明确，有利于集约化生产。此外，御窑厂督陶官员、驻厂官吏、窑厂司事人员、驻京人员和役夫工匠等在御窑厂运转过程中各司其职，共同完成御窑厂的瓷器烧制。

（四）技术的应用与局限

御窑厂仿古瓷器的技术应用，从雍正十三年唐英恭记的《陶成事宜纪略》碑文可见一斑。至雍正十三年，景德镇御窑厂所生产仿古瓷器的造型至少包括“盘、碗、盅、碟、瓶、罍、尊和彝”，其中不乏相对复杂、制作难度较大者。除此之外，清代景德镇御窑厂在仿古方面的技术应用成就更大的是对前代瓷器釉彩的模仿和创新。

具体而言，对当时人认为的宋、明瓷器或前代瓷器进行模仿的釉彩品种主要有“铁骨大观釉”“铁骨哥釉”“铜骨无纹汝釉”“铜骨鱼子纹汝釉”“白定釉”“钧釉”“宣德霁红”“宣德霁青”“厂官釉”“龙泉窑”“米色宋釉”“粉青色宋釉”“旧欧姓窑”“宣窑宝烧”“永乐窑脱胎、素白、锥拱”“娇黄”“万历正德窑五彩”“成化窑五彩”“宣窑填白”“嘉窑青花”“成化窑淡青花”等。

需要指出的是，技术都是有其局限性的。而在仿古造作过程中，如何看待这种局限性是值得关注的。《养心殿造办处各作成做活计清档》:“（雍正五年九月）二十八日，郎中海望持出官窑梅瓶一件，奉旨：此瓶系官窑的，尔将此瓶发与年希尧看，若照此釉水胎古烧造得来，烧造些……”[28]可见在仿烧宋代官窑瓶这件事情上，皇帝对仿烧釉、胎的技术持有相对宽松的态度，并非硬性要求必须烧成。又如，时任内务府员外郎管理九江关税务的唐英，在《遵旨攒造青花白地瓷五供折》中提到“维时因窑厂止工，天气寒冷，泥釉凝冻，不能攒造。今春开工，始得陆续制成。今造得宣窑青花白地五供三堂……”[29]可见当时制约仿古瓷器正常生产的主要因素是季节温度。对于这一点，早在雍正五年三月，时任内务府总管管理淮安官税务的年希尧在奏折中曾言明“去年赵元到镇鸠集工匠，即值冬寒冰冻，仅可盖造坯房，置办器用。及交春融，无日不雨，不独坯未干燥，窑座也多潮湿。查烧造磁器必须胎坯、颜料、人工、天时精好凑合，方能如式。现今赶造器坯，将来天气晴明入窑烧得，即可进……”[30]而雍正帝在面对上述客观局限则批复“不必急忙，坯越干愈好，还有讲究的坯必待数年入窑方好之论。若一匆忙，可惜工夫物料置于无用”[31]。

技术的局限性是客观存在的，也不单单体现在仿古造作领域。御窑厂组织造作瓷器中的技术水平能达到什么高度固然重要，其是衡量制瓷手工业水平的依据，但更重要的是，我们从旨意下达者、领旨者乃至生产者面对技术的局限性中看到了务实精神和尊重客观规律的态度。

结语

清代仿古瓷器的组织造作是御窑厂陶瓷生产的重要内容之一。通过梳理清代御窑厂仿古瓷器的组织造作模式，拆分组成要素，分析其地位和作用，本文探究了御窑厂的组织运作模式和生产特点。在旨意方面，瓷器的设计生产有时是皇帝、督陶官和工匠等共同参与的结果；在资金来源和使用方面，前者有相对灵活的方式，后者则有较为完备的章程标准。而人员分工明确，在合理的体系下可以各司其职，这是御窑厂正常合理运转的保证。面对技术的局限性，上到设计者、下到实际烧制的工匠，可以实事求是，尊重客观规律。由此，清代御窑厂仿古瓷器的组织造作可以视为御窑厂组织运作模式的一个缩影。

注释

1 冯先铭：《仿古瓷出现的历史条件与种类》，《故宫博物院院刊》1994年第1期；张小锐：《清宫仿古瓷与审美风尚》，中国第一历史档案馆《清代档案与清宫文化——第九届清宫史研讨会论文集》第321～329页，中国档案出版社，2008年；周媛：《清乾隆朝宫廷艺术仿古风气对御瓷的影响》，《陶瓷学报》2017年第4期（总第38期）；程芝瑶：《清代“臧窑”与“唐窑”艺术风格和陶冶理念的差异研究》，景德镇陶瓷大学硕士论文，2021年。

2 叶佩兰：《胜过明瓷的康熙仿古瓷》，《紫禁城》1993年第4期；叶佩兰：《雍正、乾隆時期的仿古瓷》，《紫禁城》1993年第3期；李莉：《唐英仿古瓷研究》，景德镇陶瓷学院硕士论文，2013年；张莹：《古风瓷韵——乾隆时期宫廷仿古瓷》，《收藏家》2017年第4期；张莹：《浑厚奇伟　巧夺天工——清康熙朝仿古瓷》，《收藏家》2019年第10期；李晓丽：《彩釉官造　名窑遗风——清宫仿古瓷承载的古风古韵》，《收藏家》2023年第2期。

3 中国第一历史档案馆、香港中文大学文物馆合编：《清宫内务府造办处档案总汇》（以下简称《总汇》）第21册第489页，人民出版社，2005年。

4 王光尧：《从故宫藏清代制瓷官样看中国古代官样制度——清代御窑厂研究之二》，《故宫博物院院刊》2006年第6期；孙悦：《清代御窑瓷器的新式“官样”设计与使用》，《美术大观》2021年第12期。

5 乾隆三年六月，皇帝曾一次将内府所藏宋、明等前代瓷器共153种交与唐英照样烧造，参见《总汇》第8册第278～283页。

6 “（雍正七年四月）初二日，太监刘希文交来大官窑瓶一件。传旨：着做木样交年希尧照样烧造几件。钦此。于本月十四日旋得木样一件，郎中海望交年希尧家人郑旺持去讫。于本月十六日郎中海望将原样瓶一件交太监刘希文收讫。”《总汇》第4册第189页。

7 《总汇》第2册第541～524页。

8 《总汇》第4册第187页。

9 《总汇》第8册第275～276页。

10 《总汇》第8册第278～283页。

11 铁源、李国荣主编：《清宫瓷器档案全集》卷三十二第272页，中国画报出版社，2008年。

12 铁源、溪明：《清代官窑瓷器史》（壹）第183页，中国画报出版社，2012年。

13 （清）《内务府奏案》（第65包），中国第一历史档案馆藏。

14 铁源、溪明：《清代官窑瓷器史》（壹）第185～192页，中国画报出版社，2012年。

15 王光尧：《中国古代官窑制度・二》第238～242页，故宫出版社，2017年。

16 “（臣）查（康熙）十九年，烧造磁器至（康熙）二十五年工竣已逾五载之久，而烧成磁器共得十一五万二千余件，动用江省钱粮银一万三百余两。”铁源、李国荣主编：《清宫瓷器档案全集》卷一，第63页，中国画报出版社，2008年。

17 “（雍正）五年二月，奏准停用江西藩库正项钱粮，其应用银两在于淮关税务盈余银两内动支。”铁源、李国荣主编：《清宫瓷器档案全集》卷二十二第242页，中国画报出版社，2008年。

18 “乾隆五年，准奏江西烧造磁器每年动用银两，在于九江关税务盈余银两内动支一万两备用。”铁源、李国荣主编：《清宫瓷器档案全集》卷二十二第242页，中国画报出版社，2008年。

19 铁源、李国荣主编：《清宫瓷器档案全集》卷三第414页，中国画报出版社，2008年。

20 铁源、李国荣主编：《清宫瓷器档案全集》卷十六第49页，中国画报出版社，2008年。

21 张发颖编：《唐英全集》第四册第1185～1186页，学苑出版社，2008年。

22 （清）蓝浦撰，郑廷桂补辑：《景德镇陶录》卷一，清光绪十七年京都书业堂刻本。

23 李一平：《景德镇明清御窑厂图像与首都博物馆藏“青花御窑厂图圆桌面”的年代》，《文物》2003年第11期。

24 铁源、李国荣主编：《清宫瓷器档案全集》卷四第219～221页，中国画报出版社，2008年。

25 “各作匠役每名每日额支饭食银二分五厘。”铁源、李国荣主编：《清宫瓷器档案全集》卷三第269～270页，中国画报出版社，2008年。

26 （清）蓝浦撰，（清）郑廷桂补辑：《景德镇陶录》卷一，清光绪十七年京都书业堂刻本。

27 王光尧：《中国古代官窑制度·二》第186～220页，故宫出版社，2017年；刘淼：《督陶官与清代前期御窑的成就》，《中国历史文物》2007年第2期；朱山、朱明璋：《清代景德镇御窑厂的督陶官》，《景德镇陶瓷》2022年第5期（总第50期）；朱山：《清代景德镇御窑厂的司事、驻京、工匠人夫》，《景德镇陶瓷》2023年第1期（总第51期）；铁源、李国荣主编：《清宫瓷器档案全集》卷一第88～141页，中国画报出版社，2008年。

28 《总汇》第2册第541～524页。

29 张发颖编：《唐英全集》第四册第1190页，学苑出版社，2008年。

30 铁源、李国荣主编：《清宫瓷器档案全集》卷一第63～64页，中国画报出版社，2008年。

31 铁源、李国荣主编：《清宫瓷器档案全集》卷一第63～64页，中国画报出版社，2008年。

Archaistic Porcelain and the Organization and Production of the Qing Imperial Kilns

Wang Zhaoyu

Abstract: Archaistic design was a significant phenomenon in Qing dynasty porcelain production. Its widespread presence serves as eqloquent evidence of the era's reverence for antiquity, while its stylistic diversity embodies the outstanding technical and artistic achievements in Qing porcelain-making. Among these, archaistic porcelain produced by the imperial kilns – intended for court use – is the most representative. These works exemplify the beauty of form and the refinement of craftsmanship, attracting considerable scholarly attention.

By examining the organization and production models of archaistic porcelain in the Qing imperial kilns – breaking down their component elements and analyzing their roles and significance – this paper explores the operational structure and production characteristics of these kilns. In terms of intent, the design and manufacture of porcelain sometimes involved collaboration between the emperor, supervising officials, and artisans. Regarding funding sources and usage, the former operated with a degree of flexibility while the latter followed a relatively complete system of regulations and standards. A clear division of labor under a rational system ensured the effective functioning of the imperial kilns. When faced with technical limitations, everyone involved – from designers to the craftsmen executing the kiln firing – adopted a pragmatic approach grounded in respect for objective laws of production. Thus, the production of archaistic porcelain in the Qing imperial kilns can be seen as a microcosm of the broader organizational and operational model of these imperial workshops.

Keywords: archaistic design, Qing Dynasty, imperial kiln porcelain

鸟彝牺尊　制器尚象

——清宫旧藏明清鸟兽形仿古铜器探究

吴倩

鸟兽形铜器，即造型似鸟兽的铜质容器，以往被认为是一种盛酒礼器，容庚先生首将此类酒器定名为“鸟兽尊”[1]。从考古所见的此类器物来看，其功能似乎不局限于酒器，也可作为食器[2]，因此称为“鸟兽形铜器”更为恰切。商周时期青铜鸟兽形器以陶器为祖源，始见于殷墟早期，盛行于西周，鸮、鸭、牛、猪、羊、马、兔形等造型种类繁多。春秋战国时代品类日趋单调，但又呈现分域风格与特征[3]。东周以来的传世文献中，关于此类铜器的著述集中在《周礼·春官·小宗伯》:“辨六尊之名物，以待祭祀、宾客。”“辨六彝之名物，以待果（裸）将。”[4]均是不同礼乐场景下的重要元素。“六尊”即献尊、象尊、壶尊、著尊、大尊、山尊，“六彝”即鸡彝、鸟彝、斝彝、黄彝、虎彝、蜼彝。后世历代注疏对“六尊六彝”的解读多有纷乱，但一般认为献尊、象尊、鸡彝、鸟彝、虎彝、蜼彝是动物造型的器物。宋代以来，秉承东汉礼学传统，围绕“六尊六彝”造作的鸟兽形铜器可谓当时仿古青铜艺术的“名物”，但后世对其源流多有质疑。然而依托商周考古资料分析，宋人制作鸟兽形铜器确实是对商周青铜器有所继承，再创新发展，并非因名杜撰。

宋朝的器作，在国家复兴古礼与金石学肇兴的背景下，一为制礼作乐，以《三礼图》《政和五礼新仪》为代表；二为学术研究、艺术鉴赏，以《考古图》《宣和博古图》为代表[5]。明清仿古器制作的主线延续宋代仿古艺术趋势。乾嘉学派将考据学与金石学推向顶峰，一众学者研究前代古礼彝器，为国家典制设计和古器鉴赏考证提供学术基础。清代宫廷古器鉴藏与仿古器作又引领着时代潮流。乾隆十三年（1748年），经乾隆帝审定，颁布《皇朝礼器图式》。乾隆十六年（1751年）至乾隆五十八年（1793年），整理内府典藏铜器，陆续编纂《西清古鉴》《宁寿鉴古》《西清续鉴甲编》《西清续鉴乙编》（又称“乾隆四鉴”）。检视明清礼器与古物图谱，不乏天鸡尊、凫尊、牺尊、象尊等鸟兽形铜器的图像，其中明清仿古器为数众多。考察清宫旧藏明清仿古鸟兽形铜器实物，既有仿照宋代谱录者，也有单纯臆造之作。此外，亦能从一些器物上找寻到商周铜器的元素。本文通过缕析明清鸟兽形仿古铜器的器型种类与象生原形，追溯器形流变与艺术风格，以此分析明清文人的鉴藏与文化阐释，并解读鸟兽形铜器何以成为明清仿古艺术“名物”。

一　鸟形器

禽鸟造型是明清鸟兽形仿古铜器的重要类别。诸如《周礼》中“六禽”所论及的雁、鹑、鷃、雉、鸠、鸽作为重要意象在制器设计得以充分体现。鸟形铜器塑造不仅有鸱鸮、雉鸡、凤鸟等飞禽，亦有凫雁、鸳鸯等水禽。其中天鸡尊和凫尊是明清鸟形铜器的代表器类。

（一）天鸡尊

天鸡所指何种飞禽？今人惯常认为是一种身形似鸡类凤、融合多种飞禽的瑞鸟。它们头上有小冠，短喙，头侧偶有耳朵状颈羽伸出，尾部成束，长羽内卷着地，双爪刚劲有力。《宁寿鉴古》与《西清续鉴甲编》著录“汉天鸡尊”，采用东晋郭璞对《尔雅·释鸟》中“鶾，天鸡”一条的注解:“鶾，鸡，赤羽。《逸周书》曰:‘文鶾，若彩鸡，成王时蜀人献之。’”[6]官修谱录体现了清人对天鸡的认知来自传世文献。天鸡的形象与我国特产鸟类红腹锦鸡较为接近，特别是红腹锦鸡具有标志性的金黄色羽冠、赤红色腹部与黑褐色斑点尾羽，与天鸡赤羽文彩相合。红腹锦鸡或为天鸡尊的象生母本。

图1 清乾隆 铜鎏金四轮天鸡尊 故宫博物院藏

图2 清乾隆 铜轮式天鸡尊 故宫博物院藏

1.识别与分类

按照“天鸡尊”“鸡尊”等名称，以“乾隆四鉴”为中心筛选图像。《西清古鉴》著录“周鸡尊”两件、“汉天鸡尊”两件、“汉鸠尊”两件、“汉鸠车尊”一件，《宁寿鉴古》著录“周天鸡尊”一件、“周鸡尊”一件、“汉天鸡尊”两件、“汉鸡尊”一件、“汉鸠尊”一件、“唐天鸡尊”一件，《西清续鉴甲编》著录“周鸡尊”一件、“汉天鸡尊”一件、“唐天鸡尊”一件，《西清续鉴乙编》著录“周天鸡尊”一件、“汉天鸡尊”两件。《宁寿鉴古》卷四“周鸡尊”和《西清续鉴甲编》卷五“周鸡尊”，所绘鸟类头大而嘴短，以头为盖，与河南安阳殷墟出土商晚期鸮尊接近，视作天鸡尊讨论并不合适，其余上述图谱中器物的主体造型是以红腹锦鸡为母本的天鸡造型。清人对其定名并不统一，不仅称“天鸡尊”，亦称为“鸡尊”“鸠尊”和“鸠车尊”，将鸡、鸠的概念与天鸡并列，但比对图像，却难以辨别其差异。

“乾隆四鉴”中清人将天鸡尊定为周、汉、唐，并无合理扎实的断代依据。图谱中所谓不同时代的天鸡尊在器形特征上区别并不明显，仅有称为“唐天鸡尊”的艺术风格与其他时期略有不同。以往笼统认为“四鉴”中著录清宫典藏天鸡尊类鸟形铜器实际均为宋以后的作品，但由于考古发掘品绝少，难以精确断代并将器形演化排序。《养心殿造办处各作成做活计清档》有制作“仿汉双轮天鸡鼎”[7]“商金银丝天鸡”[8]“古铜四轮天鸡尊”[9]“烧古鎏金四轮天鸡尊”[10]的记载。故宫博物院现藏两件錾刻“乾隆年制”款识天鸡尊，可作为判定明清天鸡尊的参考。其一身形圆润，头部有如意云头形冠，通身羽毛纹饰以竹叶、鳞片、雷纹装饰，长尾羽下卷。身背敞口无肩圆尊，蹲卧在四轮车架上。通体呈“烧古”黄铜色，并以散点涂金装饰（图1）。根据档案记载，应是乾隆十年（1745年）制成的“烧古鎏金四轮天鸡尊”，并送往盛京行宫（今沈阳故宫）陈设[11]。另一原存古董房，铜质金黄，体量巨大，身形整体与前器相似，但比例稍显挺拔（图2）。全身装饰纹样更加丰富，肩部尾部装饰简化夔龙纹，两翼布满缠枝莲，将玉石、竹木装饰纹样应用于此。天鸡伏身两车轮上，尾羽末端配一小轮支撑。背上开一方口，应与一方形器连接。纪年天鸡尊体现明清天鸡尊兼具古韵、富丽堂皇的艺术特点。以此来看，以鎏金及镶嵌红铜、金银丝片、绿松石等工艺装饰的“青绿色”天鸡尊，可能是明代以降的器物[12]。

检视清宫旧藏天鸡尊实物，凸显华丽风格的明清天鸡尊一般具有四种主要类型：

（1）天鸡呈立姿，尾部着地支撑。腹部中空，背部开口，有盖，下有子母口。如故宫博物院藏铜错金天鸡尊，配镂空盖（图3）。

（2）天鸡呈立姿，尾部内卷或垂直着地支撑。背部接一容器，上部开口与腹部连通，无盖。此类型天鸡尊较为多见。天鸡背负容器形制有所差别，多数为无肩圆尊或圆觚的中腰以上部分，大敞口，也有尊或觚整器的造型。背负容器与天鸡全身的比例，多数容器小于天鸡，亦有接近等大的。如故宫博物院藏嵌红铜天鸡尊，著录《宁寿鉴古》卷五“汉鸠尊”，

图3　明至清　铜错金天鸡尊　故宫博物院藏

图4　清　铜嵌红铜负尊天鸡尊　故宫博物院藏

图5　清　铜错金银负提梁卣天鸡尊
台北故宫博物院藏

图6　清　铜错金银负尊双轮天鸡尊　故宫博物院藏

图7　清　铜错金双天鸡尊　故宫博物院藏

通体嵌红铜纹饰，双目嵌绿松石（图4）。特殊类型亦有背负提梁卣（图5）、兽耳垂腹壶、带柄直筒形器等。

（3）天鸡伏卧在车架上，背驮尊，身侧安装两个有辐轮，存世数量较多。亦有尾部加设一轮支撑（见图2）或身侧设四轮类型（见图1）。如故宫博物院藏铜错金银负尊双轮天鸡尊，体量较小，原藏永寿宫（图6）。另外特殊的是《宁寿鉴古》卷五、《西清续鉴甲编》卷六著录金银错“唐天鸡尊”，天鸡卧姿，无轮，背驮垂腹细颈敞口瓶，瓶与天鸡身体融为一体。

（4）两只天鸡伏卧，身体贴合，颈部交缠，引颈向上，嘴张开为器口。此种天鸡尊较其他类型少见，曾被称为鸳鸯瓶、双鸳尊。故宫博物院藏铜双天鸡尊，精致小巧，喙与羽翎错金（图7）。《西清续鉴甲编》卷六著录“汉天鸡尊”，双天鸡，体量巨大。

2.鉴藏与阐释

明清仿古铜器经常参照的宋代金石图谱《考古图》与《宣和博古图》并未记载天鸡尊或类似造型的器物。晚明文人养生笔记高濂《遵生八笺》与生活审美笔记文震亨《长物志》论及文房雅器时，提及天鸡式器物。《遵生八笺》“燕闲清赏笺·论文房器具”认为水注：“古铜有青绿天鸡壶，有金银片嵌天禄，妙甚。”[13]《长物志》谈水注：“古铜玉俱有辟邪、蟾蜍、天鸡、天鹿、半身鸬鹚杓、鎏金雁壶诸式滴子，一合者为佳。”[14]天鸡尊或天鸡形器，在晚明已成为文人生活常用文房器具，陈设书房雅室。清代“乾隆四鉴”在图说中对天鸡尊有简短鉴赏。《西清古鉴》卷九尊类著录“周鸡尊一”解读：“裸用鸡彝，汉贾公彦谓上尊曰彝，此鸡尊是已。”[15]以礼书中的鸡彝阐释天鸡尊，视为祭祀用礼器。卷十一著录“汉鸠车尊”图说则是：“此与前二器（汉鸠尊一、汉鸠尊二）皆弄器也，与祭器自别。”[16]同为天鸡尊式样，却认为这是生活把玩之器。《宁寿鉴古》卷五尊类著录“汉鸠尊”亦为“非祭祀之器”，“盖《周官》罗氏仲春献鸠以养国老，陆玑诗疏引《礼仪志》曰：‘仲秋按户校年老者授以杖，其端刻鸠形。’尊之取义或以此”[17]。借以汉代授予老者鸠杖的尊老传统，阐释天鸡尊乃寓意吉祥的陈设器。清宫常将“青绿天鸡尊”陈设宁寿宫一带的倦勤斋、符望阁等处博古格上，为花插、水注、香炉、摆件，是宫廷室内营造文雅幽静氛围不可或缺的装点。

另一方面，明清礼书、礼图中对“鸡彝”与“鸟彝”多有讨论。起初，宋人聂崇义《新定三礼图》卷十四“尊彝图”绘制鸡彝与鸟彝，均为深圆腹、直口有外撇圈足的尊形容器，外腹刻画鸡或凤纹[18]。另配一微敞口、短颈、宽肩、下腹收敛的罍形“舟”作为器座。器座下腹亦有鸡、凤纹饰。为图示清晰，鸡彝器与座分绘，其余六彝器座组合绘制。此卷中“六彝”形制统一。明代王圻《三才图会》记载鸡彝：“《周礼》鸡彝刻木为彝，有舟，画鸡形，祠禴祼用，盛明水。”[19]配图同《三礼图》，但未绘罍形器座“鸡彝舟”。应是照搬宋书，但有所偏误。书中载鸟彝：“《周礼》鸟彝有舟，画凤皇形，禴祠祼用之，盛郁鬯。”[20]图像、图说与宋书完全一致。清代国家典制图谱《皇朝礼器图式》《大清会典图》中未载鸟彝与鸡彝。成书于乾隆十三年（1748年）的《钦定三礼义疏》是清代三礼研究的代表之作，书中整合汉至明代各家注解、疏义并有所甄别辨证。其中《钦定周官义疏》由方苞领纂，卷四十六礼器图绘六彝图像，其中鸡彝鸟彝形制仍为有鸡、凤纹的深腹直口尊形器，另有幂（画布巾）盖于器口。鸡彝单配承盘式器座。援引唐人贾公彦，宋人聂崇义、陈祥道注释，如“郁鬯，配以明水也”“以鸡东方之物为仁，鸟南方之物为礼”[21]，阐明其功用和纹样含义。李绂领纂《钦定礼记义疏》卷八十礼器图仅绘鸡彝，同为深腹鸡纹器，置于承盘上，集合聂崇义和陈祥道注释，与《钦定周官义疏》内容相似。由此可见，明清礼书中鸡彝和鸟彝的形象完全与金石图谱中著录的天鸡尊分属两个不同体系，应是用于盛装过滤后供祭祀用的酒水，甚至也不是铜器。然而，其对于追溯明清天鸡形仿古铜器的造型渊源或解读文化意义，能提供一定线索。

图8　西周　青铜鸟尊　山西博物院藏

图9　西周　气盉　临汾市博物馆藏

此外，天鸡还是文学表达的重要内容，亦能从侧面解释天鸡尊何以成为明清仿古铜器的常见题材。嘉庆年间新正重华宫茶宴以祈谷为题的君臣联句诗中便有“天鸡首唱升羲驭”[22]，宗室永璇诗注为“一日为鸡”。明清文人喜用天鸡象征吉祥，寓意开启美好生活，或是源自六朝志怪作品中的“天鸡”杂说。《玄中记》载：“东南桃都山有大树名木，枝上有天鸡，日出照此木，鸡即鸣，天下鸡皆鸣。”[23]《拾遗记》：“有秖支之国献重明之鸟……状如鸡，鸣似凤……能搏逐猛兽虎狼，使妖灾群恶不能为害……时国人或刻木，或铸金为此鸟之状，置于户牖之间。”[24]

3.渊源与流变

明清仿古铜器天鸡尊的模仿蓝本可能源自多种商周鸟形铜器，同时融合了不同地域青铜艺术风格，经过较长时间，至明清时形成较为成熟的造型和功用。

西周时期鸟尊，盛酒器，以三晋文化风格器为代表，应为各种类型明清天鸡尊整体造型蓝本。整体造型为凤鸟，头上有冠，短喙，长尾内卷，背上开口，有盖。典型代表是1992年山西省曲沃县曲村镇北赵村晋侯墓地晋侯燮父墓M114（M114：210）出土的西周早期鸟尊（图8）[25]，器盖同铭“晋侯作向太室宝尊彝”，是晋侯为宗庙所作。另有山西省翼城县大河口墓地M2002（M2002：23）出土气盉（图9）[26]，立鸟造型，头顶有断口，似有冠，胸前翘出一流，扁平尾，后腹下有象鼻状足支撑，背有盖，内有铭文，揭示鸟形容器作为盛水器的可能。

东周时期鸟形流提梁盉，温、调酒器或盥水器，汉代称为鐎。整体圆腹，扁体，小口，直颈，有盖，上腹部有流，曲喙，肩上有提梁，或以链索与盖相连，腹下作

图10　战国　青铜凤首流螭梁盉　故宫博物院藏

图11　战国　青铜鸟首翼兽盉　故宫博物院藏

图12　战国　青铜鸟首流三足匜　故宫博物院藏

三或四蹄足。鸟形流提梁盉约始见于春秋晚期，多见于战国时期[27]。故宫博物院藏战国螭梁盉（图10），清宫旧藏，著录于《西清古鉴》卷三十一“周螭梁盉六”，凤鸟上身为流，两翼贴合器腹。山西省长治市分水岭M36（M36：3）亦出土战国凤首流盉[28]。另有，故宫博物院藏战国翼兽盉（图11），三晋风格，鸟首形流，有小耳，双翼装饰器腹，四兽足。以往研究认为有翼神兽脱胎于北方草原文化的格里芬（鹰首狮身）形象[29]。此外，北京、河北等地出土战国鹰首或凤首流三足匜，故宫博物院亦藏类似者（图12），可能是融合了北方民族风格的器物。尽管清宫旧藏明清仿古铜器中另有鸟形流提梁盉，但天鸡尊之蓝本可能仍与这些装饰幻想动物的鸟形流酒器、水器有关联。

六朝至隋唐曾流行青瓷和白瓷鸡首壶，也称天鸡壶，与早期青铜鸟流盉、匜有异曲同工之处，如陕西省西安市李静训墓出土白釉双系鸡首壶（图13）[30]。明清时背负容器式天鸡尊，尤其是体量较小，作为水注、水丞使用的文房器，可能吸收了此类盉、壶的形制。

商周时期还有一种特殊形制壶，腹身细长，长颈向一侧弯曲，通体似瓠瓜，称为瓠壶。其中有一种壶盖为鸟形，如山西省太原市金胜村M251（M251：599）出土春秋瓠壶（图14）[31]。有观点认为与古代天文学有关，盖上鸟应是天鸡[32]，实际更可能是仿自北方民族骑马携带的皮囊壶[33]，犹如后世辽代流行的瓷质鸡冠壶。当然，明清仿古铜器天鸡尊的造型也具有融合北方民族艺术风格的可能性。

图13　隋　白釉双系鸡首壶　中国国家博物馆藏

图14　春秋　青铜鸟兽瓠壶　山西博物院藏

汉晋鸠车，儿童玩具[34]，河南省巩义市物资局工地M1（M1：22）出土东汉鸠车（图15）[35]，器身整体鸟形，头上无冠，长尾扁平，两翼外侧各有一车轮，车轮有辐，尾下有一小轮。明清带轮天鸡尊的轮式造型可能由此而来。

图15　东汉　青铜鸠车　巩义博物馆藏

（二）凫尊

1.识别与分类

凫即野鸭，栖息水畔，是一种善游能飞的水禽。野鸭即是凫尊的象生母本。“乾隆四鉴”中均有凫尊收录，其中《西清古鉴》著录“周凫尊”；两件，《宁寿鉴古》著录“周凫尊”三件、“汉凫尊”两件，《西清续鉴甲编》著录“汉凫尊”一件，《西清续鉴乙编》著录“汉凫尊”一件。图谱中凫尊的造型较为单一，为站姿，凫身作器身，曲颈前伸为流，短尾较宽上而翘，双脚有蹼，背上开短颈敞口，多数口沿两端外接兽头提梁，方向与凫首水平。口沿下与凫颈部、前胸部常饰凸起弦纹、连珠纹和五瓣梅花纹。仅有《西清古鉴》卷九著录“周凫尊一”形制较为特殊，颈极短，喙短而尖，器腹下为海棠形外撇圈足。“乾隆四鉴”将凫尊定为周或汉

图16　明至清　铜错金银提梁凫尊　故宫博物院藏

图17　明至清　铜错金银凫尊　故宫博物院藏

图18　西周　青铜鸭尊　中国国家博物馆藏

图19　西周　青铜水禽尊　镇江博物馆藏

代器，实际为宋以后仿古铜器。同天鸡尊一样，注明以“金银错”工艺装饰的凫尊则更可能是明清仿古铜器。

检视清宫旧藏明清凫尊，造型差异较小，可大致以凫颈的长短分类：

（1）长颈，颈部与身长接近，头部上扬，腹部较扁。如故宫博物院藏铜错金银凫提梁尊（图16），身形较小，提梁一侧兽头在凫颈上，与《宁寿鉴古》卷五“汉凫尊二”类似。

（2）短颈，颈部与背上口径接近，头向前伸，腹部瘦高。如故宫博物院藏铜错金银凫尊（图17），无提梁，通体错银面积较大，点缀嵌金。

2. 鉴藏与阐释

明清凫尊依托宋代《宣和博古图》中“周凫尊”而制。《宣和博古图》“周凫尊”图说：“《周官》六尊有牺有象，皆取其形似，而凫不与焉。则知凫尊者，古人用于宴饮之间，非宗庙祭祀之器。盖凫习水而假以况，则闲于礼者也。故诗人以凫鹥歌太平，言君子之有礼酒，所以为礼而饮酒者，虽始乎治，常卒乎乱。则闲于礼而不继以淫者，固亦鲜矣。此凫尊之象，寓意甚深，宜为宴饮之戒云。”[36]

由此可见，宋人认为凫尊不同于“六尊六彝”等宗庙祭祀礼器，是宴饮用酒器。凫的意象取自《诗经·大雅·凫鹥》。鹥，即鸥鹭，与凫同为水禽。诗借凫鹥起兴，描写周人祭祀先祖神灵次日，设宴酬谢公尸（被祭者替身），歌颂太平盛世。由此，赋予凫尊引申寓意，是劝诫赴宴人饮酒有度之器。《宣和博古图》中还著录“汉凫壶”，扁圆腹，器口凫形，颈部开口。将凫与水的关系用于比喻人之于礼法，“然则取以饰饮器者，盖以示习礼之义……亦示其不由于礼，则有残伤覆溺之患矣”[37]。

《宁寿鉴古》著录凫尊与凫首壶，体现清人对此类器物的鉴藏几乎完全沿用宋人的观点，只是阐述更为详尽。书中强调凫尊非礼器性质，引用宋人朱熹《诗经集注》和陆佃《埤雅》内容，凫象征“宾尸之乐”和“神祇祖考安乐”[38]，又征引宋人张抡《绍熙内府古器评》，凫寓意“饮酒者苟能以礼自防，岂有沉湎败德之患乎”[39]，勉人约束自我。

3. 渊源与流变

明清凫尊的仿古蓝本亦可上溯至商周鸭形酒器和水器，但需要注意与其他鸟形铜器区分，关注凫鸭一类水禽脚上有蹼、无冠、短宽尾的特征。

西周时期水禽尊，盛酒器。中国国家博物馆藏热河凌源县海岛子营村（今辽宁省喀左县）马厂沟铜器窖藏坑出土西周早期鸭尊（图18）[40]，立鸭形，扁喙，直颈，背有侈口，臀下有支柱。江苏省丹徒大港母子墩西周墓亦出土水禽尊（图19）[41]，器体似立鸭形，背部接一敞口尊，头顶出冠，也有视此器为鸳鸯尊。此类水禽形酒器应是明清凫尊雏形。

图20　战国　青铜鸭衔鱼尊　山东省文物考古研究院藏

图21　东汉　青铜鸭形砚滴　首都博物馆藏

图22　汉　灰陶凫形盖壶　故宫博物院藏

战国至两汉时期鸭形器，水器。山东省淄博市临淄区相家庄墓地M6（M6X：19）曾出战国鸭尊（图20）[42]，器整体立鸭形，头颈前伸，扁喙衔鱼，鸭背部有注水口，鱼外侧有两排出水孔，似作洒水器。东汉时有鸭形砚滴，北京曾有出土（图21）[43]，立鸭形，背中置一圆筒注水器。砚滴造型与明清小型凫尊接近，也与《长物志》中"半身鸬鹚杓""鎏金雁壶"砚滴形制相合。作为水器的鸭形器在造型与功能上可能对用于陈设的文房器明清凫尊产生影响。

此外，先秦至两汉时期，陶器亦多有水鸭造型（图22），与铜器造型或有互相影响，应同样是明清凫尊仿效的蓝本。

二　兽形器

走兽也是明清仿古铜器的一类重要造型。"乾隆四鉴"中记载尊类造型有牺、象、虎、鹿，表座类有羊、熊，砚滴和书镇类则有甪端、天禄、辟邪等瑞兽。礼书中亦有"六牲"所指祭祀用马、牛、羊、豕、犬、鸡，"六兽"指野生麋、鹿、熊、麕、野豕、兔。其中，牺尊是明清兽形仿古铜器较为主体的一类，以此为例来探究兽形类仿古铜器的鉴藏与流变。

1. 识别与分类

牺并非特指牛，典籍中是指祭祀所用之纯色牲，牺牲要毛羽完具[44]。牺尊应是以牛为象生母本，融合羊、猪、犬等走兽特点。检视"乾隆四鉴"，其中，《西清古鉴》著录"周牺尊"十五件，若将仅以牺为装饰者去除，为十三件。《宁寿鉴古》著录"周牺尊"十五件，"汉牺尊"四件。《西清续鉴甲编》著录"周牺尊"七件，《西清续鉴乙编》著录"周牺尊"一件和"汉牺尊"一件。相比天鸡尊和凫尊，图谱中的牺尊数量可观。

"乾隆四鉴"中定牺尊为周或汉代器物，并非全然错误，但先秦牺尊和明清仿古牺尊相互混杂。故宫博物院藏有"大清乾隆年制"款形制相同的牺尊两件，原为太庙祭器（图23）。牺尊主体为立牛造型，头上牛角较小向上弯曲，与黄牛相类，牺身满饰卷草纹并以谷纹、灵芝纹点缀，典型清代装饰风格。牺背正中拼接一圆罍，侈口，口外沿和内底有款识，配穹盖。圆罍自盖钮向下有四条出戟，通体装饰雷纹地兽面纹和夔龙纹，模仿商代风格。牺尊整体蜡茶铜色，古朴素雅，不同于其他明清仿古铜器镶嵌金银、勾填彩漆的华丽风格。明清牺尊应用于祭祀和生活陈设不同场景，器作风格或有区别。

检视清宫旧藏明清仿古牺尊实物，其形制主要有四种类型：

（1）器身为立姿牛犊造型。头向前伸，微上扬，无角，竖耳略向后，口唇与脸颊方折凸起，胸前有项圈，后背开口，盖似卧鸟，四肢和腹部装饰错银卷云纹，双目、脸颊、项圈、器盖有错金银装饰。牺体态、面部稍显呆板，错金银装饰不似战国、宋器精巧，可能制于明代者居多（图24）。此类牺尊清宫典藏中常见，体量大小有差异。

（2）立牛造型，背负尊罍。此类型除上述清乾隆太庙牺尊外，亦有体量小巧的牛犊驮圆尊样式。另外，《宁寿鉴古》著录"汉牺尊四"，实物现藏故宫博物院，为卧虎形，背负侈口圆尊（图25）。卧虎造型硬朗，整器装饰错金银，勾添绿色漆料，应是清代制牺尊。此图谱著录"汉牺尊三"更为特殊，双羊四足造型，背接椭方器，错金银。

（3）拟真黄牛立姿造型。故宫博物院现藏此类明清牺尊（图26），著录于《宁寿鉴古》卷四"周牺尊十一"，原陈宁寿宫一带。牛头顶有上卷角，穿鼻环，有缰绳，后背开方口，呈鞍鞯样。此类牺尊应是明清时仿古意的一种。

（4）轮式牺尊。器身为立羊造型，羊头上有向前旋角，类似大角羊，胸前有钩状出戟，通体装饰云雷纹与鳞状纹，四

图23　清乾隆　铜太庙牺尊　故宫博物院藏

图24　明　青铜错金银牺尊　故宫博物院藏

图25　清　铜错金银填绿漆卧牺尊　故宫博物院藏

图26　明至清　铜牺尊　故宫博物院藏

图27　清　铜鎏金四轮牺尊　故宫博物院藏

蹄下为四轮式平板车，轮有辐。《宁寿鉴古》《西清续鉴甲编》著录此类牺尊。故宫博物院藏四轮牺尊（图27），失盖，器身鎏金，原藏御花园。

2. 鉴藏与阐释

《宣和博古图》著录"周牺尊"，认同魏晋王肃《周礼注》中牺尊为牛形，凿背为尊的观点，否定汉代礼学中牺尊为刻凤纹容器之说。同时解读牺尊意涵："取其牺牲享食之义，又以示其性顺而德重，以兴稼穑，助民功，致民力，以出作入息而服畎亩之事而已。"[45]牺牲不仅敬献先祖神明，又是教化重农的象征。宋礼书《绍熙州县释奠仪图》中庙堂陈设牺尊，造型与《宣和博古图》同为立姿无角牛犊造型，背上开口，有盖[46]，一改聂崇义《新定三礼图》献（牺）尊深腹直口，刻画牛或凤纹的造型。

明代典籍中兼有以牛为造型和刻画牛纹的牺尊，两种著述延续宋代。官修礼书《明集礼》"遣官奏告圜丘仪注·祭器图"中牺尊为光素立牛造型[47]。典制政书《大明会典》中所绘"圜丘第一成陈设图"中祭器形制简省，"登铏以磁碗代，簠簋笾豆以磁盘代"，图中太尊、著尊、牺尊依次陈设，均为圆鼓腹、宽肩、有外卷穹盖的罐式，牺尊腹绘兽纹[48]。另，嘉靖九年（1530年）定制，包括牺尊在内的各坛陈设为江西烧造瓷器[49]。

清人对于仿古牺尊的鉴藏认识围绕礼器角度。《西清古鉴》"周牺尊一"条目将历代争议牺尊形制的主要观点辑录下来："《鲁颂·閟宫》之诗曰：'牺尊将将'，传云牺尊有莎饰也；疏谓作献尊，即《周礼》其朝践用两献尊也；而郑说谓饰以翡翠；《礼图》谓牺尊饰以牛；王肃谓形如牛象而背上负尊；朱子谓画牛于尊之腹也；或曰尊作牛形，凿其背以受酒。按：饰以翡翠之说缘莎饰之，误至诸家所称不一。"[50]

《钦定三礼义疏》中涉及牺尊形制的讨论与之相似，即牺尊取名源自造型，还是尊上图案，只是图像仍为《三礼图》《三才图会》书中所绘尊式牺尊。乾隆十三年（1748年）春，定祀典祭器，上谕称："朕思坛庙祭品，既遵用古名，则祭

图28 战国 青铜错金银牺尊 河北博物院藏

图29 西周 井姬貘尊 宝鸡青铜器博物院藏

图30 春秋 青铜负豆式牺尊 中国国家博物馆藏

图31 商 亚长牛尊 殷墟博物馆藏

器自应悉仿古制。一体更正，以备隆仪。着大学士会同该部，稽核经图，审其名物度数、制作款式，折衷至当，详议绘图以闻。”[51]由此确定牺尊用于太庙孟春时享，形制为“范铜为之，作牺形，尊加其上”[52]，图像后收录《皇朝礼器图式》《大清会典图》。

3. 渊源与流变

商周青铜牺尊造型变化多样，但明清仿古牺尊的模仿蓝本较为明确，最为常见的无角立姿牛形尊与战国时期牺尊极为相似。如山东省淄博市临淄商王村战国墓和河北省平山县中山成王墓出土牺尊（图28）[53]，镶嵌金银、红铜和绿松石，其华丽装饰风格也被明清仿古器吸纳。更早的西周时期曾有貘尊，晋陕高原出土，如陕西省宝鸡市茹家庄二号墓地出土井姬貘尊（图29）[54]。貘尊模仿马来貘，圆身，吻部稍长，圆立耳后背，或也是明清牺尊的源头。

清太庙牺尊，其背罍式样式在东周牺尊中也能找到同形器，如中国国家博物馆藏河南三门峡上村岭虢国墓地出土春秋早期牺尊（亦称“兽形豆”，图30），立兽形，竖耳，背接一豆形器[55]。

至于拟真牛形仿古牺尊，多仿商周器意蕴。然而，无论是安阳殷墟出土商代亚长牛尊（图31）[56]，还是江苏扬州出土东汉牛灯[57]，都将生活中水牛、黄牛形象生动再现。上古牛尊与明清牛尊在造型设计上或有呼应。

结语

天鸡、凫与牺是明清仿古铜器动物形象的代表。它们与商周铜器中的凤鸟、翼兽、水鸭、黄牛等动物元素或多或少存在造型设计和艺术风格的关联。尽管商周青铜器以鸟兽为造型，是为制器尚象，取象自然世界万物，再赋予思想，通过制器以求与神灵先祖沟通。明清文人爬梳前代诸种礼书典籍和各家金石谱录，理解上古之器的功用与内涵。特别是清代宫廷，在乾隆时期整理典藏各类器物，力推编纂官修图谱，形成对商周青铜器的认识，化用到时器制作实践，并融入自身的想象力，最终以仿古铜器再阐释制器尚象的意涵，创造博古风雅，丰富人们精神生活。

上文对于清宫旧藏明清鸟兽形仿古铜器重新分类识别，聚焦明清文人夹杂在谱录、注疏、笔记等书籍中对这类器物形成认知的脉络，进而从鸟兽形铜器的整体形制、造型装饰、意象元素等角度挖掘原器蓝本，尽管渊源述往中呈现的线索较为碎片化，尚有缺环，但不失为分析明清时期鸟兽形仿古铜器如何接续上古青铜艺术的一个初步尝试。

注释

1 容庚：《商周彝器通考》上册第429页，中华书局，2011年。

2 李零：《商周铜礼器分类的再认识》，《中国国家博物馆馆刊》2020年第11期。

3 杜迺松：《论青铜鸟兽尊》，《故宫博物院院刊》1995年第1期。

4 （汉）郑玄注，（唐）贾公彦疏：《周礼注疏》卷十九，《景印文渊阁四库全书》第90册第347页，台北商务印书馆，1982年。

5 李零：《铄古铸今——考古发现和复古艺术》第53页，香港中文大学出版社，2005年。

6 （晋）郭璞注，（宋）邢昺疏：《尔雅注疏》卷十“释鸟”，《景印文渊阁四库全书》第221册第205页，台北商务印书馆，1982年。

7 中国第一历史档案馆、香港中文大学文物馆合编：《清宫内务府造办处档案总汇》（以下简称《总汇》）第9册第586页“乾隆五年十二月初六日铸炉处”，人民出版社，2005年。

8 《总汇》第11册第82页，乾隆七年一月十九日“镀金作”。“商金银丝”即金银嵌错工艺。

9 《总汇》第13册第407页，乾隆十年四月十二日“乾清宫”。

10 《总汇》第13册第570页，乾隆十年十一月一日“记事录”。

11 根据乾隆十年十一月一日记事录载：“烧古鎏金四轮天鸡尊一件（花梨木座），传旨着海望有便人带往盛京，钦此。”《总汇》第13册第570页。另，此件天鸡尊参考号编为“留平”“复查”，应是1914年为成立古物陈列所运京的盛京、热河行宫文物。

12 许雅惠：《晚明的古铜知识与仿古铜器》，《古色——十六至十八世纪艺术的仿古风》第264～275页，台北故宫博物院，2003年。

13 （明）高濂：《遵生八笺》卷十五，《景印文渊阁四库全书》第871册第751页，台北商务印书馆，1982年。

14 （明）文震亨：《长物志》卷七，《景印文渊阁四库全书》第872册第66页，台北商务印书馆，1982年。

15 （清）梁诗正等：《西清古鉴》卷九“周鸡尊一”，《景印文渊阁四库全书》第841册第274页，台北商务印书馆，1982年。

16 （清）梁诗正等：《西清古鉴》卷十一“汉鸠车尊”，景印文渊阁四库全书》第841册第327页，台北商务印书馆，1982年。

17 （清）梁诗正等：《宁寿鉴古》卷五“汉鸠尊”第25页，商务印书馆，1913年涵芬楼影印宁寿宫写本。

18 （宋）聂崇义：《三礼图集注》卷十四第198～200页，《景印文渊阁四库全书》第129册，台北商务印书馆，1982年。

19 （明）王圻：《三才图会》“器用卷二·古器类”，《续修四库全书》第1234册第219页，上海古籍出版社，2002年。

20 （明）王圻：《三才图会》“器用卷二·古器类”，《续修四库全书》第1234册第219页，上海古籍出版社，2002年。

21 （清）鄂尔泰等：《钦定周官义疏》卷四十六“礼器图”，《景印文渊阁四库全书》第99册第553页，台北商务印书馆，1982年。

22 故宫博物院编：《清仁宗御制诗》第六册“谷日联句有序”，《故宫珍本丛刊》第576册第60页，海南出版社，2000年。

23 （宋）李昉等：《太平御览》卷九一八，《景印文渊阁四库全书》第901册第221页，台北商务印书馆，1982年。

24 （前秦）王嘉：《拾遗记》卷一，《景印文渊阁四库全书》第1042册第318页，台北商务印书馆，1982年。

25 李伯谦主编：《中国出土青铜器全集·4·山西下》第 257页，科学出版社、龙门书局，2018年。

26 李伯谦主编：《中国出土青铜器全集·4·山西下》第 304页，科学出版社、龙门书局，2018年。

27 朱凤瀚：《中国青铜器综论》（上）第174页，上海古籍出版社，2009年

28 李伯谦主编：《中国出土青铜器全集·4·山西下》第468页，科学出版社、龙门书局，2018年。

29 李零：《论中国的有翼神兽》，载李零《入山与出塞》第87～135页，文物出版社，2004年。

30 中国国家博物馆编：《中国国家博物馆馆藏文物研究丛书·瓷器卷·商–五代》第120页，上海古籍出版社，2014年。

31 李伯谦主编：《中国出土青铜器全集·4·山西下》第417页，科学出版社、龙门书局，2018年。

32 张颔：《瓠形壶与瓠瓜星》，载张颔《张颔学术文集》第44～46页，中华书局，1995年

33 苗凌毅、裴梦斐、王棣：《春秋战国时期鸟盖瓠壶功能考辨——兼谈铜瓠壶的来源问题》，《文博》2021年第5期。

34 王子今：《汉晋“鸠车”考识》，《湖南省博物馆馆刊》第十五辑第404～414页，岳麓书社，2019年。

35 李伯谦主编：《中国出土青铜器全集·10·河南下》第488页，科学出版社、龙门书局，2018年。

36 （宋）王黼：《重修宣和博古图》卷七“周凫尊”，《景印文渊阁四库全书》第840册第512页，台北商务印书馆，1982年。

37 （宋）王黼：《重修宣和博古图》卷十二“汉凫壶”，《景印文渊阁四库全书》第840册第629页，台北商务印书馆，1982年。

38 （清）梁诗正等：《宁寿鉴古》卷四第26页，商务印书馆，1913年涵芬楼影印宁寿宫写本。

39 （清）梁诗正等：《宁寿鉴古》卷八第12页，商务印书馆，1913年涵芬楼影印宁寿宫写本。

40 中国国家博物馆编：《中国国家博物馆馆藏文物研究丛书·青铜器卷·西周下》第357页，上海古籍出版社，2020年。

41 李伯谦主编：《中国出土青铜器全集·7·江苏》第60页，科学出版社、龙门书局，2018年。

42 李伯谦主编：《中国出土青铜器全集·6·山东下》，第406页，科学出版社、龙门书局，2018年。

43 李伯谦主编：《中国出土青铜器全集·1·北京·天津·内蒙古》第88页，科学出版社、龙门书局，2018年。

44 朱凤瀚：《中国青铜器综论》（上）第183页，上海古籍出版社，2009年。

45 （宋）王黼：《重修宣和博古图》卷七“周牺尊二”，《景印文渊阁四库全书》第840册第511页，台北商务印书馆，1982年。

46 （宋）朱熹：《绍熙州县释奠仪图》卷三十五，《景印文渊阁四库全书》第648册第20页，台北商务印书馆，1982年。

47 （明）徐一夔等：《明集礼》卷二，《景印文渊阁四库全书》第649册第107页，台北商务印书馆，1982年。

48 （明）申时行等：《大明会典》卷八十二，《续修四库全书》第790册第467页，上海古藉出版社，2002年。

49 （明）申时行等：《明会典》卷二〇一，《续修四库全书》第792册第410页，上海古藉出版社，2002年。

50 （清）梁诗正等：《西清古鉴》卷九，《景印文渊阁四库全书》第841册第265页，台北商务印书馆，1982年。

51 《清实录》第13册《高宗纯皇帝实录（五）》卷三〇六第1页，中华书局，1986年。

52 （清）允禄等：《皇朝礼器图式》卷二，《景印文渊阁四库全书》第656册第137页，台北商务印书馆，1982年。

53 李伯谦主编：《中国出土青铜器全集·2·河北》第164页；《中国出土青铜器全集·6·山东下》第404页，科学出版社、龙门书局，2018年。

54 中国青铜器全集编辑委员会编：《中国青铜器全集·6·西周二》第167页，文物出版社，1996年。

55 李伯谦主编：《中国青铜器全集·7·东周一》第8～9页，文物出版社，2005年。

56 李伯谦主编：《中国出土青铜器全集·9·河南上》第157页，科学出版社、龙门书局，2018年。

57 李伯谦主编：《中国出土青铜器全集·7·江苏》第240～241页，科学出版社、龙门书局，2018年。

Avian and Sacrificial Forms: Archaistic Zoomorphic Bronzes from the Qing Imperial Collection

Wu Qian

Abstract: The celestial rooster (*tianji*), wild duck (*fu*), and sacrificial ox (*xi*) are representative animal forms in Ming and Qing archaistic bronzes. These forms share stylistic and design connections – whether in shape or artistic conception – with animals featured in Shang and Zhou bronzes, such as the phoenix-bird, winged beasts, waterfowl, and yellow oxen. Ming and Qing literati delved into ancient ritual texts and various antiquarian catalogues, striving to understand the functions and deeper meanings of ancient ritual vessels. In particular, the Qing court – especially during the Qianlong reign – undertook the systematic organization and cataloging of its collections, promoting the compilation of official illustrated catalogues. This scholarly activity shaped the court's perception of Shang and Zhou bronzes and informed contemporary production practices, which combined historical references with imaginative interpretation. Ultimately, archaistic bronzes were used to reinterpret the concept of *zhiqi shangxiang* (making vessels in accordance with auspicious omens and natural forms), creating an atmosphere of antiquarian elegance and enriching cultural life.

This paper reclassifies and re-identifies bird-and-beast-shaped archaistic bronzes passed down from the Qing court collection. It traces how Ming and Qing literati – through catalogues, commentaries, and notes – developed an understanding of such objects. By examining the overall form, decorative motifs, and symbolic elements of zoomorphic bronzes, the study attempts to uncover their original prototypes. Although the available historical clues are fragmentary and some links remain missing, this paper serves as a preliminary attempt to analyze how bird- and beast-shaped archaistic bronzes of the Ming and Qing dynasties continued the bronze art from remote antiquity.

Keywords: archaistic style, zoomorphic forms, bronze vessels

试论清代仿古风格

——以觚为例

哈少川

觚是一种侈口、长颈、束腰、高圈足的容器，整体造型呈现上下向外延伸、中段相对细窄的造型。关于觚的造型起源，学界多有探讨。李济认为觚的造型可能来自龙山文化的黑陶觚[1]；也有学者认为觚的造型与大汶口文化晚期的蛋壳黑陶高柄杯相似，可能为二里头时期陶觚发展后的青铜觚雏形[2]；吴镇烽以一件自名为“同”的青铜觚，提出了由宋人命名为“觚”的酒器应称为“同”的观点，且认为此类器型源自同字上部所从之H，形似竹筒，商周青铜觚皆仿其形所铸[3]。除陶觚外，漆觚早在新石器时代便已出现，如浙江余杭卞家山良渚遗址中出土的漆器中以漆觚数量为最多[4]，河南偃师二里头墓葬[5]、北京琉璃河西周燕国墓地[6]均有漆觚出土，造型与青铜觚基本一致，青铜觚造型亦受其影响。

青铜觚出现于商代早期，西周以后青铜觚逐渐被漆木觚所替代。马承源把商代早期至西周早期的铜觚按照形制分为半封顶流口式、宽体式、宽体侈口式、束腰式……至腰极细式，详分共计十四式[7]。宋以降金石学兴盛，复古之潮蔚然成风，青铜觚作为三代铜器中重要的器类之一，重新回到人们的视野。同时，随着制瓷业的兴起，人们开始仿照铜觚烧制瓷觚，除仿铜觚式外，贯耳式觚、海棠式觚等创新造型也相继出现，圜底高圈足的觚式特征逐渐转变为保留圈足外观的平底觚。明清时期，瓷觚的造型及装饰纹样深受人们喜爱，伴随制器材料的丰富与工艺的进步，出现玉石、珐琅、玻璃等不同材质的觚，相应地在保留青铜觚传统造型的基础上，也不断涌现各种创新形制。

一　觚的功能演变

（一）礼器

商周青铜器是为统治阶级所有的政治工具，象征着权力和地位，其蕴含的是特定宗教信仰、思想观念以及政治理论。

1.酒器

青铜觚常与爵、斝等酒器组合出土，多用于商代的祭祀与宴飨礼仪。如郑州白家庄三号商代墓葬[8]、安阳小屯M232、M333、M388[9]均出土觚、爵、斝各两件。作为酒器使用的青铜觚，存在饮酒、盛酒、斟酒三种使用方式：

商人尚酒，青铜觚是商代最重要的酒器之一。青铜觚始见于商早期的二里岗上层，觚体造型相对低矮，口沿外侈程度低，腰身较粗，形制更似杯，能盛装酒液，亦便于饮用，是一种饮酒器。中国国家博物馆藏一件雷纹觚[10]，口部呈半封顶状，有一流可饮，被视为觚为饮酒器的实物证明。

商代晚期至西周早期，觚身逐渐变得纤长，侈口程度相对较大，觚体容积变小，酒容易外溢，直接饮用不方便，甚至不便盛装液体。林巳奈夫认为此类觚可以用于盛放用勺子挹食的浓稠的甜酒[11]，可作盛酒器。

有学者认为觚作为祼祭礼器，与柄形器“瓒”搭配成器用组合，在公开场合演绎，加入郁鬯旨酒后灌地、祭拜、啜饮，完成祭祀仪式[12]。还有学者认为西周时期的细腰铜觚与其伴出的柄形器、棒形器形成一套器物组合称为“瓒”[13]，作为斟酒器，将酒液倾倒入铜爵中完成祼礼[14]。

2.供器

西周中期以后，觚逐渐被更便于饮用的觯所取代，青铜觚数量大幅下降，墓中随葬品几乎不见，直至消失。进入铁器时代后，青铜觚一度沉寂。北宋时，为谋求治国与皇权的政治理想和抱负，掀起一场再现“三代”礼制的复古运动，至徽

图1　清　铜镀金嵌玉五供　故宫博物院藏

图2　清乾隆　掐丝珐琅缠枝莲纹觚
故宫博物院藏

图3　清乾隆　掐丝珐琅缠枝莲蕉叶纹觚
故宫博物院藏

宗朝达到顶峰。深受复古思想影响，青铜器被世人竞相收藏、研究，宋人开始仿铸三代铜器。因求礼而制器，宋元时期仿铜器多于皇室宫廷、孔庙府学、寺庙、宗庙祠堂等作祭祀器、供器之用，觚之酒器职能不再。觚取“孤”意，寓意劝诫人们遵从礼法，遵守内心戒律。

明清时期，佛前供养的一套以香炉一、烛台一对、花觚一对（或花瓶一对）的器用组合称为“五供”，分别对应焚香、燃灯与供花之用[15]。五供花觚内的供花种类不一，铜丝串联玉石、珊瑚等仿生花设计独具匠心，如铜镀金嵌玉五供（图1）、掐丝珐琅五供之缠枝莲纹觚内的灵芝（图2）等，另有将镜子与仿生花束相结合的创新造型（图3）。

（二）陈设器

宋代金石学家将觚形器正式命名为觚，如吕大临《考古图》《续考古图》、王黼《宣和博古图》、欧阳修《集古录》、赵明诚《金石录》等书中均有对觚的描述。宋代制瓷业发达，五大名窑确立，不仅铸铜觚仿青铜觚，也开始烧制瓷觚。此时觚之酒器职能不再，逐渐为宫室贵族与文人雅士所喜好，转变为陈设器，作为日常居所之必备，同各类古器物、仿古器或设于庭院厅堂，或置于书房案头，为周身环境增添古朴与雅致，令人赏心悦目。根据觚器身内盛装物的有无与不同，可将觚之用分为清赏、簪花、收纳等方式。

1.清赏

清宫陈设文物最具特色，常给器物配以盖、座、支架、锦袱等辅助陈设的附件，既能保障器物的稳定性，又能增强器物的展示效果。似觚这类细高的器物，常附以矮木座套箍住其圈足来加以稳固，如道光十五年七月十一日立《时做上等陈设档案》载：“库内现存时做上等陈设……青玉蕉叶花觚一件，乾隆款，紫檀木座，菱花锦袱……铜胎掐丝珐琅花觚一件，乾隆款，紫檀木座，紫黄锦袱……碧玉双喜花觚一件，乾隆款，紫檀木座，五彩锦袱……碧玉出戟蕉叶花觚一件，乾隆款，紫檀木商丝座，紫白锦袱……青白玉蕉叶方花觚一件，口底有缺绺，乌木商丝座，五彩锦袱。”

用于清赏珍藏的觚常见诸于百式件陈设档，如光绪二年立《翠云馆万宝箱百式件》有“铜掐丝珐琅花觚一件，紫檀木座……青玉出戟小花觚一件”;《漱芳斋金昭玉粹百式件》有“青绿商金银丝花觚一件，紫檀木座”;《敬胜斋碧琳馆三友轩百式件》有“古铜小花觚一件，紫檀木座，青汉玉花觚一件，铜胆，紫檀木座”;《敬胜斋百式件》有“汉玉花觚一件，紫檀木座……仿钧窑花觚一件，黑器座”;《静怡轩清玩阁百式件》有“青绿花觚一件，木座……哥窑铜镶口花觚一件，足缺釉，木座……古铜商金银花觚一件，铜胆，紫檀木座……掐丝珐琅小花觚一件，木座”；宣统二年二月十四日立《养心殿西暖阁勤政亲贤现设百式件》有“博古格一对，周亚觚一件，紫檀木座托刻诗”。除档案记载外，配以木座的清赏觚亦常见于博古画作里，如清人绘《胤禛妃行乐图之博古幽思》轴中所绘内容即觚、钟等青铜器作为陈设器的场景（图4）；清人绘《弘历是一是二图》屏左右桌案上各置铜觚一件（图5）；清金廷标《簪花图》轴局部所绘置于案头之上的铜觚（图6）等。

图4 清 佚名《胤禛妃行乐图之博古幽思》轴（局部） 故宫博物院藏

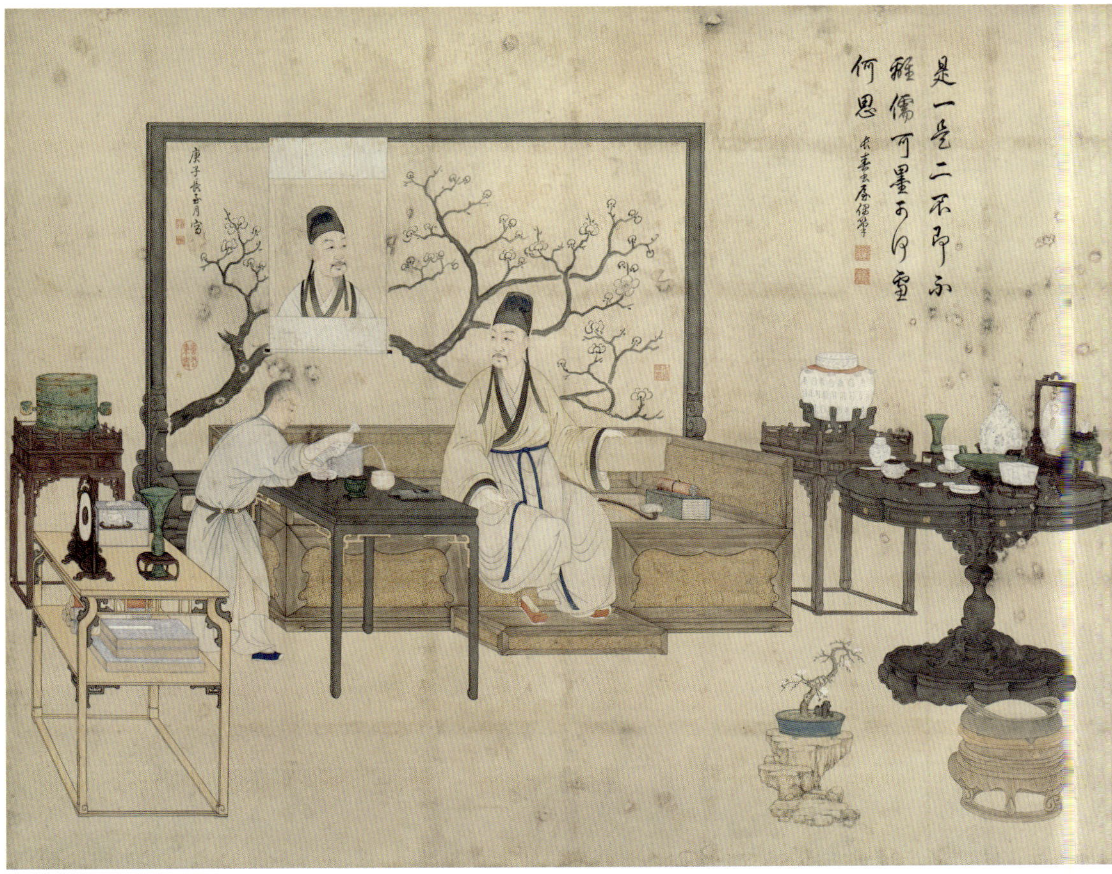

图5 清 佚名《弘历是一是二图》屏 故宫博物院藏

2.簪花

以古铜器或仿铜古器插花，亦是始于宋时的风尚，赵希鹄《洞天清录》载："古铜器入土年久，受土气深，以之养花，花色鲜明如枝头，开速而谢迟，或谢则就瓶结实。"[16]植物学家周肇基曾论证铜容器是否宜于植物生长，青铜器氧化后生成的碱式碳酸铜具有杀虫、灭菌、防腐之功效，水不易变质且植物可以吸收铜离子为营养[17]。

以觚作为花器自宋已见图画，南宋陈清波《瑶台步月图》册所绘，似一瓷觚内簪有几枝绿肥红瘦的花束（图7）；清金廷标《簪花图轴》局部条案旁高花几上摆置的圆觚（见图6）。觚具备上下外撇、中间束腰的造型特点，贴合花枝升降的长势，撇口既可以辅助花枝舒展，也能起到支撑作用，束腰部分能够聚拢花枝，固定根茎。觚的花器功能得到广泛认可，作为花器而存在的觚，又称"花觚"，更多地适用于人们的日常生活。

明代高濂《遵生八笺》载："觚、尊、兕，皆酒器也。三器俱可插花。觚、尊口敞，插花散漫不佳，须打锡套管入内，收口作一小孔，以管束花枝，不令倾倒。"[18]认为花觚需配内胆使用，插花效果更佳。

清宫藏器无论新做或旧藏玉器、陶瓷、青铜器，用作簪花器时，均配置内胆，管束花枝，便于插花；保护花器，防潮防污染、冬天防止冻裂[19]。据《养心殿造办处各作成做活计清档》载："（镀金作，乾隆三年九月）二十日，司库刘山久、七品首领萨姆哈、催总白世秀来说，太监毛团、胡世杰、高玉交……青玉花觚一件。传旨：将三件安胆，俱配金谷穗。钦此。"道光十九年六月《吉云楼如是室佛堂陈设档》有"汉玉出戟花觚二件，内插珐琅花，紫檀木座"。置胆簪花实例如银烧蓝五供之云蝠纹觚（图8）、竹根雕兽面纹觚（图9）等。乾隆帝有诗礼赞花器："土浸暗瀣如绛霞，配以铜胆簪杂花。与沃精神汲井华，弗失其故兴怀遐。"

图6 清 金廷标《簪花图》轴（局部） 故宫博物院藏

图7 南宋 陈清波《瑶台步月图》册（局部） 故宫博物院藏

图8　清　银烧蓝云蝠纹觚
故宫博物院藏

图9　清　竹根雕兽面纹觚
故宫博物院藏

图10　清　铜鎏金嵌玻璃蕉叶纹觚
故宫博物院藏

图11　清　青玉兽面蕉叶纹觚
故宫博物院藏

图12　清　剔红蕉叶纹带座觚
故宫博物院藏

图13　清　佚名《弘历是一是二图》轴（局部）　故宫博物院藏

3.收纳

除了插花器以外，清宫的觚还有置物收纳的功用，常见收纳物为匙箸、扇子、字画等。曹雪芹在《红楼梦》第三回中提及花觚：“左边上文王鼎匙箸香盒，右边几上汝窑美人觚，内插着时鲜花卉，并茗碗痰盒等物。”以现实为依托的小说反映的是清代的社会生活，文中提及的文王鼎用作香炉焚香，匙箸则为自香盒中取香使用的工具香匙和香筷，四者合为香具。清宫仿古觚也有与匙箸搭配，形成香具器用组合者，如铜鎏金嵌玻璃蕉叶纹觚（图10）、青玉兽面蕉叶纹觚（图11）、剔红蕉叶纹带座觚（图12）等。

道光十九年六月立《乐善堂重华宫现设陈设档》载：“床上设青玉出戟扁花觚一件，有缺绺，内插永瑆字杨大章画竹股扇一柄，上拴白玉东升扇器一件……青花白地瓷出戟花觚一件，有缺，紫檀木座。”“地下设……周素觚一件，紫檀木座，内插御笔字周之冕画竹股扇一柄，上拴汉玉扇器一件。”“床上左右设周雷纹觚一件，内插棕竹股扇一柄，上拴汉玉鸳鸯一件。”此外，清人绘《弘历是一是二图》轴中右边桌上铜觚内盛装字画卷轴一幅（图13）。

二　觚的仿古层次

青铜觚最早出现于商早期的二里岗上层文化期，盛行于商晚期的殷墟文化时期，沿用至西周早期，西周中期后逐渐衰退并消失。根据器形不同，可以将其分为圆觚（图14）与方觚（图15）两类，前者远多于后者。以早晚为序查其形制变化，商代早期器体矮宽，商代中晚期逐渐细长，西周早期铜觚束腰极细，不再分为上中下三段式（图16）。

图14　商晚期　木觚　故宫博物院藏

图15　商晚期　青铜兽面纹方觚
上海博物馆藏

图16　西周早期　青铜兽面纹觚
宝鸡周原博物馆藏

仿青铜器是仿古器中的一种重要门类，主要指借鉴和仿制商周青铜器的造型与纹样而制作的器物，仿制的内容主要以鼎、簋、觚、爵、钟等青铜礼乐器为典范，再结合当时审美与技术加以制造。以青铜觚为范式进行仿古，可依据其仿制程度分为三个层次：非常贴近青铜觚的“忠于典范”；在抓住青铜觚显著特征的基础上融合新时代特色的“采择英华”；仅把握部分觚的器型概念并加以艺术创作的“但求古意”。

（一）忠于典范

铜器仿青铜器、玉器仿古玉器等同质仿古，是以古为尊这一社会实践中完成度最高的体现。以铜合金为制器材料是在最大程度上贴近青铜器。相较于青铜之锡铅合金，清代黄铜合金内锌含量比重升高。仿制青铜器可以上溯至宋代，北宋礼乐复兴，掀起稽古、赏古、复古的文化思潮，人们寻迹三代，恢复礼制，仿古风格滥觞。南宋初期重建礼乐，逐渐形成一种包含政治理想与文化精神的风尚，以融入当朝审美与技艺的方式制造仿古器为实践，复建三代传统礼制。宋代大量仿制青铜礼乐器，皆具有政治与文化寓意，仿古最为忠于原型[20]。清代金石学的发展再次将复古思潮推上高峰，制器材质的扩增与工艺的拓新，使得清代仿古器的制作与使用达到空前高度，其中以青铜觚为原型仿制的清代仿古铜觚颇具代表性，可以一窥清宫对于仿古风格装饰艺术的运用。

清代出于满汉文化亟待交融的政治层面需求，提倡“文教是先”[21]。帝王在复古思潮环境下推动尊古为礼，金石学盛行，拟古造物蔚然成风。李渔曾在《闲情偶寄》中写道“人知巧莫巧于古人”[22]，可见其时对古人造物智慧的高度赞扬。据《钦定大清会典事例》记载，养心殿造办处掌制造器用，凡治器之作十有四。清宫内务府造办处曾设立了馆、院、处、厂、房、作等42个作坊，民间称为“百工坊”，后于光绪年间归并成包括如意馆、珐琅作、铸炉处、金玉作、铜鋄作等14个作坊[23]，充分满足各式仿古制器需求。

清仿青铜觚较多选用的范式为商晚期至西周早期时细体觚的造型：侈口、腹微鼓、圈足的三段式结构，比例协调。纹饰多具备以蕉叶纹、兽面纹为主题纹饰，以夔纹作辅助纹饰，以云雷纹填作地纹，器腹上下过渡区域饰凸弦纹的特征。细节上也出现有的圈足上方铸有十字形镂孔（图17），有的饰出戟（图18），有的圈足内仿铸铭文等特征。然仿古器而非铸伪器，仿制过程虽尽量忠于典范，但大部分器物仍有较为明显的清代艺术特点，如构成兽面纹的纹饰形态、出戟的形态以及商周铜觚未曾出现的错金银工艺运用（图19）等。

青铜器上的四瓣目纹以一个兽目作为图案单位，四角附有四瓣尖翅，每瓣尖端各分为二，流行于商末周初，沿用至战国[24]，台北故宫博物院藏亚醜方觚[25]的颈部及圈足上部各饰一周四瓣目纹（图20），德国科隆东亚艺术博物馆藏◇葡斝方觚[26]圈足上部饰一周四瓣目纹（图21），清宫旧藏仿古青铜兽面纹觚也有类似仿制，形状与装饰位置相似，仅缺少了纹饰中心的目纹（图22），在一众兽面纹、蕉叶纹的仿古觚中也属少有的仿古纹饰。

图17　清　铜兽面纹觚　故宫博物院藏

图18　清　铜兽面纹方觚　故宫博物院藏

图19　清　父己觚　故宫博物院藏

图20　商晚期　亚醜方觚　台北故宫博物院藏

图21　商晚期　◇葡䨝方觚
德国科隆东亚艺术博物馆藏

图22　清　铜兽面纹觚　故宫博物院藏

（二）采择英华

明代仿古器较于宋元时期融入了更多创新元素，但也是基于贴近青铜器典型特征的仿制实践。如铜鳞纹觚仿制西周早期觚的造型，即自圈足向上皆作细管喇叭形，外观无腹。虽为同质仿古器，但区别于原物之处在于其器壁出现长贯耳，且鳞纹不似商周时期规整（图23）。景泰款掐丝珐琅勾莲纹觚（图24）等则显示明清时期特有的花卉装饰风格在觚器身装饰中的运用。

在不能全要素兼备的仿古器中，此类清仿觚之造型仍保持以商周时期三段式青铜觚为主要制式，或圆或方，形状皆正。一些制器材质发生改变，除玉（图25）、陶瓷（图26）外，还出现金银铜胎珐琅（图27）、紫砂（图28）、漆（图29）、竹（图30）、琥珀（图31）、玻璃（图32）等多种材质，制器工艺涉及掐丝珐琅、画珐琅、银烧蓝、铅胎剔红、竹根雕、镶嵌等。

此类清仿觚的纹饰仍坚持商周青铜觚纹样内容，以蕉叶纹、兽面纹为主题纹饰，间或饰有回纹地纹和出戟，但清代风格愈发显著，如蕉叶纹的形状改变、数量增加，出戟戟面增饰几何纹、回纹或寿字，器身增饰或改饰祥云、缠枝花卉等吉祥图案。

兽面纹之于商周青铜器，是最常见的主题纹饰，构成纹样的线条粗犷强劲，彰显狞厉之美。清代兽面纹饰的构图线条纤细柔和，兽面即使双目圆睁，整体图案也不似前者的神秘与威严，至于漆觚、珐琅觚之兽面纹，填上明艳色彩后，整体更显华丽。兽面纹的出现位置在清仿器中也有所创新，青铜觚的兽面纹通常饰于器腹和圈足，乾隆款银烧蓝五供之蕉叶兽面纹觚在口沿下增饰一周兽面纹，形成上中下三周兽面纹、两周蕉叶纹，且均浮于回纹地纹之上的满花纹装饰特征（图33）。

蕉叶纹是常饰于商代青铜觚口沿下的一组纹饰，由两兽的躯干纵向对称排列，一端较宽，一端尖锐，状如蕉叶[27]，呈三角形仰叶状。清仿觚的蕉叶纹表现形式多以更写实的状态呈现，如乾隆款画珐琅蕉叶兽面纹觚，叶缘不再仅是单一线条，内部填有叶脉，每两组蕉叶纹间夹饰一组，并区分高低远近，增强了纹饰的视觉立体效果（图34）。同时圈足增饰一周俯叶纹，形制与口沿相同或略短，体现出清代器物细腻写实的风格特征，又彰显纹饰上下呼应相协的对称美感。

图23　明　铜鳞纹觚
故宫博物院藏

图24　明　掐丝珐琅勾莲纹觚
故宫博物院藏

图25　清　白玉兽面蕉叶纹方觚
故宫博物院藏

图26　清孔雀绿釉蕉叶纹觚
故宫博物院藏

图27　清乾隆　掐丝珐琅兽面蕉叶纹觚
故宫博物院藏

图28　清　宜兴窑紫砂兽面蕉叶纹觚
故宫博物院藏

图29　清　铅胎剔红兽面蕉叶纹觚
故宫博物院藏

图30　清　文竹兽面蕉叶纹方觚
故宫博物院藏

图31　清　金珀兽面蕉叶纹方觚
故宫博物院藏

图32　清乾隆　蓝色玻璃方觚
故宫博物院藏

图33　清乾隆　银烧蓝兽面蕉叶纹觚
故宫博物院藏

图34　清乾隆　画珐琅兽面蕉叶文觚
故宫博物院藏

云雷纹是一种以单线或双线往复自中心向外环绕的构图纹样，其中用柔和的回旋线条组成的是云纹，折角见方的回旋线条是雷纹[28]，盛行于商周时期。商早期已出现以云雷纹为主纹的青铜器，商中期兽面纹成为主题纹饰后，云雷纹多以陪衬作用的辅助纹饰或地纹出现，沿用至春秋战国时期。清代仿古器所饰地纹为回纹，线条方转似雷纹而更加规整、硬朗，弯折呈直角或接近直角，横竖分明，构成一个个回环状结构，更凸显简洁明快的质感。

（三）但求古意

这类仿古器在青铜器造型纹样的基础上形成新风格，具有融合性和创新性。器形在商周青铜觚的造型基础上出现极大的创新，如海棠式觚（图35）、六方觚（图36）、扁方觚（图37）、仿生式觚（图38）及觚式壁瓶（图39）等。造型丰富，设计大胆，表现技法运用镶嵌（图40）、铜鎏金、掐丝珐琅、画珐琅、银烧蓝、古铜彩（见图39）、剔犀（图41）、剔红、竹根雕、浅浮雕、高浮雕（图42）等，增饰耳、活环（图43）以及圈足下短足（图44）等非青铜觚造型特征构件，纹饰图案上出现祥云、寿字、喜字、卍字、花卉、螭龙、人物、盆景、西洋画、神话故事、生活场景等具有吉祥寓意的宫廷特色题材。如道光十五年七月十一日立《时做上等陈设档案》载："库内现存时做上等陈设……白玉蟠龙觚一件，有缺，有绺，有诗，乌木商丝座，五彩锦袱……青白玉三螭花觚一件，有绺，紫檀木商丝座……青白玉暗八仙方花觚一件，有缺绺，紫檀木座……青白玉龙凤花觚一件，有透绺，紫檀木座。"

清代仿古器是为了满足以帝王为代表的统治阶级的赏古需求及追求风雅的心态，有别于商周时期铸造青铜礼器"国之大事，在祀与戎"的政治需求，主要作为陈设观赏使用，因此清仿青铜礼器主要是从器物的审美功能出发。器物仿制的过程虽贴近青铜礼器的造型和纹样，在铸造细节上更有仿铸青铜器铭文者，但在器物的装饰艺术设计中，更多地体现出清人

图35　清　翡翠兽面蕉叶纹海棠式觚　故宫博物院藏

图36　清　彩漆描金缠枝莲蕉叶纹六方觚　故宫博物院藏

图37　清乾隆　掐丝珐琅兽面蕉叶纹扁方觚　故宫博物院藏

图38　清乾隆　白釉如意纹包袱式觚　故宫博物院藏

图39　清乾隆　古铜彩蕉叶纹觚式壁瓶　故宫博物院藏

图40　清　铜鎏金嵌珐琅珊瑚葵花式觚　故宫博物院藏

图41　清康熙　瓷胎剔犀云纹觚　故宫博物院藏

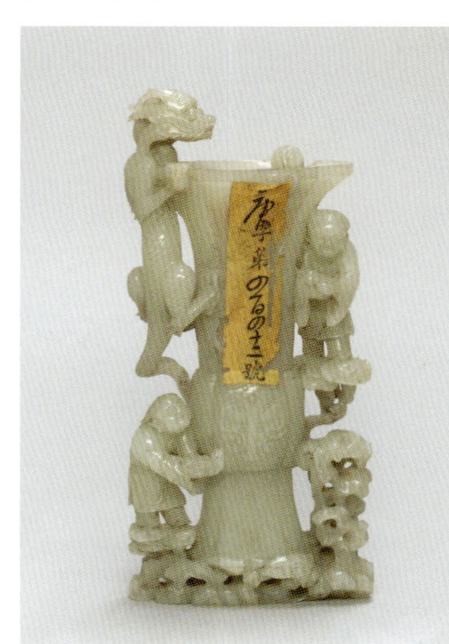

图42　清　青玉双童蟠龙纹海棠式觚　故宫博物院藏

图43 清 青玉兽面蕉叶勾莲纹象耳活环觚
故宫博物院藏

图44 清 剔红蕉叶莲纹六方觚
故宫博物院藏

的审美观念与技艺特点。

在纹饰上，清仿觚的目标纹饰虽然还是在模仿商周时期的兽面纹、蕉叶纹、夔纹以及云雷纹后加以新的风格，但最终成器的纹样更多还是以清代特征呈现。在造型设计上，清仿器更是多运用龙、凤、人物、花草盆景、如意祥云等有吉祥寓意又具世俗性的题材。清宫藏器材质精良，造物工艺细致入微，在造型纹样的设计上追求协调性与观赏性。清仿器的整体状态已与商周青铜器的神秘、庄严的观感有了极大的区分，体现出清代审美追求世俗化的特征。

纵观历史长河，觚作为饮酒器出现于新石器时代，商周时期成为青铜礼器的代表器类之一，发展至顶峰，此后，消失沉寂一段岁月后，在宋人复古思潮推动下完成复兴与转型，从统治阶级专属到进入宗庙，陈设厅堂，摆于桌案，逐渐融入人们的日常生活中。清时，再行尊古、仿古之风，在康雍乾三朝帝王的引领下，人们参酌古式、反映时制地藏礼于器，彰显皇家制作典范的同时，将这批仿古器推向了一个新高峰。

注释

1 李济：《记小屯出土之青铜器》，《考古学报》1948年第3期。

2 吕琪昌：《从史前陶鬶到夏商文化起源问题研究》第241页，浙江大学出版社，2007年。

3 吴镇烽：《内史亳丰同的初步研究》，《考古与文物》2010年第2期。

4 赵晔：《探秘卞家山》，浙江博物馆编《东方博物》（第二十四辑）第43页，浙江大学出版社，2007年。

5 杨国忠：《1981年河南偃师二里头墓葬发掘简报》，《考古》1981年第1期。

6 王巍等：《1981—1983年琉璃河西周燕国墓地发掘简报》，《考古》1984年第5期。

7 马承源：《中国青铜器》第169～173页，上海古籍出版社，2003年。

8 河南文物工作队第一队：《郑州市白家庄商代墓葬发掘简报》，《文物参考资料》1955年第10期。

9 李济：《记小屯出土之青铜器》，《考古学报》1948年第3期。

10 中国国家博物馆编：《中国国家博物馆馆藏文物研究丛书·青铜器卷·商》第195页，上海古籍出版社，2020年。

11 [日]林巳奈夫著，[日]广濑薰雄、近藤晴香译，郭永秉润文：《殷周青铜器综览——殷周时代青铜器之研究》第一卷第144～145页，上海古籍出版社，2017年。

12 朱渊清：《藏礼于器——青铜觚与玉瓒》，《美成在久》2019年第3期。

13 王祁、岳洪彬：《西周时期细腰觚的组合及其功用探讨》，《文物》2024年第6期。

14 何鑫、段玥熙：《觚、瓒、斗之于祼礼》，《文物鉴定与鉴赏》2025年第3期。

15 张婧文：《元明清组合式陶瓷供佛器研究》，《中原文物》2017年第5期。

16 （宋）赵希鹄：《洞天清录》第26～27页，浙江人民美术出版社，2016年。

17 周肇基：《中国植物学生理学史》第469页，广东高等教育出版社，1998年。

18 （明）高濂：《遵生八笺》，山西科学技术出版社，2014年。

19 廖宝秀：《置胆插花馨——尊觚花器与簪花内胆》，《紫禁城》2020年第9期。

20 贾国涛：《宜花宜人宜风雅——释证宋代青铜琮瓶初始功用及符号义涵的叠加性》，《装饰》2019年第8期。

21 《清实录》第3册《世祖章皇帝实录》卷九十第2204页，中华书局，2008年。

22 （清）李渔著，李树林注：《闲情偶寄》第280页，重庆出版社，2008年。

23 （清）托津等纂：《大清会典（嘉庆朝）》卷八十，内务府养心殿造办处本。

24 陈佩芬著，丁一民修订：《中国青铜器辞典》第一册第126页，上海辞书出版社，2024年。

25 陈佩芬著，丁一民修订：《中国青铜器辞典》第三册第811页，上海辞书出版社，2024年。

26 陈佩芬著，丁一民修订：《中国青铜器辞典》第三册第810页，上海辞书出版社，2024年。

27 马承源：《中国青铜器》第330页，上海古籍出版社，2003年。

28 马承源：《中国青铜器》第332页，上海古籍出版社，2003年。

A Preliminary Discussion on Archaistic Styles in the Qing Dynasty: Taking the *Gu* Vessel as an Example

Ha Shaochuan

Abstract: The practice of creating new works in imitation of antiquity began during the Song dynasty, and was inherited and further developed during the Yuan and Ming periods. During the Qing dynasty, archaistic vessels reached new heights in terms of material selection, decorative patterns, and form design. The *gu*, originally a wine vessel, first appeared in the Neolithic period and became one of the representative ritual bronzes of the Shang and Zhou dynasties. After reaching its peak in the Shang-Zhou bronze tradition, it faded into obscurity for a time before being revived and transformed under the retro-revivalist spirit of the Song dynasty. Once exclusive to the ruling elite, the *gu* gradually found its way into ancestral temples, reception halls, and desks, becoming integrated into daily life. During the Qing dynasty's renewed emphasis on venerating and imitating antiquity – especially during the reigns of Kangxi, Yongzheng, and Qianlong – people blended ancient forms with contemporary aesthetics, embedding ritual significance into objects while propelling the tradition of archaistic vessels to new aesthetic and technical heights. This paper examines the functional shift of the *gu* from a ritual object to a decorative item, analyzes the craftsmanship characteristics of Qing-era *gu*, and explores the stylistic features of Qing archaistic works in terms of their strict adherence to classical models, selective incorporation of refined elements, and the pursuit of archaic essence.

Keywords: bronze *gu*, archaistic style, Qing imitation *gu*

后记

这是一个以“古”为名的展览。

“古”是什么？在不同语境下一定有不同的内涵和外延。此展览中，我们解读的是它作为古代典范的意义，是被后世不断传承和发展的优秀传统文化。“敏以求”“见青山”“多所欣”三个有机连接的单元，对应创作的前、中、后阶段，即为何仿、如何仿、怎样用？实现展览逻辑的闭环和叙事的完整。诠释仿古创作虽源于“古”，却意在“新”，而归于“宜”。

展览虽以清代宫廷艺术为视角，但因其遵循的楷模为历代精华——从上古玉器、商周青铜到两宋名窑、永宣雕漆，跨越上下五千年，涵盖器物、书画、古籍等不同门类与材质的文物。展品的选择着重于文化内涵丰富且技艺高超的作品（为令解说更加全面，展览图录所涉文物数量大于展览文物数量），其中既有出类拔萃的单件文物，也有美美与共的组合展示，以求多维度地呈现古人对优秀传统文化的继承与发展，启迪今人再创辉煌。

本次展览能够顺利举办，特别感谢故宫博物院与嘉德艺术中心领导的大力支持与信任，衷心感谢器物部、书画部、宫廷历史部、图书馆筹展组各位同仁的通力配合，感谢文物管理处、数字与信息部、文保修复部等相关部门的倾力相助。在展览筹备中，器物部领导付出了大量心血，在图录编辑中，责任编辑为呈现效果不遗余力。在此，对他们致以诚挚谢意！

不薄古人，爱今人。艺术之美或源于传统，却永远指向未来。

是为记。

Afterword

This is an exhibition themed on "antiquity."

What is "antiquity"? Its connotations and extensions vary across different contexts. In this exhibition, we interpret it as the classical models of ancient times: the outstanding traditional culture that has been continuously inherited and advanced by later generations. The three organically connected sections, "A Passionate Pursuit," "Reviving Antiquity", and "Bridging Eras, Enriching Life," correspond to the preliminary, intermediate, and final stages of artistic creation: Why imitate antiquity? How to imitate? How to use? The exhibition presents a coherent logic and a complete narrative, illustrating that classical reinvention is rooted in antiquity, aspiring to novelty and culminating in harmony.

Though the exhibition adopts the perspective of Qing dynasty court art, the models it follows are masterpieces from various dynasties spanning five millennia; they range from ancient jades and Shang-Zhou bronzes to the products from the renowned kilns of the Song dynasty and the carved lacquer of the Yongle-Xuande era, encompassing artifacts, paintings, calligraphy, ancient texts, and other articles of diverse categories and materials. The selected exhibits are all works rich in cultural significance and exceptional in craftsmanship (To provide a more comprehensive interpretation, the catalogue includes a greater number of artifacts than those on display), including both outstanding individual pieces and harmonious groupings; they are intended to showcase the inheritance and development of fine traditional culture by ancient people in multiple dimensions, thereby inspiring contemporaries to achieve new glory.

The success of this exhibition is owed foremost to the strong support and trust of the Palace Museum and the Guardian Art Center. Sincere gratitude also goes to all colleagues from the Department of Objects and Decorative Arts, the Department of Painting and Calligraphy, the Department of Court History, the Library in the curatorial team for their dedicated efforts. Thanks also go to the Colletion Management Department, the Digital and Information Department, the Heritage Conservation and Restoration Department, and other relevant teams for their seamless collaboration. During the preparation of the exhibition, the leader of the Department of Objects and Decorative Arts devoted a great deal of effort. In the editing of the catalogue, the editor spared no effort to achieve the best presentation effect. Here, we express our sincere gratitude to them!

We value both heritage and contemporary creation. The beauty of art may stem from tradition, but it always points toward the future.

This is the afterword.

《达古今之宜——清代宫廷设计潮流》

展览总策划
故宫博物院：娄玮　王跃工
嘉德艺术中心：寇勤　王彤　马学东

展览策展
故宫博物院：张燕芬　韩倩　展梦夏　吴倩
嘉德艺术中心：张丹　李光利

展览统筹
故宫博物院：许凯　韩倩　白杨　达微佳　张燕芬　吕韶音　张林杰
嘉德艺术中心：李晴芳　邹松洵　任荷　李鹏　白婧超

展览执行
故宫博物院：张燕芬　展梦夏　吴倩　哈少川　王照宇　赵芸格　郑珣　见骅　安静
王宜若　毛翔宇　李天垠　张玉雪　胡一抒
嘉德艺术中心：陈树银　杨涓　侯晋晋　郭振兴　蒲宇　薛炜　王卓然　景松　朱狄帆
王颖　肖雅馨　王思佳

图录编委
故宫博物院：娄玮　王跃工
嘉德艺术中心：寇勤　王彤　马学东　杨涓

图录统筹
张燕芬

图录撰稿（按姓氏拼音为序）
安静　董彦卿　哈少川　韩倩　郝炎峰　胡一抒　黄剑　蒋彤　蒋艺　李天垠　刘晶莹　刘梦媛
刘苒　刘珊珊　刘岳　马林　毛劼　毛翔宇　门昕宁　聂卉　秦崇泰　施磊　孙召华　滕德永
万秀锋　王翯　王鹤北　王照宇　魏晨　魏婧洁　吴倩　邢娜　徐琳　杨立为　于倩　喻理
翟毅　展梦夏　张丽　张林杰　张小李　张燕芬　张玉雪　赵赢赢　郑宏　郑珣　周京南

文物摄影
余宁川　孙志远　金悦平

图片资料
故宫博物院数字与信息部

图片加工
孙竞

特约编辑
薛炜　谢媛媛　张志欣